MICHAEL ROSENBERGER

*Der Traum vom Frieden zwischen
Mensch und Tier*

MICHAEL ROSENBERGER

Der Traum vom Frieden zwischen Mensch und Tier

Eine christliche Tierethik

KÖSEL

MIX
Papier aus verantwor-
tungsvollen Quellen
FSC® C014496

Verlagsgruppe Random House FSC® N001967
Das für dieses Buch verwendete FSC®-zertifizierte Papier
Classic 95 liefert Stora Enso, Finnland

Copyright © 2015 Kösel-Verlag, München,
in der Verlagsgruppe Random House GmbH
Umschlag: Weiss Werkstatt München
Umschlagmotiv: © Das Buch Genesis, Miniatur aus der Bibel von
Souvigny, 12. Jh.; De Agostini Picture Library / G. Dagli Orti /
Bridgeman Images / Bild-Nr. 557297
© Initiale U, aus einer lateinischen Bibel, 14. Jh., Bibliotheque Mazarine,
Paris / Archives Charmet / Bridgeman Images /
Bild-Nr. 163348
Druck und Bindung: GGP Media GmbH, Pößneck
Printed in Germany
ISBN 978-3-466-37135-8

Weitere Informationen zu diesem Buch und unserem gesamten
lieferbaren Programm finden Sie unter
www.koesel.de

 Dieses Buch ist auch als E-Book erhältlich

INHALT

VORWORT

Die einen umarmen wir, die anderen schlachten wir. Die einen vergöttern wir, die anderen machen wir zur Ware. Die einen hätscheln wir, die anderen essen wir. Ob das daran liegt, dass wir die einen »zum Knuddeln gern« haben, die anderen aber »zum Fressen gern«? In jedem Fall ist der menschliche Umgang mit den Tieren bisher wenig reflektiert und in vieler Hinsicht ziemlich widersprüchlich. Vieles geschieht, weil es »schon immer so war« oder »weil das doch klar ist«. Doch in den letzten Jahren werden die Stimmen jener lauter, die althergebrachte Überzeugungen in Frage stellen und eine Tierethik fordern, die diesen Namen verdient.

Seit etwa fünfzehn Jahren versuche ich in meinen Vorlesungen, Vorträgen und wissenschaftlichen Publikationen etwas zu einer Tierethik aus christlicher Perspektive beizutragen. Jetzt ist es an der Zeit, die gewonnenen Erkenntnisse in einem umfassenden Entwurf zusammenzufügen. Dieses Buch ist also die Frucht langjähriger Vorarbeiten. Als ich mit ersten Notizen und Skizzen begann, hätte ich nicht gedacht, dass es zum Zeitpunkt seiner Publikation auf einen solchen Boom des Themas treffen würde.

Dank sage ich für die inhaltlichen Impulse, die ich jenseits der verwendeten Literatur aus zahlreichen direkten Gesprächen und unmittelbaren Erlebnissen mitnehmen durfte:

Der interdisziplinären Arbeitsgruppe zur Erforschung der Mensch-Tier-Beziehung, die sich, angeregt von der Stiftung Bündnis Mensch & Tier und ihrer Gründerin Dr. Carola Otterstedt, seit 2008 regelmäßig trifft, Vorträge und Publikationen erarbeitet und meinen Blick auf das Thema enorm geweitet hat.

Karl Ludwig Schweisfurth und den Herrmannsdorfer Land-
werkstätten sowie Prof. Dr. Franz-Theo Gottwald und der
Schweisfurth-Stiftung, mit denen ich mich seit vielen Jahren zu
ökologischen und tierethischen Themen austauschen kann.

Den KollegInnen verschiedenster Wissenschaftsdisziplinen
im Informations- und Dialogforum »Tierversuche in der Forschung« der Helmholtz-Gesellschaft für Infektionsforschung
Braunschweig, an dem ich von 2005–2008 mitwirken durfte.

Zahlreichen LandwirtInnen aus dem ökologischen Landbau
in Deutschland und Österreich, deren tagtägliche Praxis mit
ihren Möglichkeiten und Begrenzungen eine wichtige Quelle
für meine Überlegungen ist.

Allen, mit denen ich das Thema im Laufe der Jahre diskutieren und vertiefen durfte, ob wissenschaftlich oder nicht, ob auf
religiösem Hintergrund oder nicht.

Ich widme dieses Buch meinem kürzlich verstorbenen Vater
Wolfgang Rosenberger (1923–2015), der uns Kindern als Biologe
und Tierliebhaber von klein auf das Wunder jedes Lebewesens
vermittelt hat – und sei es auch noch so unscheinbar.

Michael Rosenberger

WONACH DIESES BUCH FRAGT

»Eine Ethik, die Rücksicht auf die Tiere nehmen würde, findet man in der Bibel nicht.«[1] Dieser Satz des Theologen Eugen Drewermann müsste eigentlich ein Erdbeben in Theologie und Kirche(n) auslösen. Stimmt er, dann muss sich das Christentum für ein gewaltiges Defizit rechtfertigen. Stimmt er aber nicht, dann müssen Theologie und Kirchen lautstark widersprechen und Drewermanns Behauptung sachgerecht widerlegen. Beides aber geschieht kaum und höchstens zaghaft. Weiß die Kirche also vielleicht gar nicht, wie sie auf die Provokation Drewermanns reagieren soll? Oder hält sie das Thema Tierethik immer noch für zu unwichtig?

Drewermanns Provokation ist keineswegs kontextlos. Sie geschieht in einer Zeit, da der Umgang des Menschen mit Tieren (wie auch mit Menschen!) aufs Äußerste ökonomisiert und industrialisiert worden ist. Das gilt am augenscheinlichsten für die Nutztiere, die ihre ökonomische Bedeutung bereits im Namen tragen. Es betrifft aber ebenso die Pets, die Gefährtentiere, die doch angeblich nur aus Liebe gehalten werden. Ein Riesengeschäft wird auch mit ihnen gemacht, von ihrer Zucht über Handel und Haltung bis zu ihrer Bestattung. »It's the economy, stupid« – »Es ist die Wirtschaft, Dummkopf« – mit diesem Gedanken hat der frühere US-Präsident Bill Clinton 1992 die Wahl gewonnen. Die Wirtschaft ist der alles beherrschende Motor unserer Gesellschaft. Wer also eine Tierethik entwickeln will, muss mit ihrer Hilfe der wirtschaftlichen Dynamik Grenzen setzen. Die Wirtschaft ist für Menschen und Tiere da, nicht umgekehrt.

Gesellschaftlich erhitzt das Tierthema in den letzten Jahren zunehmend die Gemüter. Nie erlebe ich bei meinen Vorträgen so leidenschaftliche und kontroverse Debatten wie wenn ich über Tierethik rede. Da ist die Tierschutz- und Tierrechtsbewegung, oft mit hohem persönlichen Engagement vegetarisch oder vegan lebend; da sind die Menschen in der Landwirtschaft, die ihre Arbeit nicht als Job, sondern als Berufung verstehen, sich aber gesellschaftlich wie finanziell kaum gewürdigt fühlen; da sind die überzeugten FleischesserInnen, für die es einer Beraubung jeglicher Lebensfreude gleichkommt, ihren Fleischkonsum auch nur mengenmäßig in Frage zu stellen; da sind Menschen mit Heimtieren, die diese abgöttisch lieben, aber beim Konsum tierischer Lebensmittel die Augen verschließen. In der Diskussion über unseren Umgang mit Tieren sind alle TeilnehmerInnen Betroffene, niemand ist unbeteiligteR, neutraleR BeobachterIn. Das erleichtert das Vorhaben nicht, und ich bitte alle LeserInnen schon an dieser Stelle um ein gerütteltes Maß an Wohlwollen, Offenheit und Sachlichkeit gegenüber meinen Ideen und den Ideen anderer, die ich vorstelle. Im Kampfmodus werden wir denkerisch nicht weiterkommen – und das wäre auf jeden Fall eine Niederlage für alle, besonders für die Tiere.

Ich bin Theologe. Als solcher schaue ich auf die Tiere mit einem doppelten Blick: Erstens frage ich philosophisch, was ein humaner und gerechter Umgang mit den Tieren ist. Zweitens verschärfe ich diese Frage theologisch, indem ich die Tiere als Geschöpfe eines Gottes betrachte, der sie liebt und aus Liebe ins Leben gerufen hat. Diese theologische Perspektive kann die philosophische nicht ersetzen oder übertrumpfen, wohl aber bereichern, vertiefen und zuspitzen. Dass sie dies tatsächlich tut, möchte ich in diesem Buch zeigen. Dabei ist es eine glückliche Fügung, dass ich den roten Faden der jüngst veröffentlichten Enzyklika »Laudato si'« von Papst Franziskus weiterspinnen kann. Die Enzyklika dreht sich um die Verantwortung für die Umwelt, nicht für die Tiere. Aber an einigen Stellen trifft sie auch entscheidende Aussagen über die Mitgeschöpfe des Menschen.

Als roter Faden durch meine Überlegungen soll die These dienen, dass man am Umgang des Menschen mit den Tieren ablesen kann, wie der Mensch ist und wer er ist und wie er auch mit Seinesgleichen umgeht. Ich verstehe die Mensch-Tier-Beziehung also als »soziales Totalphänomen« (Marcel Mauss) und als Gradmesser jeglicher Moralität (Immanuel Kant). Dieser Gedanke ist nicht so neu – er findet sich bereits in der Bibel: »Der Gerechte weiß, was sein Vieh braucht« (Spr 12,10). Das heißt: Wer moralisch gerecht sein will, der muss gut für die Tiere sorgen, die ihm anvertraut sind. Das betont auch Papst Franziskus:

> »Wenn … das Herz wirklich offen ist für eine universale Gemeinschaft, dann ist nichts und niemand aus dieser Geschwisterlichkeit ausgeschlossen. Folglich ist es auch wahr, dass die Gleichgültigkeit oder die Grausamkeit gegenüber den anderen Geschöpfen dieser Welt sich letztlich immer irgendwie auf die Weise überträgt, wie wir die anderen Menschen behandeln. Das Herz ist nur eines, und die gleiche Erbärmlichkeit, die dazu führt, ein Tier zu misshandeln, zeigt sich unverzüglich auch in der Beziehung zu anderen Menschen.«[2]

Die Darstellung folgt dem klassischen Dreischritt Sehen – Urteilen – Handeln. Zunächst wird in einer Bestandsaufnahme untersucht, wie Tiere sind und wie der Mensch faktisch mit ihnen umgeht (Erster Teil – Kapitel 2 bis 5). Dann werden philosophische und theologische Entwürfe der Tierethik samt ihren Konsequenzen vorgestellt und diskutiert (Zweiter Teil – Kapitel

6 bis 10). Schließlich geht es in den letzten beiden Kapiteln um spirituelle Vertiefungen des menschlichen Umgangs mit Tieren (Dritter Teil – Kapitel 11 und 12).

Der Traum vom Frieden zwischen Mensch und Tier ist ein uralter Menschheitstraum. Seine vollständige Erfüllung wird auf Erden wohl nie gelingen. Und doch: Vielleicht kann er uns immerhin so stark anlocken, dass wir Schritte in seine Richtung gehen. Damit wäre den Tieren, aber ebenso uns Menschen sehr geholfen.

TEIL 1

Bestandsaufnahme –
Wie Tiere sind und wie der Mensch
mit ihnen umgeht

WAS TIERE ALLES KÖNNEN
Verhaltensbiologische Entdeckungen

»Dadurch lässt sich auch der Unterschied zwischen den Menschen und Tieren erkennen. Denn es ist sehr bemerkenswert, dass es keine so stumpfsinnigen und dummen Menschen gibt, sogar die sinnlosen nicht ausgenommen, die nicht fähig wären, verschiedene Worte zusammenzuordnen und daraus eine Rede zu bilden, wodurch sie ihre Gedanken verständlich machen; wogegen es kein anderes noch so vollkommenes und noch so glücklich veranlagtes Tier gibt, das etwas Ähnliches tut. Das kommt nicht von der mangelhaften Beschaffenheit ihrer Organe, denn man sieht, dass die Spechte und Papageien ebenso gut Worte hervorbringen können wie wir, und doch können sie nicht ebenso gut wie wir reden, das heißt zugleich bezeugen, dass sie denken, was sie sagen; während Menschen, die taubstumm geboren, also ohne die Organe sind, die anderen zum Sprechen dienen, ebenso oder mehr als die Tiere einige Zeichen von selbst zu erfinden pflegen, um sich denen verständlich zu machen, die im täglichen Zusammensein mit ihnen Muße haben, ihre Sprache zu lernen. Dies beweist nicht bloß, dass die Tiere weniger Vernunft als die Menschen, sondern dass sie gar keine haben. Denn wie man sieht, gehört nur sehr wenig dazu, um sprechen zu können. Und da man unter den Tieren einer und derselben Art ebenso wie unter den Menschen Ungleichheit findet und die einen leichter abzurichten sind als die anderen, so ist es unglaublich, dass ein Affe oder ein Papagei, die zu den vollkommensten ihrer Art gehören, darin nicht einem der dümmsten Kinder oder wenigstens einem Geisteskranken gleichkommen würden, wenn ihre Seele nicht von einer ganz anderen Natur wäre als die unsrige. Man darf aber die

Worte nicht mit den natürlichen Bewegungen verwechseln, welche Empfindungen bezeichnen und von Maschinen ebenso gut wie von Tieren nachgeahmt werden können, noch darf man wie einige der Alten meinen, dass die Tiere in der Tat sprechen und wir nur ihre Sprache nicht verstehen. Denn wäre es so, weil sie mehrere den unsrigen entsprechende Organe haben, so würden sie sich uns auch ebenso gut als ihresgleichen verständlich machen können. Auch ist es sehr bemerkenswert, dass, obwohl manche Tiere in manchen Handlungen mehr Geschicklichkeit zeigen als wir, man doch sieht, dass ebendieselben Tiere in vielen anderen Handlungen gar keine zeigen; sodass, was sie besser als wir machen, keineswegs Geist beweist, denn in diesem Falle würden sie mehr Gaben besitzen als einer von uns und es auch in allen anderen Dingen besser machen, sondern (es zeigt sich) vielmehr, dass sie keinen Geist haben und allein die Natur in ihnen nach der Disposition ihrer Organe handelt. Man sieht ja auch, dass ein Uhrwerk, das bloß aus Rädern und Federn besteht, richtiger als wir mit aller unserer Klugheit die Stunden zählen und die Zeit messen kann.«[3]

Diese programmatischen Sätze befinden sich im Erstlingswerk des Philosophen René Descartes (1596 La Haye – 1650 Stockholm), das 1637 unter dem Titel »Abhandlung über die Methode zum richtigen Vernunftgebrauch und zur wissenschaftlichen Wahrheitssuche« veröffentlicht wurde. In der Strömung des frühneuzeitlichen Rationalismus, der Erkenntnis allein aus dem Denken und nicht aus der Erfahrung gewinnen will, reißt Descartes damit einen Graben zwischen Mensch und Tier auf, der nie zuvor in der Geistesgeschichte derart tief war und bis heute auf die abendländische Wahrnehmung und Behandlung der Tiere stark nachwirkt.

Aus zwei angeblich universalen Tatsachen leitet Descartes zwei philosophisch-ethische Folgerungen ab.

(1) Es gibt keinen Menschen, der nicht reden kann – und wenn auch nur mit einer reduzierten und nonverbalen Sprache wie der Taubstummensprache.

(2) Es gibt kein Tier, das im Sinne des verstehenden, reflektierten Redens sprechen kann – auch nicht mit einer ihm eigenen Sprache, die der Mensch nicht versteht.

Die beiden philosophisch-ethischen Folgerungen führen zu:

(3) Das Tier hat also keine Vernunft.

(4) Und Wesen, die keine Vernunft haben, haben auch keine Vernunftseele, sondern sind wie eine Uhr ein gut funktionierendes, aber seelenloses Räderwerk.

Bis heute wirkt dieses Descartes'sche Bild von Tieren als seelenlosen Maschinen in der abendländischen Gesellschaft nach. Ob von Descartes gewollt oder nicht, hat es zu einer rein zweckrationalen Sicht auf das Tier geführt, die dieses fast ausschließlich den ökonomischen Interessen und Gesetzmäßigkeiten unterwirft. Daher ist es am Beginn dieses Buchs notwendig, das Descartes'sche Tierbild zu erschüttern. In den letzten Jahrzehnten hat die Erforschung der Intelligenz und der vielfältigen Fähigkeiten von Tieren gewaltige Fortschritte gemacht. Tierpsychologie, Verhaltensbiologie, Neurowissenschaften und eine Reihe anderer Disziplinen öffnen uns den Zugang zu einer unermesslichen Welt tierlichen Verhaltens. Deren Würdigung muss zwangsläufig Auswirkungen auf die Fragestellung haben, wie der Mensch ethisch verantwortet mit Tieren umgehen kann.

Nun haben die Naturwissenschaften ihre eigenen Methoden und Herangehensweisen. Anders als die Philosophie, die primär auf die großen Zusammenhänge schaut, untersuchen sie meist relativ überschaubare, kleine Einheiten des tierlichen

Verhaltensrepertoires. Die Frage nach dem Denken, die Descartes noch sehr pauschal stellte, zerlegen sie in viele kleine Mosaiksteine, aus denen sich erst am Schluss ein Gesamtbild davon zusammensetzen lässt, ob und in welcher Weise einem konkreten Tier die Fähigkeit des Denkens zugesprochen werden kann. Sie beschreiten damit einen Weg »bottom up« von unten nach oben – von den kleinen beobachtbaren Phänomenen hin zu den größeren und spekulativeren Zusammenhängen – und nicht »top down« von oben nach unten, wie es die platonisch gefärbte Philosophie (anders als die aristotelisch inspirierte) über weite Strecken der Geistesgeschichte getan hat.

Im Folgenden möchte ich einige der wesentlichen Fähigkeiten nennen und beschreiben, die man in den letzten Jahrzehnten manchen Tierarten zuspricht. Dabei bin ich als Geisteswissenschaftler auf die Ergebnisse der Naturwissenschaften angewiesen. Ich kann sie aus der eigenen Perspektive hinterfragen, wo es mir nötig scheint. Im Normalfall aber werde ich sie als den geltenden Stand der Wissenschaft respektieren und übernehmen.

Die Fähigkeit zur bewussten Unterscheidung seiner selbst von der Umgebung

Alle Lebewesen stellen selbstorganisierende Systeme dar, die sich von ihrer Umgebung abgrenzen, zugleich aber mit dieser im ständigen Austausch sind. Doch während die Pflanzen diese Abgrenzung von der Umwelt ausschließlich im unbewussten Lebensvollzug praktizieren können, ist es für Tiere mit einem zentralen Nervensystem mindestens theoretisch denkbar, dass sie eine bewusste Vorstellung von sich selbst besitzen. Um nicht den philosophisch etablierten und hochgradig komplexen Begriff des »Selbstbewusstseins« zu verwenden, spricht man vorsichtiger vom »Ichbewusstsein«. So unterscheidet Heini Hedinger das Ichbewusstsein, das er allen höheren Tieren zuspricht, von der Fähigkeit zur Reflexion, die er dem Menschen vorbehält[4]. Dieses Ichbewusstsein kann bei Mensch und Tier viele unterschiedliche Komponenten umfassen. Die acht wichtigsten werden in den folgenden Abschnitten genannt und erläutert:

▸ Viele Tiere besitzen ein *Körperbewusstsein*. Sie haben nicht nur ein Gefühl für ihren eigenen Körper, sondern eine kognitive Vorstellung desselben, die sich an Veränderungen des Körpers sofort anpasst. Männliche Hirsche etwa haben eine klare Vorstellung von der aktuellen Größe ihres Geweihs, obwohl sie dieses alljährlich im Frühjahr abwerfen und über den Sommer allmählich wieder aufbauen. Wenn sie durch dichtes Gestrüpp wandern oder unter einem Ast durchgehen wollen, bewegen sie sich so geschickt, dass sie nirgends hängen bleiben. In der geweihlosen Zeit kommen sie mit ihrem Kopf den Hindernissen ihrer Umwelt aber deutlich näher. Sie wissen also um ihre je aktuellen Körpermaße.

▸ Eine eigene Intelligenzleistung von Mensch und Tier stellt das *Schattenbewusstsein* dar, die Erkenntnis, dass etwas der eigene Schatten ist und nicht der eines anderen Lebewesens oder Gegenstandes. Lebewesen, die Schattenbewusstsein besitzen, laufen vor dem eigenen Schatten nicht davon und haben vor ihm keine Angst. Wie die dazu fähigen Tiere müssen auch Menschenkinder erst lernen, dass sie einen Schatten besitzen. Im zweiten Lebensjahr haben ängstliche Kinder zunächst Angst vor ihrem Schatten und wollen davonlaufen, mutige Kinder hingegen jagen ihrem Schatten nach, so als könnten sie ihn fangen, bis sie wie viele Tiere den Zusammenhang begreifen.

► Eine wichtige Komponente des Ichbewusstseins vieler Tiere ist das *Duftbewusstsein*, also die Fähigkeit, ihren eigenen Duft als eigenen zu erkennen. Erst auf dieser Grundlage können zum Beispiel Hunde ihr Revier markieren, wofür sie dann freilich noch eine weitere Komponente, das Heimbewusstsein, brauchen. Beim Menschen ist diese Fähigkeit vergleichsweise schwach ausgebildet und spielt daher keine bedeutende Rolle.

► Relativ weit verbreitet unter Tieren ist das *Heimbewusstsein*: Tiere wissen um ihr Nest, ihren Bau, ihren Stallplatz, ihr Revier und empfinden das entsprechende Territorium als ihren Besitz, den sie gegen ArtgenossInnen wie gegen Feinde energisch verteidigen. Von einzelnen Tieren weiß man, dass sie zum Beispiel nach Umsiedlungsaktionen nicht ruhen, bis sie den Rückweg in ihre angestammte Heimat gefunden und beschritten haben. Zugvögel wie der Storch beweisen oft jahrzehntelange Nesttreue.

► Komplexer ist die Fähigkeit mancher Tiere, die von Hedinger *mimetisches Bewusstsein* genannt wird: Es bedeutet das Bewusstsein der Ähnlichkeit oder Unähnlichkeit seiner selbst im Vergleich zur Umgebung. Diese Fähigkeit hat für viele Tiere höchste Bedeutung, da sie sich mit dieser kognitiven Leistung vor Fressfeinden schützen können. Kommt ein Feind in Reichweite, sucht das Tier eine Umgebung auf, um deren Ähnlichkeit zum eigenen Aussehen es weiß und in der es daher gut getarnt ist. Menschenkinder lernen viel davon beim Versteckspiel.

► Eine weitere, besonders komplexe Ausprägung des Ichbewusstseins ist das *Spiegelbildbewusstsein*: Lebewesen, die es besitzen, erkennen ihr Spiegelbild als solches. Um das zu prüfen, hat es sich bewährt, dem Lebewesen an einer Körperstelle einen Fleck aufzumalen, den es ohne Spiegel nicht sehen kann. Fasst es sich dann am eigenen Körper an die bemalte Stelle, ist erwiesen, dass es das Spiegelprinzip verstanden hat. Besitzt es (noch) kein Spiegelbewusstsein, wird es sein Spiegelbild wie einen Artgenossen behandeln und zum Beispiel bedrohen oder mit ihm zu spielen versuchen. Manche Tiere wie Schweine oder Hunde verstehen das Spiegelprinzip und können mit seiner Hilfe verborgene, nur im Spiegel sichtbare Futterquellen finden, erkennen sich selbst aber im Spiegel nicht. Letzteres ist bisher nur von wenigen Tierarten nachgewiesen: Den großen Menschenaffen, Delfinen, Elefanten, Raben, Elstern und Keas. Menschenkinder entwickeln ihr Spiegelbildbewusstsein bis zum Alter von 18 Monaten.

▶ Wo Menschen den mit ihnen lebenden Tieren einen Namen geben, können Tiere ihr *Eigennamenbewusstsein* beweisen. Hunde etwa verstehen, wenn sie gut geschult werden, relativ bald den Unterschied zwischen einem Befehl und ihrem Namen. Aber es scheint auch Tiere zu geben, die sich gegenseitig »beim Namen rufen«. So hat man jüngst herausgefunden, dass Große Tümmler eine eigene, individuelle »Erkennungsmelodie« haben, mit der sie sich ihren nahen Bekannten zu erkennen geben. Diese variieren die Melodie ihrerseits minimal, wenn sie das betreffende Individuum herbeirufen wollen[5]. Die Tümmler haben damit eine Vorstellung von sich selbst und von ihren Freunden.

▶ Bei sozial lebenden Tieren gehört im Regelfall das *Statusbewusstsein*, also das Wissen um den eigenen Rang in der Gruppe, zum Ichbewusstsein dazu. Logischerweise ist damit auch das Wissen um den Rang der anderen Gruppenmitglieder verbunden, denn Rangordnungen entstehen immer aus dem Vergleich zweier oder mehrerer Individuen. Eine Vorstellung von der aktuellen Rangordnung der eigenen Gruppe zu besitzen verlangt enorme kognitive Leistungen. Denn sie ist ja ständig im Fluss. Machtkämpfe und Auseinandersetzungen bringen einige Individuen nach oben, während andere an Rang verlieren.

Marc Bekoff und Paul W. Sherman interpretieren die verschiedenen Dimensionen des tierlichen Ichbewusstseins im Rahmen eines evolutionären und ökologischen Ansatzes[6]. Sie gehen davon aus, dass unterschiedliche Tierarten in Abhängigkeit von ihren artspezifischen Lebensräumen und Lebensweisen unterschiedliche Grade von Selbsterkenntnis (self-cognizance) aufweisen, deren höchsten Grad sie als Selbstbewusstheit (self-consciousness) bezeichnen. Höhere Grade an Selbsterkenntnis seien bei solchen Tierarten zu erwarten, deren Individuen am meisten davon profitieren, wenn sie über ihr eigenes Verhalten »nachdenken« und es anpassen. Daher müsste die Selbsterkenntnis bei langlebigen sozial lebenden Tierarten am stärksten sein. Dort gibt es intensive Kooperation und Kommunikation, Neid und Eifersucht, Konkurrenz und Streit. Bekoff und Sherman behaupten, dass Tiere mit kooperativer Brutpflege und sozial lebende Wirbeltiere eine gleich hohe oder vielleicht sogar höher entwickelte Fähigkeit der Selbsterkenntnis aufweisen als manche einzelgängerische Primaten wie zum Beispiel die Orang Utans auf Borneo[7]. Denn sie müssen ständig darüber nachdenken, wie andere Mitglieder ihrer Gruppe auf sie reagieren, und ihr Verhalten entsprechend modifizieren – sei es bei der Jagd (Wölfe), beim Anlegen von Vorräten (Spechte, Maulwurfsratten) oder beim Schutz vor Feinden (Eichelhäher, Krähen, Mungos).

Die Interpretation von Bekoff und Sherman macht deutlich, wie die Naturwissenschaften denken. Sie ziehen keine scharfe Grenzlinie, unterhalb der ein Tier kein Ichbewusstsein hat und oberhalb der das Ichbewusstsein voll ausgebildet ist, sondern sie finden ein Kontinuum wachsenden Ichbewusstseins von Tieren. Und sie können plausibel erklären, warum das Ichbewusstsein einer bestimmten Tierart höher oder niedriger ist. Es hängt mit der geringeren oder höheren Notwendigkeit zusammen, aus aktuellen Erlebnissen für die Zukunft zu lernen.

Zugleich haben die Überlegungen Hedingers gezeigt, wie viele Komponenten das Ichbewusstsein ausmachen können. Das Spiegelbildbewusstsein ist ein mögliches Element des Ichbewusstseins, zweifelsohne ein besonders komplexes. Aber aus seinem Fehlen zu schließen, dass das betreffende Tier überhaupt kein Ichbewusstsein hat, wäre ziemlich unangemessen und würde die kognitiven Leistungen der Tiere stark unterbewerten.

Die Fähigkeit zur Empathie

Eine der wichtigsten Fähigkeiten von Tieren und Menschen ist die Fähigkeit zur Empathie. Empathie hat evolutionsbiologisch zwei Vorstufen: Die erste ist die »emotionale Ansteckung« (emotional contagion), eine unwillkürliche Reaktion, die Gefühlsäußerung eines Artgenossen zu übernehmen[8]: Wenn der Artgenosse fröhlich schaut, schaut man unwillkürlich ebenfalls fröhlich, wenn er lacht, lacht man ohne nachzudenken mit usw. Die zweite, schon komplexere Vorstufe ist das spontane Gefühl mitfühlender Besorgnis (sympathetic concern). Erst die dritte Stufe, die die ersten beiden umfasst und zugleich überschreitet, ist die Empathie im Vollsinn des Wortes. Sie ist emotional und kognitiv zugleich und meint die Fähigkeit, sich bewusst in die Gefühle eines anderen hineinzuversetzen (perspective taking), diese Gefühle also zu erkennen und zugleich ähnliche Gefühle am eigenen Leib zu spüren. Empathie beruht damit auf komplexen Voraussetzungen. Sie setzt die Fähigkeit voraus, zwischen Ich und Du zu unterscheiden – eine Fähigkeit, die erst auf den höheren Stufen des Ichbewusstseins vorhanden ist (s. o.).

Frans de Waal sieht die Fähigkeit zur Empathie als Voraussetzung zu sozialer Interaktion, koordinierter Aktivität und kooperativem Verhalten[9]. Ziel der Empathie ist es ja, dem notleidenden Artgenossen nach besten Möglichkeiten zu helfen (targeted helping). Empathie ist damit ein Mechanismus der Evolution, der gezielten Altruismus ermöglicht[10].

Obwohl die meisten Tiere die emotionale Ansteckung vollziehen und viele mitfühlende Besorgnis zeigen, kennen wir bisher nur wenige Tierarten mit empathischem Verhalten im Vollsinn, teilweise sogar gegenüber artfremden Lebewesen[11]. Neben jenen Tieren, von denen man das ohnehin erwarten würde – Primaten, Delfine, Wale, Elefanten –, sind hier beispielsweise Hunde, Wölfe, Raben, Mäuse und Ratten zu nennen. Und vermutlich wird sich die Liste mit zunehmender Forschung verlängern.

Die Fähigkeit zur Trauer

Eine weitere, ebenfalls mit starken Emotionen behaftete Fähigkeit mancher Tiere ist die Fähigkeit zur Trauer. Mit Trauer ist mehr gemeint als nur die depressive Stimmung auf Grund des Nicht-mehr-Anwesend-Seins eines vertrauten Gefährten. Trauer im Vollsinn beinhaltet kognitive Elemente. Als Minimum muss die Irreversibilität des Todes des betreffenden Lebewesens verstanden werden: Es kann nicht mehr lebendig werden. Darüber hinaus umfasst menschliche Trauer auch das

Wissen um die Universalität des Todes – alle Lebewesen müssen sterben, seine Unvorhersehbarkeit –, er kann jederzeit eintreten – und seine Unabwendbarkeit –, egal, was man tut, irgendwann muss man sterben. Menschenkinder stellen sich diese Fragen ab einem Alter von drei bis vier Jahren. Bei Tieren scheinen diese Fragen eher nicht aufzutauchen.

Trauer ist ein egozentrisches Gefühl. Um zu trauern, braucht es keine Empathie. Jedoch kann die Fähigkeit zum Trauern bei empathiefähigen Individuen zur gemeinsamen Trauer und zum gegenseitigen Trösten führen. Obgleich selbst egozentrisch, ist Trauer eine ideale Plattform altruistischer Hilfe und emotionaler Solidarität.

Dass ein Individuum die Irreversibilität des Todes eines Artgenossen begreift, ist bisher nur bei wenigen Tierarten nachgewiesen. Zu ihnen gehören auf jeden Fall die Menschenaffen.

> »Wenn Schimpansen miterleben, wie das Leben eines vertrauten Gefährten sich dem Ende nähert, reagieren sie gefühlsmäßig vielleicht so, als würde ihnen, wenn auch noch so verschwommen, klar, was der Tod bedeutet.«[12]

De Waal berichtet, dass nach dem Tod eines Gorillas im Schimpansengehege in Arnheim vollkommene Stille herrschte, bis der Leichnam am nächsten Morgen aus dem Gehege entfernt wurde[13]. Das erinnert an die gespenstische Stille in manchen Dörfern, wenn dort ein junger Mensch gestorben ist. Auch diese Stille währt bis zur Wegnahme des Leichnams, also bis zum Begräbnis, und weicht danach schlagartig einem lauten, betriebsamen Leben. Vielfältig sind zudem die Berichte darüber, dass sich trauernde Schimpansen gegenseitig berühren und umarmen – sie tragen die Trauer gemeinsam.

Elefanten halten tagelang Totenwache am Leichnam eines

toten Artgenossen, auch wenn sie Futter und Trank deswegen über weite Strecken holen müssen. Beim Auffinden von Gerippeansammlungen befühlen sie vor allem die Überreste ihrer Artgenossen. Skelette anderer großer Tiere und künstliche Knochen, die Forscher dazulegen, ignorieren sie.

Die Fähigkeit zum Spielen

Spielerische Aktivitäten müssen nach Gordon M. Burghardt fünf Kriterien erfüllen[14]:

(1) Sie dürfen in ihrem unmittelbaren Kontext nicht vollständig funktional erklärbar sein;

(2) sie geschehen freiwillig, weil sie angenehm oder lohnenswert erscheinen;

(3) sie unterscheiden sich strukturell oder zeitlich von verwandten ernsten Verhaltensweisen;

(4) sie werden wiederholt vollzogen, und zwar

(5) in relativ harmlosen Situationen. Spiele können Bewegungsspiele, Spiele mit toten Objekten und / oder soziale Spiele sein.

Pferdefohlen springen über die Weide und drehen Pirouetten (Bewegungsspiel). Delfine reiten begeistert auf den Bugwellen großer Schiffe (Bewegungsspiel) oder drücken Holzstücke unter Wasser und freuen sich, wenn diese wieder emporschnellen (Spiel mit Objekten). Junge Hunde fletschen spielerisch die Zähne und tollen in Kampfspielen herum, die ihre Artgenossen nicht verletzen (soziales Spiel). So sind es vor allem Säugetiere, die spielen. Aber auch Vögel wie Raben oder Papageien spielen Fangen und balgen miteinander. Und selbst Oktopoden lassen Korken in strömenden Luftblasen hüpfen.

Wenn Spiele den unmittelbaren Nutzen überschreiten – warum spielen Tiere und Menschen dann? Man könnte meinen, Spiel sei Vergeudung von Energie und Zeit und noch dazu gefährlich, weil man Feinden gegenüber weniger achtsam sei. Doch langfristig betrachtet ist der Nutzen des Spielens unermesslich. Junge Individuen können aus ihnen etwas für den Ernst des Lebens lernen, zum Beispiel Bewegungen, Kampftechniken, Futtersuche, Sexualkontakte, aber auch Geschlechterrollen (Schimpansenmädchen verwenden beim Spiel Stöcke als Puppen, Schimpansenjungen ebensolche Stöcke als Kampfinstrumente[15]). Junge und erwachsene Individuen stärken durch soziale Spiele ihre sozialen Bindungen und Verhaltensweisen. Schließlich regen Spiele die Sinne an, vertreiben damit Langeweile und verhindern Frust und Aggressivität, animieren aber zugleich zu Kreativität und Innovation. Spiele sind auf diese Weise eine zentrale Triebfeder für evolutionären Wandel.

Bei sozialen Spielen achten auch Tiere auf Fairplay: So werden zum Beispiel Wölfe, die wiederholt unfair spielen oder zu täuschen versuchen, aus dem Rudel verbannt. Verletzt hingegen ein Individuum ein anderes unabsichtlich, kommt es zu Entschuldigungsgesten. Soziale Spiele dienen also auch dazu, das Gruppenethos einzuüben – das natürlich nicht notwendig reflektiert sein muss (s. u.).

Die Fähigkeit zum Werkzeuggebrauch und zur Werkzeugherstellung

Lange Zeit galten Werkzeuggebrauch und -herstellung als Alleinstellungsmerkmal des Menschen. Unter Werkzeuggebrauch versteht man »die Benutzung eines nicht zum Körper gehörenden Objekts, das als funktionale Erweiterung von Mund oder Schnabel, Hand oder Klaue dient, um ein unmittelbares Ziel zu erreichen.«[16] Werkzeuge sind also Hilfsmittel dort, wo die dem Körper eigenen Werkzeuge nicht ausreichen.

Schimpansen stapeln Kisten aufeinander, um an eine hoch hängende Frucht zu gelangen; sie verwenden Stöckchen, um in Termitenbauten nach Termiten zu angeln; sie suchen nach Blättern, um mit ihnen wie mit einem Schwamm Wasser aus Baumlöchern zutage zu fördern; sie nutzen geeignete Steine als Hammer und Amboss zum Öffnen harter Nüsse – seit mehreren tausend Jahren; und für die Honigernte aus einem unterirdischen Bienenstock sammeln sie einen ganzen Werkzeugkasten unterschiedlich beschaffener, teilweise auch eigenhändig bearbeiteter Stöckchen, von denen jedes einer anderen Aufgabe dient[17]. Ein derart komplexer, sequenzieller Werkzeuggebrauch entspricht jenem der unmittelbaren Vorfahren des Menschen in der frühen Steinzeit.

Auch andere Affenarten, Delfine und Elefanten nutzen Werkzeuge. Doch wiederum ist diese Fähigkeit nicht auf die Säugetiere beschränkt. Neukaledonische Geradschnabelkrähen verbiegen Drähte, um mit ihnen nach Futter zu angeln, und verwenden dazu auch Blätter und Grashalme. Der männliche Gelbnacken-Laubenvogel nutzt zum Bemalen seiner Liebeslaube Blätter als »Pinsel«. Japanische Krähen sind mittlerweile berühmt dafür, dass sie besonders harte Nüsse auf Fußgängerüberwege mit Ampelschaltung legen. Dann warten sie, bis ein Auto darübergefahren ist, um bei der nächsten Grünphase für Fußgänger den Inhalt der Nuss gefahrlos zu fressen. Vereinzelt hat man sogar schon bei Fischen und Insekten Werkzeuggebrauch beobachtet[18].

Verstehen die Tiere den Mechanismus des von ihnen gebrauchten Werkzeugs? Oder kommen sie eher zufällig auf dessen Potenziale? Dass dies keine Alternative sein muss, kann man leicht am Menschen beobachten. Viele menschliche Werkzeuge werden durch Versuch und Irrtum entwickelt, und erst nachträglich versucht man ihre Funktionsweise zu verstehen. Manche Tierversuche der jüngeren Zeit deuten aber zumindest darauf hin, dass Tiere einzelne Mechanismen ihrer Werkzeuge verstehen lernen. Doch hier bleibt noch viel zu erforschen.

Die Fähigkeit der Sprache

Die Möglichkeiten der Kommunikation sind vielfältig. Sprache muss selbst beim Menschen nicht ausschließlich akustisch übermittelt werden. Sie kann visuell ausgedrückt werden, im Tierreich zudem über chemische oder elektrische Signale. Aber ist die Kommunikation zwischen Tieren im Einzelfall eine bewusst gesteuerte oder folgt sie einem automatisierten Reiz-Reflex-Muster? Sofern das Erste der Fall ist, wird Sprache erlernt und durch jede neue Kommunikation erweitert. Eine zweite Frage betrifft die Komplexität eines Zeichensystems. Enthält es nur Ein-Wort-Sätze bzw. Ein-Zeichen-Sinneinheiten oder gibt es so etwas wie Syntax und Grammatik, die das Ausdrücken und Vermitteln komplexerer Zusammenhänge ermöglichen? Auch Menschenkinder beginnen im zweiten Lebensjahr zunächst einzelne Worte zu sprechen und zu verstehen und bauen danach stufenweise immer komplexere Sätze.

Wiederum sind Affen die Tierarten, deren Sprache und Sprachfähigkeit man zuerst untersucht hat. Für Warnrufe beim Herannahen von Feinden etwa haben sie ein breites Repertoire – für jede feindliche Tierart einen anderen Ruf. Und die Reaktion der gewarnten Artgenossen zeigt, dass diese verstanden haben, vor welchem Feind gewarnt wird. Je nach Feind wenden sie nämlich ganz unterschiedliche Fluchtstrategien an[19]. Dabei weist jede Affensprache innerhalb derselben Art durchaus regionale Dialekte auf. Ihre Ausdrucksmöglichkeiten sind also nicht vollständig angeboren, sondern werden mindestens teilweise erlernt und weiterentwickelt.

Tiere haben aber nicht nur ihre eigene Sprache, manche sind in gewissem Umfang auch in der Lage, die menschliche Sprache zu verstehen. Hunde lernen durch menschliche Schulung zwischen 50 und 100 Begriffe, deren Bedeutung sie kennen. Julia Fischer berichtet von dem Border Collie Rico, der sich die Namen von über 200 Spielzeugen merken konnte[20].

Haben Tiere, die kommunizieren, ein Konzept der Begriffe, die sie hören oder verwenden? Verstehen Affen, was eine Schlange ist und was ein Leopard? Eine Reihe von ForscherInnen hat das an Haustauben untersucht[21]. Man zeigte den Haustauben Dias, auf denen sie nach einem »Schlüsselgegenstand« suchen sollten. Befand sich der »Schlüsselgegenstand« auf dem Dia, erhielt die Taube Futter, wenn sie auf das Dia pickte, befand er sich nicht darauf, erhielt sie kein Futter, wenn sie auf das Dia pickte. Mit der Zeit lernten die Tauben, nur dann auf das Dia zu picken, wenn dort irgendwo der »Schlüsselgegenstand« abgebildet war. Zunächst ließ man sie nach Bäumen verschiedenster Farben und Formen suchen, dann nach Zahlen, Autos und Fischen. Stets lernten die Tauben schnell, welcher Gegenstand der gefragte war. Schließlich konnten sie mit der genannten Methode sogar die expressionistischen Bilder Claude Monets von den kubistischen Gemälden Pablo Picassos unterscheiden – zwei zugegebenermaßen sehr verschiedene Malstile, von denen man aber erst einmal eine Vorstellung erwerben muss. – Haben die Tauben nun einfach im Reiz-Reaktionsmuster gearbeitet und »automatisch« das richtige Bild erkannt? Oder haben sie das Gemeinsame jener Bilder entdeckt, also das Konzept, den Begriff des Schlüsselgegenstandes? Es fällt schwer, die erste Hypothese zu vertreten, denn die Tauben bekamen immer neue und komplexere Dias gezeigt – und antworteten mit hoher Erfolgsquote richtig. Sie müssen den Baum als Baum, das Auto als Auto erkannt und sich damit einen Begriff dieser Gegenstände gebildet haben.

Eines der überzeugendsten und faszinierendsten Beispiele dafür, dass manche Tiere Begriffe bilden und kommunizieren können, ist der Graupapagei Alex, mit dem Irene Pepperburg über 20 Jahre trainierte. Ihr Ziel war es, dass Alex sich in eine ganz normale zwischenmenschliche Kommunikation einschalten und deren weiteren Verlauf beeinflussen sollte. Auf diese Weise lernte Alex die Namen für Objekte, Materialien, Farben und Zahlen. Wurde er dann gefragt, welche Farbe ein bestimmter Gegenstand habe, antwortete er ebenso richtig wie wenn man nach der Zahl oder dem Material fragte. Er konnte also die Gegenstände klassifizieren. Er konnte sie aber ebenso indizieren, nämlich sagen, welches der rote Gegenstand sei, und vergleichen, also sagen, ob mehrere Gegenstände die gleiche Farbe oder Zahl haben[22]. Alex hatte also nicht nur begriffliche Vorstellungen für »eins«, »zwei« und »drei«, sondern auch für die Kategorie »Zahl«, »Material« und »Farbe«. – Der Papagei, der »einfach nur nachplappert«, wie umgangssprachlich oft gesagt wird, ist also nicht mehr als ein plumpes Klischee. Auch Menschenkinder plappern Worte, die sie hören, erst einmal nach und fragen erst viel später, was diese Worte bedeuten.

Eine Theory of Mind

Mit »Theory of Mind« bezeichnet man die Fähigkeit, Bewusstseinsvorgänge in sich selbst wahrzunehmen und in anderen Individuen hypothetisch zu vermuten. Wer zur Theory of Mind fähig ist, kann unausgesprochene Gefühle und Gedanken, Bedürfnisse und Ideen, Absichten und Erwartungen anderer Individuen erahnen und darüber Annahmen bilden. Diese Fähigkeit ist eine der komplexesten, die es überhaupt gibt. Menschenkinder brauchen meist bis zum fünften oder sechsten Lebensjahr, bis sie dazu in der Lage sind. Erst dann können sie sich vorstellen, dass andere Überzeugungen haben, die nicht den Tatsachen entsprechen.

Den klassischen Versuch dazu haben Heinz Wimmer und Josef Perner 1983 entwickelt. Kinder beobachten, wie ein Protagonist einen Gegenstand unter Gefäß X legt. Dann verschwindet der Protagonist, und eine zweite Person nimmt den Gegenstand unter Gefäß X heraus und legt ihn unter Gefäß Y. Unter welchem Gefäß, so die Frage an die Kinder, wird der Protagonist bei seiner Rückkehr den Gegenstand suchen? Kein einziges Kind unter 5 Jahren, aber 86 % der Kinder über 6 Jahren gaben die richtige Antwort: Der Protagonist wird dort suchen, wo er den Gegenstand versteckt hat, also unter Gefäß X, denn er weiß nicht, was die Kinder wissen.

Versuche wie den von Wimmer und Perner nennt man »false-belief-tests«, denn sie testen, ob jemand damit rechnet, dass sein Gegenüber eine falsche Überzeugung hat. Dabei macht das Beispiel deutlich, dass die Theory of Mind Handlungsmöglichkeiten eröffnet, die ethische Qualität haben. Wer sich vorstellen kann, was ein anderer denkt, kann diesen absichtsvoll täuschen. Er kann ihm aber ebenso absichtsvoll helfen.

Raben sind in der Lage, ihre Artgenossen fantasievoll, zielsicher und systematisch darüber zu täuschen, wo sie ihre Futtervorräte vergraben, aber auch darüber, dass und wie sie die Futtervorräte anderer zu rauben beabsichtigen[23]. Dabei beziehen sie in ihre Strategie ihr Wissen darüber mit ein, ob der andere das Futterversteck sehen konnte oder nicht[24].

Schimpansen wissen nicht nur, was andere Individuen sehen, sie folgen auch aktiv deren Blicken, und wenn sie auf Grund von optischen Hindernissen nicht dorthin schauen können, wohin der Artgenosse schaut, verändern sie ihre Position so, dass dies möglich wird. Die Frage ist demnach nicht, ob, sondern nur in welchem Ausmaß sie eine Theory of Mind besitzen[25].

Raben und Schimpansen sind bisher die einzigen Spezies, an denen die Theory of Mind intensiv erforscht wird. Mit Voranschreiten der Forschung dürften weitere Tierarten hinzukommen. Es dürften aber vergleichsweise wenige bleiben, weil es sich um eine der komplexesten und anspruchsvollsten kognitiven Fähigkeiten von Lebewesen überhaupt handelt.

Die Fähigkeit eines Ethos

Auf der Basis einer Theory of Mind, so hatten wir gesehen, erwerben Lebewesen die Möglichkeit, bewusst zu lügen und zu betrügen, aber auch die Möglichkeit, absichtsvoll selbstlos zu helfen. Damit stellt sich ihnen zugleich die Frage, ob der Ehrliche bei ihnen der Dumme sein soll, oder ob sie den Lügner sanktionieren. Es entsteht die Notwendigkeit eines Ethos. Ethos meint das Gesamt des Verhaltens der Individuen oder der Gruppe, soweit sich darin (reflektierte oder nicht reflektierte) Wertungen ausdrücken. Es entwickelt sich durch Versuch und

Irrtum, durch Streit und Versöhnung, durch Handeln und Verhandeln. Vom Ethos zu unterscheiden ist die Ethik als Reflexion und argumentative Auseinandersetzung mit dem Ethos. Ethik kann allein der Mensch betreiben. Ethos haben aber auch manche sozial lebende Tiere[26].

Wohl niemand hat das Ethos der Affen in den letzten Jahrzehnten so genau analysiert wie Frans de Waal. Seine gut verständlichen Bücher sind ein Muss für jeden, der sich mit dieser Frage beschäftigt. De Waal möchte mit der populären These aufräumen, das Gute im Menschen sei das »Humane«, allein dem Menschen Gegebene, und das Böse im Menschen sei das »Tierische«, das durch Kultur gezähmt werden müsse[27]. Für ihn sind Gut und Böse evolutionsbiologisch gleichursprünglich: »Wenn Tiere Feinde haben können, dann können sie auch Freunde haben; wenn sie einander täuschen können, dann können sie auch ehrlich sein; und wenn sie boshaft sein können, dann können sie auch freundlich und altruistisch sein.«[28]

Ethos entsteht nach de Waal dort, wo die beiden zentralen Ressourcen des Zusammenlebens geteilt werden müssen: Nahrung und Sexualität. Je weiter das Gedächtnis eines Tieres zurückreicht, umso umfassender lassen sich Bilanzen des Gebens und Nehmens aufstellen, und umso differenzierter lässt sich erinnern, wer wieviel gegeben und wer wieviel empfangen hat. Damit entsteht das, was de Waal »reziproken Altruismus« nennt[29]: Geben und Nehmen müssen nicht mehr im selben Moment erfolgen, sondern können weit auseinander liegen. Und sie können weite Umwege über viele Individuen gehen. A gibt B, B gibt C, C gibt D … und irgendwann gibt D etwas an A.

Aber wehe, wenn die Bilanz von Geben und Nehmen für ein Individuum auf lange Sicht nicht ausgeglichen ist. Wenn es also viel gibt, aber wenig empfängt. Oder wenn es immer nur nimmt, aber nie gibt. Dann kommt es zu einschneidenden

Sanktionen. Es entsteht das Bedürfnis nach Vergeltung. Affen merken sich alles und vergelten alles. Dem, der das Ethos der Gerechtigkeit nicht achtet, wird das Teilen von Nahrung und Zärtlichkeit konsequent verweigert. Man gibt ihm nichts mehr, und man will von ihm auch nichts mehr nehmen. Um der Gerechtigkeit willen sind Menschenaffen bereit, eigene Nachteile in Kauf zu nehmen. Anders als ihre menschlichen Verwandten setzen sie Wirtschaftssanktionen ohne Rücksicht auf eigene Nachteile durch.

Neben Sanktionen, die meist einhellig von der ganzen Gruppe verhängt werden, können Autoritätspersonen der Gruppe durch Schlichtung zur Sicherung der Gerechtigkeit beitragen. Gelingt ihnen die Schlichtung, steigert das ihre Autorität weiter[30]. Denn: »Ohne jeden Zweifel wachsen präskriptive Regeln und ein Gefühl für Ordnung aus einer hierarchischen Organisation, in der der Untergeordnete ständig auf den Dominanten achtet.«[31] Damit Führungspersönlichkeiten die Gerechtigkeit auch wirklich fördern, erkennen Rudel nur solche Persönlichkeiten an, die absolut unparteiisch sind und sich bevorzugt um die Schwachen kümmern[32]. »Ein gerechter Führer ist nicht so leicht zu finden, daher liegt es im Interesse der Gemeinschaft, ihn so lange wie möglich an der Macht zu halten.«[33]

Weil Menschenaffen wesentlich flachere Hierarchien haben als Tieraffen, steigt ihr ethischer Regelungsbedarf immens an[34]. In einer Monarchie gibt es weniger zu verhandeln als in einer Demokratie – so kennen wir es auch im menschlichen Bereich. Die Fähigkeit zum differenzierten Verhandeln ethisch relevanter Streitpunkte und die Realisierung flacher Hierarchien gehen also Hand in Hand.

Nur der Vollständigkeit halber sei erwähnt, dass das Ethos von Menschenaffen sich nicht nur auf Nahrung und Sexualität bezieht. Schimpansen etwa können sehr gewalttätig werden[35]. Fremde, also Angehörige eines anderen Rudels, töten sie mit großer Brutalität, um ihre Grenzen zu verteidigen oder auszuweiten. Aber auch innerhalb des Rudels kann es zum Mord kommen, wenn sich Hass aufgestaut hat. Das Ethos der Schimpansen muss folglich mit solchen Phänomenen umgehen und sie regeln.

Ob Menschenaffen die einzigen Spezies sind, die ein Ethos besitzen? Gerechtigkeitssinn ist zum Beispiel auch bei Hunden nachgewiesen. Werden nach einem Training alle Hunde für die gleiche Leistung gleich belohnt, sind alle zufrieden. Werden sie alle trotz ihrer Leistung nicht belohnt, sind sie ebenfalls zufrieden – diese Härte gestehen sie dem menschlichen Trainer zu. Aber werden einige Hunde belohnt und andere nicht, dann verweigern die Nichtbelohnten tagelang jegliche Kooperation. Eine so evidente Ungerechtigkeit lassen sie selbst dem menschlichen Rudelführer nicht durchgehen. Es scheint, dass sozial lebende Tiere weit häufiger ein Ethos entwickeln als wir bisher wissen.

Die ethische Relevanz tierlicher Fähigkeiten

Wer die Fähigkeiten der Tiere so positiv interpretiert wie die hier zitierten NaturwissenschaftlerInnen, setzt sich schnell dem Verdacht des Anthropomorphismus aus. Es scheint, als würde er menschliche Kategorien unbedacht auf Tiere projizieren und den großen Unterschied zwischen dem Menschen und selbst den intelligentesten Tieren vergessen. Dem ist entgegenzuhalten, dass alle hier genannten Fähigkeiten ungeheuer präzise Verhaltensweisen der Tiere beschreiben: »Letztendliches Ziel des Wissenschaftlers ist es ganz gewiss nicht, zur zufriedenstellendsten Projektion menschlicher Gefühle auf Tiere, sondern zu überprüfbaren Ideen und wiederholbaren Beobachtungen zu kommen.«[36]

Bei der Interpretation der beobachteten Tatsachen gilt wie in allen Wissenschaften das Prinzip der Sparsamkeit: Jedes Phänomen soll mit dem geringstmöglichen Aufwand erklärt werden. Dieses Prinzip hat in der Biologie zwei Konkretionen:

1) Man soll keine höheren geistigen Fähigkeiten annehmen, wenn man ein Phänomen tierlichen oder menschlichen Verhaltens ebenso gut mit niedrigeren Fähigkeiten erklären kann.

2) Wenn nahe verwandte Arten sich gleich verhalten, liegt dem vermutlich der gleiche innere Mechanismus zugrunde. Die erste Konkretion bewahrt davor, Mensch und Tier zu nahe aneinanderzurücken. Die zweite schützt vor einer zu großen Distanz zwischen ihnen. Die rechte Balance der beiden ist also von entscheidender Bedeutung. Im Versuch, diese zu erreichen, möchte ich zusammenfassend behaupten: Es gibt nicht den einen Unterschied, die eine Fähigkeit, die prinzipiell nur der Mensch hätte. Wohl aber gibt es viele Fähigkeiten, die kein Tier außer dem Menschen in dieser Komplexität besitzt[37]. Der Unterschied zwischen Mensch und Tier ist biologisch betrachtet nicht prinzipiell, sondern graduell.

Theologisch-ethisch scheint mir darüber hinaus eines bedeutend: Der Mensch muss sich nicht auf Kosten des Tieres definieren. Er muss nicht ständig betonen, was das Tier alles nicht kann, um seine eigenen Leistungen in ein strahlendes Licht zu rücken. Das Gegenteil ist richtig: Je mehr wir die Fähigkeiten der Tiere würdigen, umso mehr werden wir auch über die spezifisch menschlichen Leistungen staunen können. Wer das Tier schlechtredet, trifft damit letztlich immer auch den Menschen. Die Einsicht Darwins, dass der Mensch mit den Tieren gemeinsame Vorfahren hat, braucht keine »Kränkung« zu sein, wie Sigmund Freud bereits 1917 in einem Aufsatz darlegte. Sie kann auch eine Befreiung von dem Druck sein, ein Superman, ein Titan zu sein, der alles kann und alles leistet. Und sie kann den Menschen in eine wundervolle Gemeinschaft mit seinen Verwandten stellen.

Hat die Einsicht in die vielfältigen geistigen Fähigkeiten von Tieren auch handfeste ethische Konsequenzen? Wie sich in den Kapiteln 6 und 8 zeigen wird, ist diese Frage in allen Ansätzen außer im ersten Ansatz der materialen Anthropozentrik eindeutig zu bejahen. Für wen der Mensch das Maß aller Ethik ist, den brauchen die Fähigkeiten der Tiere nicht zu kümmern. Wer hingegen wie die Pathozentrik das Leiden der Tiere zum Maß des Handelns macht, wird berücksichtigen, dass höhere Intelligenz jedes Leiden intensiviert und damit stärker ins Gewicht fällt. Wer den Tierrechtsansatz vertritt, beruft sich auf ein Eigenständig-Sein der Tiere, das durch höhere geistige Fähigkeiten erweitert wird. Und wer wie ich einen Ansatz der Tiergerechtigkeit vertritt und eine faire Güterabwägung zwischen Mensch und Tier fordert, muss umso mehr Güter berücksichtigen, je mehr geistige Möglichkeiten zur Entfaltung ein Tier besitzt. Je intelligenter Tiere also sind, umso weniger können wir sie wie Sachen behandeln – ganz unabhängig davon, mit welcher Begründung wir argumentieren.

Zunächst einmal hat die Erkenntnis der großartigen Fähigkeiten der Tiere jedoch noch einen anderen, fundamentaleren Effekt: Wir erkennen, wie nahe das Tier uns steht, und das mahnt uns zu einer großen Vorsicht und Achtung im Umgang mit ihm. Descartes' Bild vom Tier, das ich an den Anfang dieses Kapitels gestellt habe, hat deswegen so fatale Konsequenzen für den Tierschutz, weil es eine ideale Begründung dafür bietet, vor Tieren keinen Respekt zu haben. Oft wird es genau deswegen aufrechterhalten, um die Tiere weitgehend uneingeschränkt

ausbeuten zu können[38]. Wer die Fähigkeiten von Tieren klein-
redet, tut dies meistens aus einem sehr egoistischen Interesse.
Diesem den Boden unter den Füßen wegzuziehen ist das wichtigste Anliegen, um das es in diesem Kapitel ging.

WIE EINZIGARTIG JEDES TIER IST
Vorahnungen unendlicher Vielfalt

Im Mai 2009 veranstaltete ich für Studierende unserer Universität eine Exkursion zur Konrad Lorenz Forschungsstelle in Grünau im Almtal. Die Forschungsstelle betreibt viele Projekte mit unterschiedlichen Tierarten. Doch schon aus Verehrung für ihren Gründer Konrad Lorenz spielen die Graugänse noch immer eine besondere Rolle. Dr. Josef Hemetsberger, der uns den Tag über begleitete, schlug vor, dass die ExkursionsteilnehmerInnen zuerst einmal eine Stunde lang eine individuelle Graugans ihrer Wahl beobachten sollten. Dabei sollten sie deren Verhalten möglichst genau aufschreiben. Nun könnte man meinen, dass die Theologiestudierenden, ungeübt wie sie waren, »ihre« Graugans im Gewimmel der rund hundert ArtgenossInnen schnell aus den Augen verloren. Jedoch hat in Grünau jede Graugans verschiedenfarbige Ringe an den Füßen, ist also auch für Ungeübte individuell erkennbar, wenn man sich nur die Farben merkt. Doch spätestens nach zehn Minuten brauchten die Studierenden den Kontrollblick auf die beringten Füße gar nicht mehr. Sie erkannten »ihre« Gans davon unabhängig an ihrem Erscheinungsbild – ihrem Gefieder, ihrer Körpergestalt, ihrer Kopfform – und an ihrem Verhalten. Zehn Minuten reichten, um die Einzigartigkeit der beobachteten Gans zu erfassen und wenigstens grob beschreiben zu können.

Hätte die Aufgabe darin bestanden, einen von hundert Menschen zu beobachten, hätte es vermutlich nicht verwundert, dass die BeobachterInnen nach zehn Minuten nicht mehr auf die Farbe der Hose und der Jacke achten, sondern auf das Gesicht, den Gang, die Gestik und das Verhalten. Dass dasselbe aber auch bei Tieren, noch dazu bei Vögeln, möglich ist, die keine besonders nahen Verwandten des Menschen sind, dürfte manchen überraschen. Doch warum sollten nichtmenschliche Tiere weniger Individualität besitzen als die Individuen der Gattung homo sapiens?

Erste Erkenntnisse
über die Individualität von Tieren

Die Individualität von Tieren ist noch wenig erforscht. Bisher richtete sich die Aufmerksamkeit der Naturwissenschaften mehr auf das Allgemeine, das Artspezifische, als auf das Individuelle. Dennoch haben die Forschungen der letzten Jahrzehnte erste Erkenntnisse zutage gebracht[39]. Entscheidend für diese war der Paradigmenwechsel der Evolutionsbiologie in den 1960er Jahren, der das Individuum und nicht mehr die Art als treibenden Faktor der Selektion und damit der Evolution identifizierte.

Um den individuellen Charakter eines Tieres zu erheben und zu beschreiben, werden in der Biologie vielfach dieselben Parameter angewandt wie beim Menschen. Dabei spielen die »Big Five« der Persönlichkeitspsychologie eine zentrale Rolle, die fünf Hauptmerkmale der Persönlichkeit: Neurotizismus, Extraversion, Offenheit für Erfahrungen (openness to experience), Gewissenhaftigkeit (conscientiousness) und Verträglichkeit (agreeableness). Für die Biologie entscheidend ist, dass diese fünf Faktoren die menschliche Persönlichkeit weltweit und unabhängig von Kultur oder Geschlecht definieren. Daher werden sie »zunehmend auch in der bio-psychologischen Forschung, etwa im Bereich Mensch-Tier-Beziehung eingesetzt.«[40]

Mittlerweile wird Individuen vergleichende Forschung seit mehr als zwanzig Jahren an Dutzenden Tierarten unterschiedlichster Komplexität betrieben, vom Wasserläufer bis zum Schimpansen. Da diese Forschung die Individuen von außen beobachtet und ihnen nicht wie Menschen einen Fragebogen vorlegen kann, dessen Beantwortung das innere Befinden widerspiegelt, konzentrieren sich die meisten Versuche auf zwei der »Großen Fünf«, nämlich Extraversion und Offenheit für Erfahrungen. Untersucht wird, ob die Tiere eher »reaktiv« oder »proaktiv«, »schüchtern« oder »mutig«, »langsam« und zögerlich oder »schnell« sind. Proaktive, mutige und schnelle Tiere weisen dabei meist auch andere konstante Verhaltensneigungen auf.

»Es handelt sich also um ›Verhaltenssyndrome‹, die auch als Ausprägungen der Persönlichkeit im Umgang mit den Herausforderungen der sozialen, ökologischen und physikalischen Umwelt interpretiert werden können.«[41]

Sind diese konstanten Verhaltensneigungen ererbt oder erlernt? Beim Menschen schätzt die Persönlichkeitspsychologie den genetischen Einfluss auf den Charakter auf etwa 50 %. »Angeborene« Dispositionen werden in der Auseinandersetzung mit Umweltbedingungen lebenslang geformt und gewandelt. Individuen lernen durch die Widerfahrnisse ihres Lebens und entwickeln dadurch ihren Charakter kontinuierlich weiter. Die eigene Persönlichkeit ist also weder völlig »angeboren« noch völlig »anerzogen«, sondern entfaltet sich in einem ständigen Wechselspiel genetischer und sozialer Einflüsse. An der charakterlichen Verschiedenheit eineiiger Zwillinge lässt sich dies auch für Laien sehr einfach ablesen. – Das Gesagte gilt analog bei Tieren: Genetische und soziobiografische Faktoren beeinflussen sich wechselseitig und sind gemeinsam für die tierliche Individualität verantwortlich.

Die eigene Individualität ist für Tiere ebenso folgenreich wie für Menschen. Sie bestimmt nicht nur ihre Gewohnheiten im Alltagsverhalten, sondern beeinflusst sämtliche sozialen Beziehungen. Letztlich ist sie auch für die Wahl von SexualpartnerInnen und FreundInnen verantwortlich. Tiere sind hier mitunter nicht weniger wählerisch als Menschen. Ihre sexuelle Aktivität folgt nicht mehr und nicht weniger als die menschliche einem »triebhaften« Automatismus, und nicht selten nutzen umworbene Tiere wie umworbene Menschen die Möglichkeit zur Ablehnung sexueller Kontakte. Das gilt ebenso für Freundschaften. FreundInnen müssen charakterlich zusammenpassen. Nicht jedes Individuum ist als FreundIn für jedes andere geeignet. Das können soziale Tiere ähnlich gut wahrnehmen und in Vorzugsentscheidungen umsetzen wie Menschen.

Haben Tiere dann auch eine »Persönlichkeit«? Darf man von einer »Tierpersönlichkeit« sprechen, oder ist diese Bezeichnung zu anthropomorph, zu vermenschlichend? Eine eingehende Diskussion des Begriffs ist bisher nicht geleistet worden. Wenn man allerdings die klassische philosophische Definition der »Person« als einer »zugrundeliegenden Beziehung« annimmt und davon ausgeht, dass sich die individuelle Persönlichkeit aus Beziehungen und Rollenzuschreibungen heraus entwickelt, ist der in der Anthropologie etablierte Begriff durchaus analog auf Tiere anwendbar. »Persönlichkeit« meint dann die unverwechselbare Einzigartigkeit eines tierlichen Individuums in seinem Charakter, seinem Verhalten, seinen Beziehungen und seiner Lebensgeschichte. Diese Einzigartigkeit steht in einem Spannungsverhältnis zu den allgemeinen Bestimmungen jedes Tieres, die es gemeinsam mit allen Individuen seiner Art teilt[42].

Wiederum: Einen bisher dem Menschen reservierten Begriff auf das Tier zu übertragen, nimmt dem Menschen nichts weg. Im Gegenteil: Richtig verstanden wird die Rede von der Tierpersönlichkeit alle Vorstellungen von der menschlichen Persönlichkeit noch großartiger und vielschichtiger erscheinen lassen. Zudem wird sowohl evolutionsbiologisch als auch anthropologisch deutlicher, welche Komponenten eine menschliche oder tierliche Persönlichkeit ausmachen, wie ihre Entwicklung vonstattengeht und welche Relevanz sie für das Zusammenleben mit anderen Persönlichkeiten hat.

Tiere beim Namen nennen

So wie der moderne Mensch seine eigene Individualität und Persönlichkeit und die seiner Mitmenschen aus dem Blickwinkel des Einzigartigen und Unverwechselbaren wahrnimmt, tut er dies ebenso bei Tieren. Aber selbst wenn dieses Wahrnehmungsmuster in der Moderne mit ihrer Subjektzentrierung eine Intensität und Bedeutsamkeit erreicht hat wie nie zuvor in der abendländischen Geschichte, ist es doch keineswegs völlig neu. Auch in frühen Texten und Kunstwerken der abendländischen Geistesgeschichte wird mitunter bereits deutlich, dass sie das Besondere im Unterschied vom Allgemeinen zu erfassen und zu würdigen suchen. Und dies gilt sowohl für die Wahrnehmung von Menschen als auch für die Wahrnehmung von Tieren.

Ein Medium, in dem die Einzigartigkeit eines Individuums ausgedrückt wird, ist der Eigenname[43]. Seit sehr früher Zeit ist die Namensgebung für individuell wahrgenommene Tiere belegt. Man denke nur an Argos, den Hund des Odysseus, von dem Homer schon im 8. Jahrhundert vor Christus erzählt und dessen Charakter er weit ausführlicher darstellt als den mancher Menschen[44]: Argos sei von Odysseus selbst erzogen und als Jagdhund genutzt worden, schnell im Lauf, voller Kraft, mit hervorragender Spürnase. Doch während der langen Abwesenheit seines Herrn sei er ohne menschlichen Betreuer gewesen, der sich um ihn kümmert, und habe im Mist der verwahrlosten Rinder gelebt, das Fell voller Ungeziefer. Jetzt ist er, obgleich altersschwach, der Einzige, der seinen ebenfalls geschundenen und alt gewordenen Herrn wiedererkennt. Er wedelt mit dem Schwanz, senkt die Ohren – und stirbt. Zärtlicher und individueller als Homer kann man von einem Hund nicht sprechen.

Häufiger wird die Nennung von Tiernamen allerdings erst ab dem 16. Jahrhundert: Wir wissen vom Elefanten Hanno (um 1510–1516), dem Lieblingstier Papst Leos X., von Soliman (1540–1553), dem Elefanten des späteren Kaisers Maximilian, und von Hansken (1630–1655), einer gelehrten Elefantenkuh, die auf Jahrmärkten gezeigt wurde und die Rembrandt gezeichnet hat. Zugleich gibt es in den zeitgenössischen Texten noch viele namenlose Tierindividuen, deren Individualisierung entweder durch die Nennung des Ortes (»der Wolf von Ansbach« im 17. Jahrhundert) oder des Besitzers erfolgt (»der Elefant Ludwigs XIV.« 1664–1681). Erst im 18. Jahrhundert hat sich die Namensgebung für individuell wahrgenommene Tiere weitgehend durchgesetzt – für ein ziemlich breites Spektrum an Tierarten.

Der (Eigen-) Name signalisiert Einzigartigkeit und Unverwechselbarkeit. Er ist für Mensch und Tier Teil der eigenen *Identität*. Wird der Name gerufen, reagiert der Namensträger ganz unmittelbar, und zwar nicht nur auf die Tatsache, dass er gerufen wird, sondern auch auf die Art und Weise, wie er gerufen wird: An Lautstärke, Modulation und Klang des ausgesprochenen eigenen Namens erkennen tierliche wie menschliche NamensträgerInnen sofort, in welcher Stimmung und Absicht der oder die Rufende ihnen begegnet. Mit dem Ansprechen des Namens wird also ein ganzes Bündel an Informationen über die aktuelle und individuelle Beziehung zwischen Rufendem und Gerufenem kommuniziert. Namensnennung bedeutet Beziehung sowie deren Aufnahme, Stärkung, Fortschreibung und Veränderung.

Natürlich ist der initiale Akt der (Eigen-) *Namensgebung* immer zugleich ein Akt der Machtausübung und der Konstituierung von Zugehörigkeit. Damit ist er hochgradig ambivalent. Vielfältige Gefahren des Missbrauchs sind zu beachten, weswegen die Namensgebung bei neugeborenen Menschenkindern vom Gesetzgeber stark reguliert wird. Dennoch kann Gesetzgebung nicht alle denkbaren Missbräuche verhindern. Namensgebende Personen können trotz allem in den ausgewählten Namen eigene Wünsche und Bedürfnisse hineinlegen, den Akt der Namensgebung für eigene oder fremde Interessen verzwecken, einen Namen wählen, der Spott, Geringschätzung, Missachtung oder übertriebene Vergötterung und überhöhte Erwartungen an den Namensträger ausdrückt.

Auf der anderen Seite kann eine gelingende Namensgebung der so benannten Persönlichkeit Liebe, Fürsorge, Respekt und Wertschätzung vermitteln. Ein Name kann die Identität seines Trägers stärken und im positiven Sinne prägen. Er kann den Bezugspersonen im Umfeld heilig sein und die Unverfügbarkeit seines Trägers verdeutlichen. Namensgebung kann die Form des Beschenkens haben: Eltern schenken einem Kind das Leben und ebenso einen Namen. Niemand braucht sich seinen Namen selber »machen« und seine Verwendung durch andere »durchsetzen« – er wird ihm geschenkt von Anfang an. – Und auch das ist eine Tatsache und muss berücksichtigt werden: Die Weigerung, jemandem einen Namen zu geben, ist mit Sicherheit die schlimmste Form der Herrschaftsausübung über dieses Individuum.

In dieser Ambivalenz der Namensgebung ist die mitgegebene ethische Aufgabe grundgelegt und angedeutet: Es geht um die Suche nach dem Namen, der dem Individuum (ob Mensch oder Tier) entspricht, der eben »sein« Name ist und nicht eine von außen kommende Projektion. Nur dann kann die in der Namensgebung implizierte Herrschaftsausübung in einer dienenden Weise vollzogen werden, wie es der modernen ethischen Auffassung von Herrschaft entspricht.

Neben der Namensgebung hat auch die *Namensnennung* eine hohe Bedeutung. Im Aussprechen eines Namens erinnert sich der Sprechende an die Identität des Angesprochenen und zeigt das diesem. Der Angesprochene spürt, dass sein Gegenüber ihn erkennt. Der Sprechende erinnert sich aber im Aussprechen des Namens zugleich an seine eigene Identität, die wesentlich von der Beziehung zu dem Angesprochenen geprägt ist. Beide, Sprechender und Angesprochener, sind dieselben, obwohl sie sich seit ihrer letzten Begegnung gewandelt haben und die alte Beziehung neu aufgreifen müssen. Gerade wenn sich Menschen begegnen und mit Namen ansprechen, die sich jahrelang nicht gesehen haben, kann man das intensiv erleben und beobachten.

Können Tiere ihren Namen als Teil ihrer Identität begreifen? Identifizieren sie sich mit ihrem Namen? Für intelligente Tiere deutet viel darauf hin (s. o. S. 43 f., *Tiere beim Namen nennen*). Hunde etwa verstehen, wenn sie gut geschult werden, relativ bald den Unterschied zwischen einem Befehl und ihrem Namen. Aber es scheint auch Tiere zu geben, die sich selbst so etwas wie Namen geben – mit ihren artspezifischen Möglichkeiten der Lautbildung. Große Tümmler rufen sich gegenseitig »beim Namen«, nämlich mit einer bestimmten, einzigartigen

Melodie, die jedes Individuum selbst als seine »Erkennungs-melodie« festlegt. Die Gerufenen reagieren auf diese Melodie, wenn sie von befreundeten Individuen gesungen wird, und kommen zum Rufer[45].

Wie sieht das *Spektrum der Namen* aus, die für Tiere verwendet werden? In ihm kommen menschliche Namen vor, aber auch metaphorische Namen wie Flocke, Schnecke oder Bello. Letztere werden ihrerseits nicht mehr für Menschenkinder verwendet – jedenfalls nicht außerhalb indigener Bevölkerungsgruppen. Dabei besaßen selbstverständlich auch viele Eigennamen der sogenannten Hochkulturen ursprünglich eine metaphorische Bedeutung oder waren wie Ursula, Wolfgang oder Bernhard von Tierarten abgeleitet. Es besteht also ein Gefälle: Wir nennen Tiere zunehmend häufiger und selbstverständlicher mit Menschennamen, aber Menschen nicht (mehr) mit dezidierten Tiernamen. Das Tier darf – so scheint es unsere Intuition zu sein – in gewissem Maße vermenschlicht werden, der Mensch aber nicht (mehr) »vertierlicht«. – Eine Ausnahme bilden Kosenamen, die sogar sehr oft Tiere evozieren: Mausi, Bärli, Häsli genießen als Kosenamen hohe Beliebtheit. Auch sie werden für Heimtiere gleichermaßen verwendet. Da wird mitunter eine Katze »Mausi« genannt …

Gehen Menschen mit Tieren anders um, wenn sie ihnen einen Namen gegeben haben? Diese Frage ist eindeutig zu bejahen. Mit der Namensgebung wird aus einem »Stück« Vieh oder Wild ein individuelles Gegenüber. Der Name signalisiert, dass dem Namensträger eine andere Behandlung zusteht als dem Namenlosen. Auf diese Weise hat der Eigenname die Funktion einer *»ethischen Hemmschwelle«*. Er verändert die Wahrnehmung und signalisiert eine größere Verantwortung. Vor NamensträgerInnen haben wir Respekt. Als während der Maul- und Klauenseuche in England 2001 unter einem Berg bereits gekeulter Rinder ein wenige Tage altes Kalb gefunden wurde, das noch am Leben war, erhielt es in den Medien schnell den Namen »Phoenix«. Ein Medienhype setzte ein, sodass sich die Regierung Blair gezwungen sah, Phoenix entgegen geltender Vorschriften von der Keulung auszunehmen und am Leben zu lassen. Letztlich führte der Fall dazu, die gesamte Keulungspolitik zu überdenken. »Die Schlachtung von Phoenix drohte, ein Public-Relations-Desaster zu werden«, urteilte die BBC.

Wenn Tiere in der Intensivtierhaltung nur noch eine Nummer (auf ihrer Ohrmarke) haben und letztlich auch sind, oder wenn sie nicht einmal mehr in Stück, sondern nur noch in Masse (Tonnen) erfasst werden wie das Geflügel, wird ihre Wahrnehmung durch die sie betreuenden Menschen verengt. Ein bäuerlicher Familienbetrieb, in dem jedes Tier einen Eigennamen hat, behandelt seine Tiere nicht automatisch besser. Doch erleichtert und prägt der Tiername die Wahrnehmung und begünstigt eine bessere und individuellere Behandlung des Tieres. Er flößt Respekt ein und mahnt zur Menschlichkeit. So sei die empirisch noch nicht geprüfte Hypothese aufgestellt, dass die Namensgebung Nutztieren mehr gerechte Behandlung bringen könnte als Gesetze, die oft nur als Aufforderung wahrgenommen werden, sie kreativ zu umgehen. Damit will ich nicht gegen Gesetze sprechen. Strengere Tierhaltungsvorschriften sind dringend nötig. Aber die Namensgebung für alle genutzten Tiere wäre m.E. ebenso hilfreich.

Insgesamt muss es darum gehen, Tiere nicht nur artgerecht, sondern nach ihren sehr unterschiedlichen Bedürfnissen und Möglichkeiten individuell gerecht zu behandeln. Nur wer dafür einen Blick hat, kann dem Tier im umfassenden Sinn gerecht werden. In diesem Sinne ist es ethisch höchst hilfreich, Tieren einen (Eigen-) Namen zu geben.

WIE MENSCH UND TIER
GEFÄHRTEN WURDEN
Die absichtslosen Ursprünge ihrer Beziehung

Schon Kleinkinder im Alter von ein oder zwei Jahren sind gefesselt, wenn sie ein Tier beobachten. Sie können präzise zwischen unbelebten Gegenständen und lebenden Tieren unterscheiden und wenden sich Tieren mit einer Hingabe zu, als wären sie von ihnen magisch angezogen. Bereits sehr früh entsteht in ihnen das Verlangen, Tiere zu berühren und zu streicheln. – Diese Faszination geht dem Menschen auch im Erwachsenenalter nie ganz verloren. Im tiefsten Grunde seines Herzens ist und bleibt er ein Tierfreund. Der Soziobiologe Edward O. Wilson hat dafür den Begriff der »*Biophilie*« eingeführt. Damit bezeichnet er »die angeborene Neigung, seine Aufmerksamkeit auf das Leben und lebensähnliche Prozesse zu fokussieren.«[46] Er ist überzeugt, »dass sich im Laufe der Evolution eine Affinität von Menschen zu den vielen Formen des Lebens und zu den Habitaten und Ökosystemen entwickelt hat, die Leben ermöglichen.«[47]

Biologische Voraussetzungen der Biophilie

Sollte Wilsons These stimmen, dann haben sich Menschen und Tiere, obwohl die meisten von ihnen Fleischfresser sind, nicht nur und nicht einmal primär als FressfeindInnen oder Beute wahrgenommen, sondern vor allem als GefährtInnen und Verwandte. Und diese Gewichtung, die das Miteinander höher bewertet als das Gegeneinander, müsste evolutiv für beide Seiten von Vorteil (gewesen) sein. Dabei denken die BiologInnen ausnahmsweise nicht an einen ökonomischen Vorteil, wie es in der Evolutionstheorie sonst meistens der Fall ist. Vielmehr erfüllt die Beziehung zwischen Mensch und Tier auf beiden Seiten *zuallererst soziale Bedürfnisse*[48]. Mensch wie Tier suchen Gesellschaft. Und daher finden sie (ebenso wie Menschen unter sich) umso leichter zueinander, je besser sie sich einander anpassen können. Das gilt einerseits auf der Ebene der Tierarten – nicht jede Tierart kann sich gleich gut an den Menschen anpassen – und andererseits auf der Ebene der Individuen innerhalb einer Art. Insgesamt passen sich die Tiere aber stärker und schneller dem Menschen an als dieser sich den Tieren.

Mensch und Tier haben also ein angeborenes Interesse aneinander. Aber warum ist es aus biologischer Sicht überhaupt möglich, dass sie sich verständigen und zu einem für beide Seiten einträglichen Zusammenleben kommen können? Physiologisch wird das menschliche Interesse an Tieren und ebenso das tierliche Interesse an Menschen über bestimmte (Bindungs-) *Hormone* und das Sozialverhalten steuernde *Hirnstrukturen* ermöglicht. Jene Strukturen und Stoffe, die das soziale Verhalten innerhalb einer Spezies steuern, bewirken zugleich, dass Mensch und Tier aufeinander über Artgrenzen hinweg mit sozialer Zugewandtheit reagieren. Und es sind bei Mensch und Tier dieselben Hormone und dieselben Hirnstrukturen, die dafür Verantwortung tragen. Das Gehirn und seine Regulationsmechanismen sind evolutionsbiologisch betrachtet das konservativste Funktionssystem lebender Wesen. Man könnte vereinfacht sagen: Mensch und Tier »ticken« sehr ähnlich. Und je ähnlicher das Sozialverhalten einer Tierart dem menschlichen Sozialverhalten ist, umso enger kann die Beziehung des Menschen zu dieser Tierart sein.

Gleiche Hormone und gleiche Hirnstrukturen sind die »Hardware«, die physiologische Grundlage dafür, dass Menschen und Tiere zueinander finden und sich anfreunden. Denn sie ermöglichen über alle Artgrenzen hinweg ähnliche Funktionsmechanismen der *Emotionen*, ihres Ausdrucks in der Körpersprache und ihres Nachvollzugs in der Empathie. Ob ein Tier interessiert schaut oder angriffslustig ist, kann der Mensch intuitiv erkennen, weil Mimik, Gestik und Körperhaltung des Tieres denselben Gesetzmäßigkeiten folgen wie bei ihm selber. Und umgekehrt können sich Gefährtentiere des Menschen oft mit erstaunlicher Verlässlichkeit in ihre menschlichen Bezugspersonen hineinversetzen. – Natürlich gilt das nicht für alle Tierarten im gleichen Maße. Das Tier einer Art, deren Sozialverhalten dem menschlichen ferner liegt, wird der Mensch schwerer verstehen, und ebenso wird dieses Tier den Menschen schwerer verstehen. Tiere einer Art hingegen, deren Sozialstruktur der menschlichen sehr nahe ist, werden erheblich leichter zu engen Gefährten des Menschen und können sich mit diesem intensiver verstehen.

Menschen und Tiere haben sich einander angenähert und Beziehungen aufgenommen, weil dies den sozialen Bedürfnissen beider entspricht. Sie suchen aneinander in erster Linie nicht den ökonomischen Nutzen, sondern die Gefährtenschaft. Am Umgang mit den »Pets«, den modernen Gefährtentieren des Menschen, kann man dies auf den ersten Blick erkennen. Sie gelten uneingeschränkt als Familienmitglieder und werden wie ein Kind wahrgenommen. Für Kinder in der Familie sind sie wie Geschwister. Empirische Untersuchungen zeigen, dass Frauen stärker an ein Gefährtentier gebunden sind als Männer, kinderlose Ehepaare stärker als Eltern und Singles stärker als Verheiratete[49]. Das Tier wird damit zumindest von der Statuszuschreibung her »vermenschlicht«, und das geht auch gar nicht anders. Es muss ja seinen Platz im menschlichen Sozialgefüge bekommen, wenn eine dauerhafte Beziehung angestrebt wird. Das heißt nicht, dass man auch die Bedürfnisse des Tieres vermenschlichen soll oder gar muss. Tierliche Bedürfnisse sind bei aller Analogie andere als die menschlichen, und wer das Tier ernst nehmen will, muss dessen Bedürfnisse wahrnehmen und darf nicht seine eigenen auf das Tier projizieren (was ebenso im zwischenmenschlichen Miteinander gilt!). Aber innerhalb des menschlichen Sozialgefüges muss das Tier einen »vermenschlichten« Status bekommen, wie auch umgekehrt der Mensch im tierlichen Sozialgefüge einen »vertierlichten« Platz einnimmt (etwa wenn das Herrchen für den Hund zum »Leitwolf« seines imaginären Rudels wird).

Das gilt aber nicht nur für die »Pets«, sondern ebenso für jene Tiere, die wir als »Nutztiere« klassifizieren. Auch ihnen wird ein (wenn auch meistens niedrigerer) Platz im menschlichen Sozialgefüge zugewiesen. In der kleinbäuerlichen Landwirtschaft ist es eine Selbstverständlichkeit, dass die Nutztiere zur Familie dazugehören – und zumindest das Großvieh bekommt Eigennamen. Ethisch problematisch wird es dort, wo Nutztiere nicht als Teil des Sozialgefüges angesehen werden. Dort werden sie völlig ökonomisch verzweckt und zur Sache, zum Produktionsfaktor reduziert. Dies widerspricht, wie noch gezeigt wird, grundlegenden ethischen Prinzipien. Es läuft aber, und das finde ich höchst spannend, auch der menschlichen Natur zuwider. Kleinkinder machen ganz intuitiv einen Unterschied zwischen Lebewesen und (unbewegten oder bewegten) Sachen. Es muss schon ein weiter Weg der Dehumanisierung sein, dass manche erwachsenen Menschen Tiere primär oder gar ausschließlich als Sachen betrachten.

Die Tierhaltung beginnt beim Wolf

Wenn Mensch und Tier sich einander als Gefährten annähern, entsteht zumindest bei vielen Tierarten früher oder später eine dauerhafte Beziehung. Das Tier wird, wie schon gesagt, in die menschliche Sozialordnung eingefügt, und der Mensch erhält seinen Platz in der tierlichen Sozialordnung. In diesem Moment beginnt die Domestikation, wörtlich die »Häuslich-Machung« des Tieres. Es ist eine der wichtigsten Eigenschaften des Menschen, dass er Tiere zähmt, sich aneignet, in seine Obhut und Verantwortung übernimmt und auf diese Weise »hält«.

Handelt es sich um ein Alleinstellungsmerkmal des Menschen? Ist er das einzige »Tiere haltende Tier«? Neueste Beobachtungen zeigen, dass auch an dieser Überlegung Zweifel angebracht sind. Am Stadtrand der saudi-arabischen Stadt Taif rauben Paviane die Welpen verwilderter Hunde, die dann im Pavianrudel aufwachsen und in enger Gemeinschaft mit den Pavianen leben. Natürlich hat das für beide Seiten Vorteile: Die Hunde erhalten Familienanschluss, die Paviane Schutz vor anderen Hunden. Doch dürfte wiederum nicht der Nutzen das primäre Motiv für diese Artgrenzen überschreitende Lebensgemeinschaft sein, sondern das natürliche Interesse beider am Lebendigen – eben die »Biophilie«. Und auch wenn die Paviane vermutlich nie eine dauerhafte Beziehung zum wilden Wolf entwickelt hätten, so können sie doch eine solche zum domestizierten und wieder verwilderten Hund herstellen. Wieder sieht es so aus, als seien die Unterschiede zwischen Mensch und Tier eher graduell als prinzipiell.

Das erste Tier, dem sich der Mensch und das sich seinerseits dem Menschen angenähert hat, ist der Wolf. Zu Unrecht wurde er in der abendländischen Neuzeit zum »bösen Wolf« stigmatisiert und fast in ganz Europa ausgerottet, ehe in den letzten

Jahrzehnten zaghafte Wiederansiedlungsprogramme ins Leben gerufen wurden. Der Wolf ist der älteste Freund des Menschen – so verwunderlich das scheinen mag. Und das lässt sich biologisch gut erklären. Denn der Mensch hat (insbesondere in der Frühzeit seiner Geschichte) im Vergleich zum Wolf weit ähnlichere Sozialstrukturen und Lebensgewohnheiten als im Vergleich zu seinen nächsten Verwandten Schimpanse und Bonobo[50]: Fleisch ist bei Wolf und Mensch ein Kernbestandteil der Nahrung. Die Jagd nach Fleisch erfolgt bei beiden gemeinschaftlich, anschließend wird miteinander geteilt. Die Gruppen von Wolf und Mensch haben beide nach innen eine feste Ordnung, nach außen eine entschiedene Verteidigungshaltung. Beide, Wolf und Mensch, pflegen in früher Zeit einen halbnomadischen Lebensstil, beide sind gut zu Fuß und können problemlos weite Strecken zurücklegen. Und schließlich haben beide eine erstaunlich ähnliche Fürsorge für ihren Nachwuchs: Das Überleben der Wolfswelpen hängt ebenso vom gesamten Rudel ab wie das Überleben menschlicher Säuglinge von einer die Familie übergreifenden Gemeinschaft. Aus diesem Grund hat sich im Laufe der Evolution bei beiden Spezies das »Kindchenschema« sehr stark ausgeprägt. Kindliche Proportionen lösen bei Wolf wie Mensch automatisch starke Gefühle der Fürsorge und der Schutzverantwortung aus. Und das gilt durchaus artübergreifend: Ein psychisch gesunder Wolf (und logischerweise auch ein Hund) bedroht wehrlose Menschenkinder nicht, sondern sorgt für sie wie die römische Wölfin in der Legende von Romulus und Remus. Aber auch ein psychisch gesunder Mensch, der seinen natürlichen Regungen folgt, wird keinen Wolfswelpen töten, sondern ihn behutsam hegen und pflegen. Dass es in beiden Spezies Ausnahmen von der Regel gibt, stellt diese nicht in Frage, sondern bestätigt sie nur.

Nachdem Wolf und Mensch erst einmal Gefährten geworden waren, konnten sie Schritte zur wachsenden Zusammenarbeit gehen, etwa bei der Jagd. Dennoch hat es nach Auffassung der BiologInnen bis zur Ausbildung echter Jagdhunde lange gedauert. Das erste Ziel der Symbiose von Mensch und Wolf war eben Gefährtenschaft, nicht Nutzen. Das ist bei den später domestizierten Nutztieren Schaf, Ziege, Rind und Schwein anders. Im Prozess ihrer Zähmung ist ihre Nutzung als Lieferanten von Fleisch, Wolle und Milch von Beginn an leitend. Aber der Nutzengedanke ist nicht der Anfang der Annäherung von Mensch und Tier. Beide ticken nicht so utilitaristisch wie man denken möchte. Zwar nutzt der Mensch kein anderes Tier so vielfältig wie den Hund: Es gibt Jagdhunde, Hütehunde, Hofhunde, Schlittenhunde, Suchhunde, Therapiehunde, Begleithunde und Spürhunde für Drogen, Sprengstoff oder anderes[51]. Und doch steht am Beginn nicht der Nutzen, sondern die zweckfreie Freundschaft.

Die Tiere haben uns menschlich gemacht

»Wie die Tiere uns menschlich gemacht haben.« So lautet der Untertitel eines Buchs des amerikanischen Umweltwissenschaftlers Paul Howe Shepard. Seine Kernthese: »Ohne bestimmte Tiere wären die Menschen nicht so (menschlich) geworden, wie sie sind.«[52] Sprache und Wissen, Ethik und Religiosität des Menschen hätten sich nie so entwickelt, wie sie es haben, wäre der Mensch nicht dauernd in einer engen Verbindung mit Tieren gewesen. Die Tiere als Gegenüber des Menschen hätten diesen erst zur Entfaltung seiner besten und höchsten Fähigkeiten gebracht. Und den domestizierten Tieren spricht Shepard dabei eine ganz besondere Rolle zu. Human zu sein, wirklich Mensch zu sein bedeute eben immer, sich in einem Kreis von Tieren zu sehen[53].

Was also wäre der Mensch ohne die anderen Tiere? Immanuel Kant hat es geahnt: Ohne einen guten Umgang mit den Tieren wäre der Mensch eine »rohe Bestie«, die auch mit ihresgleichen nicht menschlich umgehen könnte[54]. Die Tiere erst machen uns Menschen menschlich. – Nicht umsonst wird in der biblischen Tradition an den König die Aufgabe gestellt, mit seinem Volk so umzugehen wie ein guter Hirte mit seiner Herde (Ez 34,11–31). Die zwei größten Führungspersönlichkeiten des Alten Testaments, Moses und David, waren Hirten (Ex 3,1; 1 Sam 16,11). Und im Johannesevangelium des Neuen Testaments bezeichnet sich auch Jesus als guter Hirte (Joh 10,1–39). Wer mit Tieren gut umgeht, (nur) der taugt als Autorität der menschlichen Gemeinschaft.

Die Lebens- und Schicksalsgemeinschaft zwischen Mensch und Tier kann daher mitunter sehr eng werden. Mit Tieren, die sich der Mensch zu GefährtInnen gemacht hat, teilt er selbst in äußerster Not sein Brot. Tiere sind also im wörtlichen Sinne seine »Kumpanen«. Denn dieser Begriff, der im militärischen Bereich seinen Ursprung hat, bezeichnet ursprünglich jene, die ihr Brot (lateinisch panis) miteinander essen. Und im Extremfall nimmt der Mensch seine tierlichen GefährtInnen sogar mit in sein Rettungsboot – ganz wie der alttestamentliche Noach (Gen 6–9).

Die Beziehung zwischen Mensch und Tier ist nicht nur und nicht einmal zuerst Mittel zum Zweck wirtschaftlicher Nutzung. Für beide Beteiligten, Mensch wie Tier, hat sie einen Wert in sich selbst. Mensch und Tier suchen die gegenseitige Nähe »einfach so«, aus Geselligkeit. Das gilt es in Erinnerung zu behalten, wenn im nächsten Kapitel auf die harte Wirklichkeit der modernen Nutztierhaltung geschaut wird.

WIE DER MENSCH MIT TIEREN UMGEHT
Tiere in der industrialisierten Moderne

Der Blick zurück auf die Anfänge der Mensch-Tier-Beziehung könnte leicht den Eindruck erwecken, allzu naiv und romantisch zu sein, würde er nicht sofort durch einen Blick auf die gegenwärtige Realität ergänzt: Hunderte Millionen Tiere weltweit werden als »Nutztiere« gehalten und zum großen Teil ökonomisch in einem Maße ausgebeutet, das jeden ethischen Standard vermissen lässt.

In dem eindrucksvollen Lied »Erbarme dich« auf seiner CD »Einhandsegler« aus dem Jahr 2000 schildert der Liedermacher Reinhard Mey einen Transport von Pferden aus Litauen zur Schlachtung nach Sardinien. Diese letzte Reise der Tiere über 3000 Kilometer quer durch Europa, die rein ökonomische Gründe hat, ist mit unsäglichen Qualen verbunden. Festgebunden im engen Transporter sind den Tieren nur wenige kurze Pausen gestattet. Mit Schlägen und Elektroschocks werden sie jeweils wieder in den Transporter hineingetrieben – die Behandlung ist so, dass die Tiere keinen Widerstand leisten, aber doch aufrecht stehend am Ziel ankommen, denn sonst gibt es für sie keine Schlachtprämie. Auf diese detaillierte und unendlich triste Beschreibung des Tiertransports in den drei Strophen des Lieds antwortet der Liedermacher im Refrain jeweils mit einem eindringlichen Appell, der den ZuhörerInnen einen Schauer über den Rücken jagt: »Erbarme dich, erbarme dich! Erbarme dich der Kreatur, sieh hin und sag nicht, es ist nur Vieh! Sieh hin und erbarme dich!«

Dieses Lied birgt eine Menge Ansatzpunkte für eine ethische

und theologische Reflexion auf Tierschutz und Tierethik. Drei davon möchte ich bereits an dieser Stelle nennen[55]:

(1) Die Frage des Tierschutzes muss in der gegenwärtigen Industriegesellschaft auf Nutztiere fokussiert werden. Auch der Umgang des modernen Menschen mit Versuchstieren, Wildtieren und Heimtieren ist keineswegs ethisch irrelevant. Aber nicht nur wegen ihrer enormen Zahl, sondern auch wegen der viel größeren Eingriffstiefe und der Wucht des ökonomischen Kalküls, das alle tierethischen Dämme eingerissen hat, haben Nutztiere höchste Priorität, wenn eine Tierethik entworfen werden soll.

(2) Eine moderne Tierethik muss vor allem hinschauen. Zweimal betont der Refrain des genannten Liedes: »Sieh hin!« Dieser Hinweis ist gut biblisch. In den beiden Gleichnissen von der Barmherzigkeit, die das Lukasevangelium erzählt, wird davon gesprochen, dass die handelnden Personen zunächst hinschauen: Priester und Levit ebenso wie Samariter und Vater (Lk 10,31–33; 15,20). Die moderne Tierindustrie ist mit allen Mitteln bemüht, das mit ihr verbundene Tierleid unsichtbar, unhörbar und unriechbar zu machen. Zuchtstationen, Intensivtierhaltungsbetriebe und Großschlachthöfe befinden sich fernab menschlicher Siedlungen, und das abgepackte Schnitzel lässt das Schwein nicht mehr erkennen, von dem es stammt. Wer aber Nutztiere gut behandeln will, muss hinschauen und ihre Bedürfnisse wahrnehmen. Zurecht ist es das erste Anliegen der Tierschutzorganisationen, Tierleid sichtbar zu machen. – Mit diesem Imperativ des Sehens ist ein methodisches Problem des Buchs angesprochen: Es versucht, das Gesehene im Wort zu beschreiben und verzichtet auf Bilder. Das ist selbstverständlich ein Verlust an Informationsdichte. Wenn Sie ihn ausgleichen wollen, geben Sie bitte die Schlagwörter der nächsten Ab-

schnitte in die Bildersuche des Internet ein – Sie erhalten dann einen besseren Eindruck, was im Folgenden gemeint ist.

(3) Tierleid betrifft vor allem, aber nicht nur die Haltung der Tiere. Das Lied von Reinhard Mey spricht einen anderen, nicht weniger wichtigen Bereich an, den der Tiertransporte. Im Prinzip muss der gesamte Prozess eines Tierlebens betrachtet werden: Von der (meist künstlichen) Zeugung samt aller Methoden der Züchtung und des in den USA bereits verbreiteten Klonens über die Aufzucht, Haltung und Tierarbeit bis hin zu den Transporten und zur Tötung. Dennoch können hier nur einige der wichtigsten Probleme im menschlichen Umgang mit dem Nutztier angesprochen werden.

Dass der gegenwärtige industrialisierte Umgang mit Nutztieren auch jenseits des Tierschutzes eine Reihe gravierender Probleme mit sich bringt, ist für eine Gesamtbetrachtung nicht zu vernachlässigen, wird aber in dieser tierethischen Abhandlung nicht ausführlich behandelt. Die gegenwärtige Form der Tierhaltung hat schwerste Konsequenzen für den Treibhauseffekt, den Flächen- und Wasserverbrauch, die Qualität der Umweltmedien Boden und Wasser, Artenvielfalt und Regenwaldabholzung, Welternährung und Gesundheit. Schon aus diesen Gründen ist ein Umsteuern dringend nötig. Hierzu habe ich andernorts mehr geschrieben[56]. Doch hier sollen die Tiere selbst im Zentrum stehen.

Im Folgenden möchte ich stellvertretend die drei in Europa und Nordamerika meistgenutzten Nutztierarten mit ihren hauptsächlichen Nutzungszwecken genauer betrachten: Milch- und Mastrinder, Mastschweine sowie Mast- und Legehühner. Ich betrachte sie unter den Blickwinkeln ihrer gegenwärtigen

Haltungsform (eine zu) langsame Verbesserung der Haltungsformen) und der ihnen auferlegten ständigen Leistungssteigerung (eine systematische Leistungsoptimierung). Das ermöglicht eine erste Bewertung der zunehmend vorherrschenden Intensiv- oder auch »Massen«-tierhaltung im Vergleich zur Tierhaltung der ökologischen Landwirtschaft (Intensivtierhaltung versus ökologischer Tierhaltung). Anschließend diskutiere ich symbolisch die provokative Frage des verweigerten »Gnadenbrots« (Keine Chance auf »Gnadenbrot«), ehe die ungeschminkte Wirklichkeit der Schlachthöfe in den Blick kommt (Der letzte Gang der Tiere). Um schließlich die Frage nach den Verantwortlichkeiten anzureißen, muss man auf die ökonomischen Dynamiken der Lebensmittelproduktion schauen (Ökologische Aspekte der gegenwärtigen Tierhaltung). Es wird sich zeigen: Allen Bemühungen der Europäischen Union und der nationalen Tierschutzgesetzgebung zum Trotz wird das Tier viel mehr der ökonomischen und technischen Rationalität angepasst als Wirtschaft und Technik den Bedürfnissen der Tiere.

(Zu) Langsame Verbesserung der Haltungsformen

Ein erster Gesichtspunkt unseres Hinsehens auf die Nutztierhaltung betrifft die Haltungsform. Wie werden die Tiere gehalten? In welchem Stall und auf welchem Boden stehen sie? Wie viel Freiheit der Bewegung und des Verhaltens besitzen sie? Wie groß sind die Betriebe, in denen die Tiere sich befinden?

Bei den *Rindern* dominierte bis vor zwei Jahrzehnten im Stall die sogenannte Anbindehaltung. In dieser Haltungsform werden die Tiere mit einer Kette oder einem Gestänge am Hals fixiert und haben damit einen festen Stand- und Liegeplatz. Vor sich haben sie die Futterrinne, hinter sich ein System, das entweder den Kot als Festmist sammelt und nur den Harn in eine Rinne fließen oder Kot und Harn gemeinsam durch einen Gitterrost in einen Güllekanal fallen lässt. Seit 2014 ist die Anbindehaltung in der Europäischen Union verboten. Sie wird jedoch über eine Ausnahmeregelung für Kleinbetriebe insbesondere im alpinen Raum noch bis 2020 erlaubt, wenn die Tiere mindestens zweimal wöchentlich tagsüber (und zudem meistens den gesamten Sommer) auf der Weide stehen.

In den letzten Jahren hat sich insbesondere bei größeren Betrieben und für Mastrinder der Laufstall durchgesetzt (siehe Tabelle 1): Hier können sich die Rinder rund um die Uhr frei bewegen. Laufställe brauchen aus diesem Grund weit mehr Platz pro Rind als Anbindeställe. Der Boden kann wie bei der Anbindehaltung entweder so gestaltet sein, dass nur der Harn abfließt, der Kot der Tiere aber als Festmist gebunden wird, oder so, dass Kot und Harn gemeinsam durch einen Spaltenboden fallen. Insgesamt ist der Wechsel von der Anbindehaltung zum Laufstall für die Tiere ein großer Gewinn. Sie können sich artentsprechender und selbstbestimmter verhalten und in der Gruppe sozial interagieren. Der Spaltenboden ist hingegen (trotz exakter Normen über die Maximalgröße der Spalten) wenig komfortabel. Ein fester Boden mit Einstreu ist aus Sicht der Tiere klar vorzuziehen – wenn er auch für den Landwirt mit größerem Aufwand verbunden ist.

Die Betriebsgröße hat erheblichen Einfluss auf die Haltungsform Rinder: Während die kleinsten Betriebe am längsten Anbindehaltung praktizier(t)en (durchschnittliche Betriebsgröße in Deutschland 2010 im Anbindestall mit Festmistsystem 22 Rinder, im Anbindestall mit Güllesystem 38 Rinder), stellten die größten Betriebe zwar schnell auf Laufstall um, aber in der weniger tiergerechten Variante des Spaltenbodens mit Güllesystem (durchschnittliche Betriebsgröße 2010 bei dieser Haltungsform etwa 106 Rinder). Den optimalen Stallkomfort eines Laufstalls mit Festmistsystem boten die mittelgroßen Betriebe (durchschnittliche Betriebsgröße 2010 etwa 46 Rinder). Für die ökologische Landwirtschaft ist nach EU-Verordnung mindestens 50 % fester Boden mit Einstreu vorgeschrieben[57].

Haltungs-verfahren	Betriebe in 1000	Haltungs-plätze in 1000	Betriebe in 1000	Haltungs-plätze in 1000	Betriebe in 1000	Haltungs-plätze in 1000
	RINDER INSGESAMT		MILCHKÜHE		ÜBRIGE RINDER	
Insgesamt	147,5	14 061,5	94,9	4 777,4	146,8	9 284,1
Anbinde-stall Gülle	45,9	1 746,6	34,4	867,8	32,3	878,8
Anbinde-stall Festmist	57,0	1 269,0	26,7	437,2	49,6	831,7
Laufstall Gülle	66,3	7 016,8	37,3	2 977,9	61,3	4 038,9
Laufstall Festmist	74,6	3 434,7	13,8	462,4	73,1	2 972,3
Andere Haltungs-verfahren	14,1	594,4	1,4	32,1	13,5	o.A.

▲ Tabelle 1: *Landwirtschaftliche Betriebe mit Haltungsplätzen für Rinder nach Haltungsverfahren am 1.3.2010 in Deutschland (Landwirtschaftszählung destatis 2010; die Zählung findet nur alle zehn Jahre statt)*

Während sich die Situation der Rinder in den letzten Jahrzehnten spürbar gebessert hat, ist die Situation der *Schweine* noch ziemlich trist. Zwar ist die Anbindehaltung seit 2006 EU-weit verboten[58]. Ansonsten ist aber der Wille des europäischen Gesetzgebers zu Verbesserungen für die Schweine sehr begrenzt. Fast genau zwei Drittel aller deutschen Schweine lebten 2010 auf Vollspaltenböden, hatten also im gesamten Stallbereich keine andere Bodenunterlage als Spaltenböden. Ein weiteres Viertel der Schweine lebte auf Teilspaltenböden, konnte also immerhin im Fress- und Liegebereich über eine komfortablere Unterlage verfügen. Nur 8 % aller Schweine leben in halbwegs komfortablen Ställen mit durchgehend festem Boden und Einstreu – und kaum eines in Freilandhaltung.

Die vorgeschriebe Mindestfläche pro Schwein ist ziemlich bescheiden: Ein Schwein mit 110 Kilogramm Gewicht hat laut EU-Richtlinie Anspruch auf einen Quadratmeter[59]. Biobetriebe müssen ausgewachsenen Schweinen laut EU-Verordnung 1,3 Quadratmeter Innenfläche und 1 Quadratmeter Fläche im Freigelände (ohne die Weideflächen) zur Verfügung stellen[60]. Das ist zwar weit mehr als bei konventionell gehaltenen Schweinen, aber immer noch sehr wenig. Dabei sind Schweine besonders intelligent und haben ein starkes Bedürfnis, ihre Kreativität und ihren Entdeckergeist auszuleben. Außerdem sind sie, anders als das Schimpfwort »Drecksau« sagt, von Natur aus höchst reinliche Tiere, die sich in Freiheit eigene Kot- und Urinbereiche anlegen. Wenn sie sich suhlen, ist das Teil ihrer Körperpflege. Die Erde, die dabei an ihrem Körper hängen bleibt, ist für sie ein reinigendes Scheuermittel.

Ein besonders leidvolles Ambiente ist das sogenannte »Abferkelgitter« für Zuchtsauen während der Säugephase der Ferkel. Damit die Sau ihre Ferkel nicht verletzt, wird sie durch dieses Gitter so eng eingesperrt, dass sie nur noch aufstehen und sich wieder hinlegen kann. Die Ferkel nähern sich ihr zum Säugen derart, dass sie auf der anderen Seite des Gitters bleiben. Fast alle Zuchtsauen werden in Deutschland in die Abferkelgitter eingesperrt – und befinden sich dort auf einem perforierten Boden, der Kot und Gülle abfließen lässt.

Haltungs-verfahren	Betriebe in 1000	Haltungs-plätze in 1000	Betriebe in 1000	Haltungs-plätze in 1000	Betriebe in 1000	Haltungs-plätze in 1000
	SCHWEINE INSGESAMT		SAUEN UND EBER ZUR ZUCHT		ÜBRIGE SCHWEINE	
Insgesamt	65,2	28 598,1	23,1	3 300,7	62,2	25 297,3
Vollspalten-boden	27,0	19 058,4	6,3	1 247,9	25,4	17 810,6
Teilspalten-boden	22,0	7 199,0	9,8	1 551,1	16,6	5 647,9
Plan-befestigter Boden mit Einstreu	31,9	1 709,5	12,4	414,7	26,7	1 294,7
Andere Stall-haltungs-verfahren	6,7	581,3	2,0	74,7	5,6	506,7
Freiland-haltung	1,8	o.A.	0,6	o.A.	1,5	o.A.

▲ Tabelle 2: *Landwirtschaftliche Betriebe mit Haltungsplätzen für Schweine nach Haltungsverfahren am 1.3.2010 in Deutschland (Landwirtschaftszählung destatis 2010; die Zählung findet nur alle zehn Jahre statt)*

Die durchschnittliche Betriebsgröße in der Schweinehaltung ist eine ganz andere als in der Rinderhaltung. In Österreich ist sie laut Statistik Austria von 33 Schweinen pro Betrieb 1995 auf 107 Schweine pro Betrieb 2013 gestiegen, in Deutschland betrug sie laut destatis 2014 bereits 1055 Tiere pro Betrieb. In Sachsen-Anhalt und Brandenburg sind Schweinemastanlagen mit einer Kapazität von 80 000 bis 95 000 Tieren geplant. Die Anlagen wären fünfmal so groß wie die größte Anlage, die im Jahr 2001 gebaut wurde.

In der Haltung der *Legehennen* war die Ausgangssituation bis zum Jahr 2011 besonders trist. Kaum mehr als ein DIN A4-Blatt war als Fläche je Huhn vorgeschrieben. Die relativen Verbesserungen, die die EU-Vorschriften für die nächsten Jahre vorsehen, sind allerdings erheblich. Im Jahr 2020 wird jede Legehenne die doppelte Fläche zur Verfügung haben wie 2011 und außerdem nur noch in Boden- oder Freilandhaltung leben. Damit wird den Hennen ein weitaus natürlicheres Verhalten ermöglicht als zuvor – beim Fressen und Trinken, beim Scharren und Picken, beim Ruhen und Schlafen und sogar beim Eierlegen. Das ist eine enorme relative Verbesserung – ich betone: relativ. Denn der Ausgangszustand war für die Tiere besonders qualvoll. Insofern ist auch der Mindeststandard ab 2020 noch erheblich verbesserbar und verbesserungswürdig. Denn 1100 Quadratzentimeter Fläche je Huhn sind nur doppelt so viel Platz wie das Huhn selber einnimmt. Seine Bewegungsmöglichkeiten bleiben auch in der Bodenhaltung nach gesetzlichem Mindeststandard sehr überschaubar. Ihr gegenüber bietet erst die Freilandhaltung einen Quantensprung.

Lege-hennen	Fläche je Henne in qcm	Freiland-fläche je Henne in qm	Max. Hennen je Stall	Erlaubt bis ein-schließ-lich Jahr	Anteil in Deutsch-land 2013	Verände-rung zu 2012
Käfig, nicht ausgestaltet	550	0		2011	0%	
Käfig, ausgestaltet	750	0	6000	2019	11,5%	-2,3%
Boden-haltung	1100	0	6000		64,4%	+ 4,0%
Freiland-haltung	1100	8	6000		15,7%	+ 13,2%
Freiland-haltung Bio	1400	10	3000		8,4%	+ 12,3%

▲ Tabelle 3: *Vergleich der Haltungsformen der Legehennen gemäß EU-Richtlinie 1999/74/EG Artikel 4–6 und gegenwärtiger Anteil an der Legehennenhaltung in Deutschland 2013 nach destatis*

In keinem anderen Segment tierlicher Produkte wird es den KundInnen so einfach gemacht, ihre eigene Verantwortung wahrzunehmen. Seit 2004 sind Eier in einer Deutlichkeit ge-kennzeichnet, die (abgesehen von immer möglichen Betrugs-fällen) nichts zu wünschen übrig lässt. Dennoch steigt der Konsum an Freiland- oder Bio-Eiern vergleichsweise langsam (wenn auch mehr als der von Eiern aus Bodenhaltung). Es liegt nicht nur an der Politik, wenn der Tierschutz kaum voran-kommt.

Verglichen mit den Legehennen geht es den *Masthühnern* noch schlechter: Nach EU-Richtlinie sind 33 Kilogramm Huhn pro Quadratmeter Bodenfläche erlaubt[61]. Das sind etwa 22

Tiere pro Quadratmeter, also gerade so viele, wie man überhaupt auf dieser Fläche zusammendrängen kann. Um es umzurechnen: Jedes Masthuhn hat kurz vor der Schlachtung 450 Quadratzentimeter Fläche zur Verfügung, weniger als eine Legehenne vor 2011.

Die gegenwärtig gesetzlich vorgesehenen Haltungsformen folgen letztlich, so muss man provokant, aber doch gut begründet zusammenfassen, dem Grundsatz, die Nutztiere dem jeweiligen Haltungssystem anzupassen, nicht aber das System den Tieren und ihrer natürlichen Beschaffenheit:

▸ *Rinder* tragen natürlicherweise Hörner, die ihnen zum Beispiel zum Austragen von Rangordnungskämpfen dienen. Leben sie freilaufend, halten sie automatisch einen gewissen Abstand zueinander, um sich und das andere Tier nicht zu verletzen. Abstand aber braucht Fläche, und Fläche kostet Geld. Um Fläche und Geld zu sparen, greifen die meisten LandwirtInnen zum Mittel der Enthornung. Mittels Brenneisen oder mit ätzenden Flüssigkeiten wird die Hornanlage der wenige Wochen alten Kälber meist ohne Betäubung zerstört.

▸ *Schweine* beißen sich, wenn sie in großer Zahl auf engem Raum zusammenleben, die Schwänze ab. Um das zu verhindern, werden die Schwänze der wenige Tage alten Ferkel ebenfalls ohne Betäubung kupiert, d. h. mit einer Zange abgezwickt. Zudem werden oft die Eckzähne abgeschliffen.

▸ *Hühner* verletzen sich massiv, ja kannibalisieren sich durch aggressives Picken mit ihren Schnäbeln, wenn sie auf engem Raum zusammenleben müssen. Daher werden die Schnäbel meistens auf jenes Minimum gekürzt, das notwendig ist, damit sie noch trinken und fressen können.

Gemäß EU-Verordnung ist im Ökolandbau der routinehafte Eingriff in die körperliche Integrität der Tiere verboten:

> »Eingriffe wie ... das Kupieren von Schwänzen, das Abkneifen von Zähnen, das Stutzen der Schnäbel und Enthornung dürfen in der ökologischen / biologischen Tierhaltung nicht routinemäßig durchgeführt werden. Aus Sicherheitsgründen oder wenn sie der Verbesserung der Gesundheit, des Befindens oder der Hygienebedingungen der Tiere dienen, können einige dieser Eingriffe von der zuständigen Behörde jedoch fallweise genehmigt werden.«[62]

Anstatt auch in der konventionellen Tierhaltung das natürliche Verhalten der Tiere zum Maßstab zu machen, ist das Maß der Markt. Haltesysteme werden primär so angelegt, dass sie den LandwirtInnen ein halbwegs erträgliches Einkommen ermöglichen. Da aber die meisten VerbraucherInnen nicht bereit sind, für tiergerecht produzierte Lebensmittel höhere Preise zu zahlen, wird es für die Tiere im wörtlichen Sinne eng. Nutztierhaltung ist hochgradig vom KonsumentInnenverhalten abhängig.

Systematische Leistungsoptimierung

Kostenminimierung ist die eine Strategie für mehr ökonomische Effizienz, Leistungsmaximierung die andere. Daher kann es nicht verwundern, wenn neben der maximalen Verbilligung der Haltung eine maximale Steigerung der Tierleistung angestrebt wird. Diese bedient sich vor allem zweier Mittel: Einer immer weitergehenden Zucht auf die gewünschten Leistungsmerkmale hin – was in den USA bereits massenhaft zum Klonen von besonders leistungsstarken Zuchttieren führt. Und einer optimierten »Fütterung« der Tiere – mit nicht immer gut verdaulichem Hochleistungsfutter und in großem Stil mit Hormonen (was in der Europäischen Union seit 1988 verboten, aber in anderen Industrieländern gang und gäbe ist) und Antibiotika (was in der Europäischen Union seit 2006 verboten ist, aber offenkundig noch zahlreich praktiziert wird).

▶ Die jährliche Milchleistung einer Milchkuh ist in den letzten fünf Jahrzehnten von durchschnittlich 1500 Liter auf über 6000 Liter gestiegen. Das ist ungefähr fünfmal so viel wie ein Kalb benötigt, das von seiner Mutter gestillt wird. Spitzenleistungen überschreiten bereits die 10 000 Liter pro Jahr. Was diese Hochleistung der Kühe für ihre Gesundheit bedeutet, steht auf einem anderen Blatt.

▶ Masthühner erreichen nach rund 35 Tagen ihr Schlachtgewicht, während Legehennen nach 140 Tagen überhaupt erst das Eierlegen beginnen. Allerdings wächst bei Masthühnern nur das Brustfleisch so schnell, nicht Knochen und Gelenke. Für die KonsumentInnen ist das preislich ideal, für das Tier bringt es massive gesundheitliche Probleme und starke Schmerzen. Manche GeflügelexpertInnen sprechen von »Qualzüchtungen«.

▶ Hochgezüchtete Legehühner legen heute deutlich über 300 Eier im Jahr. Naturnähere, ältere Rassen schaffen hingegen nur 120 bis 200 Eier jährlich.

Insgesamt wird damit deutlich, dass Züchtung und Fütterung von Nutztieren in erster Linie nicht auf das Wohlergehen der Tiere schauen, sondern auf den ökonomischen Nutzen der Menschen.

Ein Weg, um das Wachstum von Nutztieren (unter ihnen alle hier genannten Masttiere: Rinder, Schweine, Hühner) zu beschleunigen und die Futterverwertung weiter zu verbessern, war lange Zeit der Zusatz von Antibiotika im Tierfutter, die dann verharmlosend als »Leistungsverstärker« bezeichnet wurden. Diese Praxis, die sowohl für die Tiergesundheit als auch für die menschliche Gesundheit eine große Gefahr darstellt (es bilden sich nämlich vermehrt Krankheitserreger, die gegen Antibiotika resistent sind und gegen die gängige Antibiotika wirkungslos werden), ist in der Europäischen Union offiziell seit 2006 verboten. Doch in Deutschland und vielen anderen EU-Mitgliedsstaaten ist der flächendeckende Antibiotikaeinsatz in der Tiermast und insbesondere in der Hühnermast offenbar weiterhin gängige Praxis, indem man die Antibiotikagabe als vorbeugende medizinische Maßnahme deklariert. Das Landesamt für Natur, Umwelt und Verbraucherschutz in Nordrhein-Westfalen kam 2012 in einer Volluntersuchung aller Hähnchenmastbetriebe zu dem Ergebnis, dass rund 92 % aller Masthähnchen mit durchschnittlich 3,4 verschiedenen Antibiotika pro Mastgang in Berührung kamen. 40 % der Antibiotikagaben erfolgten nur ein bis zwei Tage lang, was für einen therapeutischen Einsatz sinnlos ist und folglich einzig der Leistungsverstärkung gedient haben konnte. Kleine Betriebe mit weniger als 10 000 Tieren hatten allerdings signifikant seltener Antibiotika eingesetzt.

Deutschland hat am 1.4.2014 sein »Gesetz über den Verkehr von Arzneimitteln (AMG)« novelliert und im § 58d die »Verringerung der Behandlung mit antibakteriell wirksamen Stoffen« in der Tierhaltung angezielt. Tiermastbetriebe müssen ab dem 1.7.2014 der zuständigen Veterinärbehörde gegenüber Angaben machen, aus denen die Behörde die betriebliche »Therapiehäufigkeit« ermittelt.

»Liegt ein Betrieb in der oberen Hälfte aller Betriebe, müssen Tierhalter und Tierarzt gemeinsam die Ursachen ermitteln und Maßnahmen ergreifen, die zur Reduktion der Antibiotika-Verwendung

führen. Liegt ein Betrieb im oberen Viertel, muss der Tierhalter nach Beratung mit seinem Tierarzt einen schriftlichen Maßnahmenplan zur Senkung des Antibiotika-Einsatzes erarbeiten und diesen der zuständigen Behörde übermitteln. Der Tierhalter kann von der zuständigen Behörde auch zu weiteren Maßnahmen verpflichtet werden, darunter Impfungen, die Änderung des Minimierungsplans, Änderungen in der Haltung, Fütterung der Tiere, Besatzdichte oder Hygiene. Als ultima ratio kann die Behörde das Ruhen der Tierhaltung anordnen. Wenn die Meldungen nicht erfolgen oder Anordnungen nicht befolgt werden, können Bußgelder verhängt werden.«[63]

Eine Zwischenbilanz vom April 2015 lässt allerdings erkennen, dass je nach Bundesland zwischen 20 und 50 % aller meldepflichtigen Betriebe keine Daten eingeben. Wenn das Gesetz also nicht wirkungslos verpuffen soll, gilt es den säumigen Betrieben schleunigst auf die Finger zu klopfen.

Auch die Europäische Union plant 2015 eine neue Verordnung zur Verwendung von Medikamenten in der Tierhaltung und verfolgt dabei das erklärte Ziel, den Einsatz von Antibiotika zu verringern. Das alles lässt eigentlich nur einen Schluss zu: Der Antibiotikaeinsatz in der Tierhaltung ist bei weitem noch nicht auf das veterinärmedizinisch notwendige Minimum beschränkt. Und es dürfte riesige Anstrengungen der Aufsichtsbehörden erfordern, um hier spürbare Fortschritte zu machen.

Intensivtierhaltung versus
Ökologische Tierhaltung

Als *Intensivtierhaltung* definiert die Food and Agriculture Organization (FAO) der Vereinten Nationen Haltungsformen, in denen weniger als 10 % der Futtertrockenmasse dem eigenen Betrieb entstammt und in denen die Besatzdichte 10 Großvieheinheiten pro Hektar betrieblicher landwirtschaftlicher Nutzfläche übersteigt[64]. Damit wird die Intensivtierhaltung in doppelter Weise über das Verhältnis von Tieren pro Fläche definiert: Einerseits direkt über die Besatzdichte, andererseits indirekt über die Relation zur Futterproduktion auf den eigenen Ackerflächen. TierschützerInnen nennen diese Form der Tierhaltung meist Massentierhaltung. Der Begriff der »Masse« ist eindeutig negativ wertend gemeint, was man kritisieren kann. Umgekehrt wird der Begriff »intensiv« üblicherweise wertneutral verstanden, was man als Verharmlosung der Tatsachen ebenso kritisieren kann. Einen objektiven Standpunkt gibt es nicht, weshalb der Streit um Begriffe hier nicht weiterführend ist.

Intensivtierhaltung ist durch folgende Merkmale gekennzeichnet: Geringe Flächennutzung; hohe Betriebsgröße; starke Technisierung einschließlich des Einsatzes der Fortpflanzungstechniken und des computergestützten Monitorings für jedes einzelne Tier. Zentrale Herausforderungen der Intensivtierhaltung bestehen insbesondere in den Bereichen Tiergesundheit (höheres Infektionsrisiko wegen der vielen Tiere auf beengtem Raum, höherer Einsatz von Antibiotika), Abfallentsorgung (die Gülle kann nicht auf eigenen Flächen ausgebracht werden) sowie Wasser- und Energieverbrauch (beide sind deutlich erhöht). Aus diesen Gründen unterliegen landwirtschaftliche Betriebe ab einer bestimmten Größenordnung besonderen emissionsschutzrechtlichen Überprüfungs- und Genehmigungsverfahren. Als Grenzwerte gelten in Deutschland 3000 Plätze für Mastschweine, 900 Plätze für Zuchtsauen und 40 000 Plätze für Geflügel.

Die globale Konzentration landwirtschaftlicher Betriebe auf immer weniger und immer größere Betriebe und damit der Trend zur Intensivtierhaltung sind enorm. Schon 2004 stammten nach Schätzung der FAO weltweit rund 75 % des Hühnerfleisches, 68 % der Eier, 50 % des Schweinefleisches und 43 % des Rindfleisches aus Intensivtierhaltung. Je kleiner die Tiere, umso mehr von ihnen werden in einem Betrieb zusammengenommen. Doch selbst die Rinderhaltung weist einen enorm hohen Anteil an Intensivtierhaltung auf.

Wir sind in diesem Kapitel noch nicht weit genug, um ein ausgewogenes ethisches Urteil zu fällen. Vielmehr geht es hier darum, die Wirklichkeit unvoreingenommen wahrzunehmen. Dazu soll an dieser Stelle die *ökologische Landwirtschaft* als Gegenmodell dargestellt werden. Von ihrer Idee her geht sie im Bereich der Tierhaltung den genau gegenteiligen Weg einer stärkeren Extensivierung. Je nach Verband und Siegel bindet sie die Tierhaltung etwas mehr oder etwas weniger an die betriebseigenen Flächen. Hintergedanke ist dabei die Herstellung von ökologischen Kreisläufen: Das Futter der Tiere soll zu einem hohen Prozentsatz von den eigenen Flächen stammen, Mist und Gülle der eigenen Tiere sollen auf diesen Flächen ausgebracht werden. So begrenzt etwa der Verband Bioland den Tierbesatz je Hektar landwirtschaftlicher Fläche auf 10 Mastschweine, 280 Masthähnchen oder 140 Legehennen. Die großzügigere EU-Verordnung sieht maximal 14 Mastschweine, 580 Masthähnchen oder 230 Legehennen je Hektar landwirtschaftlicher Fläche vor[65]. Hinzu kommt bei Bioland, dass 50 % des Futters vom eigenen Hof stammen muss und im Sommer

Grünfütterung Pflicht ist. Die EU-Verordnung sieht zu diesen beiden Gesichtspunkten keine Verpflichtungen vor. »Bio« ist also nicht gleich »bio«. Aber insbesondere die Ökoverbände zwingen zu einer Dynamik, die in Richtung Extensivierung der Landwirtschaft und Qualitätssteigerung der Tiersituation geht.

In Tierschutzkreisen wird mitunter kritisiert, dass Ökobetriebe den Tieren auch nur ungefähr das Doppelte an Stallfläche bieten wie die Intensivtierhaltung. Wenn man allein auf die festgeschriebenen Vorschriften schaut, dann stimmt das. Aber erstens wird dabei die Freifläche vernachlässigt, die Tieren in der Ökolandwirtschaft zusätzlich zur Verfügung steht und die in etwa nochmal so groß ist. Damit reden wir bereits über eine Vervierfachung der Mindestfläche im Vergleich zur Intensivtierhaltung. Zweitens verbietet die EU-Verordnung das Enthornen der Rinder, das Kupieren der Schweineschwänze und das Abschleifen ihrer Eckzähne sowie das Schnabelkürzen bei Hühnern (das ab 2017 in Deutschland auch in der konventionellen Tierhaltung abgeschafft werden soll)[66]. Damit ergibt sich automatisch die Notwendigkeit, den Tieren mehr Platz zur Verfügung zu stellen, denn sonst verletzen sie sich gegenseitig in einem Maße, das auch ökonomisch nicht zielführend ist. Und drittens wird in einer derartigen Argumentation nicht berücksichtigt, dass ein erheblicher Teil der BiobäuerInnen den Tieren deutlich mehr Platz gibt als durch die Richtlinien vorgeschrieben. Ökologische Landwirtschaft ist geleitet von einem Gesamtkonzept der Umwelt- und Tiergerechtigkeit, das sich nicht in Vorschriften erschöpft. BiobäuerInnen sind sensibler für das Wohl ihrer Tiere und ziehen daraus eher Konsequenzen – zumindest der Mehrheit nach.

Freilich: Auch die ökologische Landwirtschaft entkommt den Zwängen der Marktwirtschaft nicht. Wenn der Preis für »Biofleisch« den für Fleisch aus Intensivtierhaltung zu sehr übersteigt, geht ein guter Teil jener KundInnen verloren, die an sich guten Willens sind, mehr zu zahlen, wenn es den Tieren dafür besser geht. Marktanalysen können zeigen, wie viel mehr KundInnen für »Biofleisch« zu zahlen bereit sind. Aus ihnen ergeben sich dann Grenzen des derzeit Möglichen. Ich interpretiere daher die Kritik der TierschützerInnen so, dass sie daran erinnern wollen, dass auch der Konsum von Produkten aus ökologischer Tierhaltung nicht dazu berechtigt, die Hände in den Schoß zu legen. So richtig er ist, muss er Ansporn zu weiteren Schritten sein.

Keine Chance auf ein »Gnadenbrot«

Im Märchen von den Bremer Stadtmusikanten geht es um drei Nutztiere, einen Esel, eine Katze und einen Hahn, deren »Nutzungsdauer« abgelaufen ist und die von ihren Besitzern kein »Gnadenbrot« bekommen sollen. Sie sind dummerweise nicht Pferd noch Hund – diese beiden Lieblinge des Menschen hätten vermutlich eher ein würdevolles Altern zugestanden bekommen. – Es ist spürbar, dass das Märchen sich auf die Seite der altersschwachen Tiere stellt und es verurteilt, sie am Ende ihres »Erwerbslebens« abzuschieben wie ein morsches Möbel oder einen rostigen Topf. Denn das Märchen weiß: Wer Tiere abschiebt, macht es mit alten Menschen genauso. Doch die durchorganisierte Tier-Wirtschaft der industrialisierten Moderne kennt noch weniger ein Gnadenbrot als das 18. Jh. der Gebrüder Grimm.

Eine Milchkuh ist nach ca. drei Geburten mit einem Alter von fünf Jahren am Ende ihrer Leistungsfähigkeit angekommen. Theoretisch hätte sie noch etwa 15 Lebensjahre vor sich. Die Leistung von Legehennen lässt im Alter von zwei bis drei

Jahren bereits deutlich nach. Ihre Lebenserwartung beträgt dann aber noch fast zehn Jahre. Nun diskutieren wir auch im menschlichen Bereich, nach wie vielen Arbeitsjahren jemand die volle Pension bekommen soll. Von der Größenordnung her kommt man dabei meist auf halb so viele Pensionsjahre wie Arbeitsjahre. Das sind andere Verhältnisse als bei industriekonformen Hochleistungstieren. Hier ergeben sich theoretisch dreimal so viele Pensionsjahre wie Arbeitsjahre. Aber das menschliche Pensionssystem sorgt auch dafür, dass ArbeitgeberInnen ihre ArbeitnehmerInnen gut behandeln. Denn sie müssen mit in den Versicherungstopf einzahlen, und damit ihre Beitragssätze niedrig bleiben, sollten die ArbeitnehmerInnen möglichst lange gesund bleiben. Ob ein analoges System also einen besseren Umgang mit Nutztieren bewirken würde? Zugegeben, eine etwas skurril anmutende Frage. Aber sie macht auf eine erhebliche strukturelle Ungerechtigkeit aufmerksam: Wer nimmt, muss auch geben. Wer von Tieren Leistung verlangt, ist ihnen etwas schuldig. Das Gnadenbrot ist in der Moderne keine Frage der Gnade, sondern der Gerechtigkeit.

Auch sonst fallen tatsächliche Lebensdauer und natürliche Lebenserwartung bei Nutztieren erheblich auseinander, wie folgende Zahlen zeigen:

► *Rind:* Natürliche Lebenserwartung 25–30 Jahre
   ► Nutzungsdauer Milchkuh 4–5 Jahre
   ► Nutzungsdauer Mastrind 12 Monate
   ► Nutzungsdauer Mastkalb 6 Monate

► *Schwein:* Natürliche Lebenserwartung 10 Jahre
   ► Nutzungsdauer Zuchtschwein 3 Jahre
   ► Nutzungsdauer Mastschwein 6 Monate

- *Huhn:* Mittlere natürliche Lebenserwartung 12 Jahre
  - Nutzungsdauer Legehuhn 17 Monate
  - Nutzungsdauer Masthuhn 6 – 8 Wochen
  - »Nutzungsdauer« männliche Küken der Legehennenzucht wenige Stunden

Erst recht keine Chance auf ein Gnadenbrot haben jene Tiere, die aus der Sicht des heutigen Tierhaltesystems völlig nutzlos sind: Die männlichen Küken der Legehennenzucht werden sofort vernichtet – vergast, lebendig zerschnitten oder in Abfallbehältern entsorgt, wo sie langsam und qualvoll ersticken. Auch wenn diese Praxis in Deutschland 2017 beendet werden soll, indem man bereits die befruchteten Eier mittels Infrarottechnik auf das Geschlecht analysiert und dementsprechend aussortiert: Das System unserer Tierhaltung ist voller Rücksichtslosigkeiten.

Der letzte Gang der Tiere: Das industrialisierte Schlachten

Orte sagen viel über die gesellschaftliche Wertschätzung[67]. Wenn das Schlachten in der mittelalterlichen Stadt am Marktplatz stattfindet, dann darf dies als Zeichen seiner Wertschätzung verstanden werden. Erst im Spätmittelalter wandert die Schlachtung in Schlachthäuser mit kühlen Räumen nahe am Fluss. Doch auch diese befinden sich mitten in der Stadt und gehören zum Leben der Menschen selbstverständlich dazu. Dem entspricht, dass die Zunft der Metzger sehr angesehen und wohlhabend ist[68].

Die Konzentration des Schlachtens an einem überregional zentralisierten Ort beginnt um das Jahr 1820 in den USA und wird im Sinne eines regelrechten »Schlachtapparats« ab 1830 in Cincinnati sichtbar. Ab 1860 wird Chicago die Metropole des Schlachtens. Zunächst kommt es zu einer gewaltigen Überschussproduktion und zum Wegwerfen der minderwertigen Tierteile. Die immer stärkere Industrialisierung und Technisierung des Schlachtens führt dann aber zu dem Bestreben, das Tier mit Haut und Haaren zu nutzen. Es entwickelt sich die erste Fließbandproduktion, ein halbes Jahrhundert vor dem Auto. Hygiene und Tierschutz sind in diesem System irrelevant. Faktisch vollzieht sich erst hier die Säkularisierung des Schlachtens[69].

Im Jahr 1905 arbeitet der amerikanische Schriftsteller Upton Sinclair sieben Wochen undercover als Schlachtarbeiter in einem der größten Schlachthöfe Chicagos und schreibt im Jahr darauf den Roman »The Jungle«, der großes Aufsehen erregt. Das führt in den USA zwar umgehend zu strengeren Hygienebestimmungen, nicht aber zu besseren Arbeitsbedingungen. Die Schlachter sind zu einem Beruf ganz unten in der gesellschaftlichen Hierarchie geworden, mit allen Konsequenzen für Löhne und Arbeitsbedingungen. Bert Brecht greift diese Beobachtungen Sinclairs 1931 in seinem Theaterstück »Die heilige Johanna der Schlachthöfe« auf.

Die Konzentration der Schlachthöfe ist bis heute immer weiter gewachsen. Großkonzerne beherrschen die Weltmärkte[70]. Die zehn größten Unternehmen der deutschen Fleischbranche schlachteten 2011 rund 45 von 60 Mio. Schweinen und 2,8 von 3,7 Mio. Rindern, also bei beiden Tieren etwa drei Viertel[71]. Deutschland ist aufgrund seiner Größe, Kaufkraft und Schlachttiererzeugung ein attraktiver Standort. Der Konkurrenzdruck ist aber enorm, was für Tiere und SchlachtarbeiterInnen zu unsäglichen Bedingungen führt.

In der modernen Gesellschaft ist das Schlachten zu einer

»Peinlichkeit« geworden, zu etwas, das Pein verursacht, wenn man es wahrnimmt[72]. Fast jeder Mensch isst Fleisch, aber vom Schlachten will er nichts sehen und hören und riechen, und den Schlachter sieht er als einen Schuldigen. Für eine wirklich tierschonende Tötung fehlt es den handelnden Personen an Zeit und Sachkunde. Würde man diese einführen, dann wäre Fleisch erheblich teurer und könnte nur noch in geringer Menge konsumiert werden. Am niedrigen Fleischpreis kann man die geringe Achtung der Tiere ebenso wie des Fleischhandwerks ablesen.

Schauen wir auf einige wenige Fakten. »Tiere sind so zu betäuben, dass sie schnell und unter Vermeidung von Schmerzen oder Leiden in einen bis zum Tod anhaltenden Zustand der Empfindungs- und Wahrnehmungslosigkeit versetzt werden.«[73] Das ist ein hoher gesetzlicher Anspruch, der in der Wirklichkeit bei weitem nicht immer eingehalten wird. Laut Einschätzung der deutschen Bundesregierung ergeben sich in deutschen Schlachtbetrieben folgende Prozentzahlen für die fehlerhafte Betäubung oder das fehlerhafte Ausbluten von Schlachttieren[74]:

- ▶ Fehlbetäubungsrate bei Schweinen in handgeführten elektrischen Betäubungsanlagen 10,9 %–12,5 %, in automatischen Anlagen 3,3 %. Diese Tiere werden also bei vollem Bewusstsein »abgestochen«.
- ▶ Fehlentblutungsrate bei Schweinen: 0,1 %–1 %. Die betroffenen Tiere sind noch wahrnehmungsfähig, wenn sie in die Brühung gelangen. Sie sterben im kochend heißen Wasser bei vollem oder wenigstens teilweisem Bewusstsein.
- ▶ Fehlbetäubungsrate bei Rindern: 4 % – 9 %.
- ▶ Entblutungsfehler beim Rind kommen selten vor, da die ausströmende Blutmenge sichtbar ist.
- ▶ Für Geflügel liegen keine Zahlen vor.

Warum kommt es zu derart hohen Prozentzahlen fehlerhafter Betäubung oder Ausblutung der Tiere? Die entscheidenden Faktoren sind zwei:

▶ Mangelnde Qualifikation der Schlachter: »Die erforderliche Qualität des Entblutestiches ist stark personenabhängig. Wie Untersuchungen ergaben, lag die Häufigkeit von Fehlentblutungen (Wiedererwachen der Tiere auf der Nachentblutestrecke) personenabhängig zwischen 0,4 und 2,5 Prozent.«[75]

▶ Mangelnde Zeit zum sorgfältigen Durchführen der einzelnen Schritte: »Die zur Verfügung stehende Zeit für die Betäubung bzw. Schlachtung (Tötung durch Blutentzug) richtet sich insbesondere nach der Schlachtleistung (Tiere / Stunde) der Betriebe.«[76] In automatischen Betäubungsanlagen werden stündlich ca. 750 Schweine betäubt, also mehr als 12 pro Minute, und die Zeit für die Ausführung des Entblutestichs beträgt nur ca. 5 Sekunden. Bei Rindern werden ca. 80 Tiere je Stunde geschlachtet – es bleiben also für ihre Betäubung (Bolzenschuss), ihren Auswurf aus der Falle sowie das Setzen des Entbluteschnitts zusammen maximal 45 Sekunden. Schlachtgeflügel wird automatisch betäubt (Elektroschock im Wasserbad) und entblutet, sodass das Fließband über 10 000 Tiere in der Stunde bewältigt. Was bei größeren Tieren laut EU-Verordnung verboten ist[77], nämlich das Aufhängen oder Hochziehen und die Immobilisierung der Beine oder Füße von Tieren mit mechanischen Mitteln, ist für Geflügel noch vor der Betäubung ausdrücklich erlaubt und ermöglicht die Fließbandautomatik vom ersten Moment an.

Beide Ursachen für die mangelhafte Schlachtung haben ökonomische Gründe: Qualifizierte Schlachter müsste man besser bezahlen, und wenn diese sich mehr Zeit für die Betäubung und den Schnitt nähmen, würde das wiederum preistreibend wirken.

Nur am Rande sei angemerkt, dass die genannten Aspekte des sachgerechten Betäubens und Entblutens nur die wichtigsten beiden Aspekte eines schonenderen Schlachtens darstellen. Im Kapitel *Tiere töten und essen?* (ab S. 183) wird noch ausführlicher über das Schlachten nachgedacht, und dort wird deutlich werden: Zu einem schonenden Schlachtvorgang gehört weit mehr.

Ökonomische Aspekte der gegenwärtigen Tierhaltung

Im Zeitalter der Globalisierung spielen sich die Nutztierhaltung und die Produktion tierischer Lebensmittel auf dem Weltmarkt ab. Gibt es an irgendeinem Ende der Welt günstigere Produktionsbedingungen, so hat dies sofort Auswirkungen auf die Konkurrenzfähigkeit anderer Weltregionen, jedenfalls solange die KonsumentInnen zuerst oder ausschließlich auf den Preis schauen und nicht auf Herkunft oder tierethische und ökologische Standards.

Wie hoch sind die erzeugerseitigen Vollkosten für die Produktion von 1 Kilogramm Fleisch? Für Rindfleisch im Jahr 2010 gaben die ExpertInnen von agri benchmark Beef folgende Produktionskosten an:

- ▸ € 4,40 in Österreich
- ▸ € 4,00 in Italien
- ▸ € 3,30 in Deutschland
- ▸ € 2,55 in den USA
- ▸ € 2,30 in Brasilien

Aus diesem Vergleich leiten die Fachleute ab, dass die Rindfleischproduktion in Europa kaum konkurrenzfähig ist. Nicht umsonst sei der Rinderbestand in der Europäischen Union trotz Importzöllen auf Rindfleisch und Subventionen für die europäischen Rinderhalter seit Jahren rückläufig und der Selbstversorgungsgrad von Rindfleisch von 110 % im Jahr 1990 auf 97 % im Jahr 2009 gesunken. Ein Teil der hohen Kosten der Rindfleischproduktion in der Europäischen Union sei strukturell bedingt und habe mit den kleinen Betriebsgrößen zu tun. Je kleiner die Betriebe, desto stärker fielen die Arbeitskosten ins Gewicht.

Agri benchmark Beef nennt hier folgende Arbeitskosten je Kilogramm Rindfleisch:

▶ € 0,70 in Österreich (in einem Betrieb mit 120 verkauften Stieren im Jahr) = 16 % der Vollkosten

▶ € 0,45 in Deutschland (in einem Betrieb mit 280 verkauften Stieren im Jahr) = 14 % der Vollkosten

▶ € 0,30 in Brasilien (bei 600 verkauften Tieren im Jahr) = 13 % der Vollkosten

▶ € 0,05 in den USA (in einem Betrieb mit 75 000 verkauften Tieren im Jahr) = 2 % der Vollkosten

Wenn man diese Zahlen allerdings genau anschaut, weist der Anteil der Arbeitskosten an den Vollkosten nur geringe Unterschiede auf. Er liegt trotz hoher Preisunterschiede mehr oder weniger konstant zwischen 13 und 16 % – mit einer Ausnahme: Wenn die Betriebsgröße auf US-amerikanische Megadimensionen steigt, dann sind die eingesparten Arbeitskosten für rund die Hälfte der eingesparten Vollkosten verantwortlich. Die Frage ist, ob Europa ernsthaft US-amerikanische Betriebsgrößen anstrebt. Das dürften wohl selbst harte Ökonomen kaum erwägen. Aber dann ist das Plädoyer von agri benchmark für große Betriebe nicht mit dem Argument der Arbeitskosten begründbar.

Beim Schweinefleisch sieht die Relation ähnlich aus. Die mittleren Produktionskosten lagen in Deutschland 2011 bei rund 1,30 Euro je Kilogramm, in den Niederlanden bei etwa 1,80 Euro je Kilogramm. Davon sind nach Berechnungen der Livestock and Meat Commission fast 50 % Futterkosten, während die Personalkosten wiederum nur bei 10–15 % liegen und eine untergeordnete Rolle spielen. Es scheint also, dass das Plädoyer der Fachleute für Betriebskonzentration und Einsparungen bei den Personalkosten nicht faktengedeckt ist.

Der Bruttoverdienst in der Tierhaltung lag in Deutschland 2010 laut destatis bei durchschnittlich 1752 Euro im Monat. In Österreich wurden 2014 laut Arbeitsmarktservice AMS für einfache Tätigkeiten in der Tierhaltung mindestens 1243 Euro monatlich gezahlt, für leitende und eigenverantwortliche Tätigkeiten mit spezieller Qualifikation mindestens 1519 Euro. In der Schweiz werden für die gleichen Tätigkeiten laut Schweizer Bauernverband minimal 3200 Franken bzw. 4210 Franken gezahlt. Reich werden kann also höchstens der Besitzer eines sehr, sehr großen landwirtschaftlichen Betriebs.

Deutlich wird in der vorangehenden Betrachtung, dass die Landwirtschaft insgesamt in den allermeisten Ländern zunehmend als reine Produktionsstätte gesehen wird. Ihre Bedeutung für den Erhalt eines Landschaftsbildes und für kulturelle, ökologische, tierschützerische und soziale Werte wird kaum wahrgenommen und finanziell nicht angemessen abgegolten. Das kann man erkennen, wenn man die Produktionskosten von Fleisch zwischen der Europäischen Union und der Schweiz vergleicht. In der Schweiz liegen die betriebsseitigen Produktionskosten ungefähr doppelt so hoch wie im Durchschnitt der Europäischen Union. Das ist selbst angesichts der deutlich höheren Lebenshaltungskosten ein massiver Unterschied. Doch die Schweizer Bevölkerung ist bereit, die nicht produktionsbezogenen Leistungen der einheimischen Tierwirtschaft über Förderprogramme zu finanzieren.

Der derzeit wichtigste Kosten drückende Faktor in Deutschland sind wie gesehen die Schlachtbetriebe und die mit ihnen oft verbundenen Fleischverarbeitungsbetriebe. Rund die Hälfte der deutschen Rinder wird von fünf Betrieben geschlachtet und vermarktet, bei den Schweinen sind es gar nur drei Betriebe, die über die Hälfte des Fleischs umsetzen, und beim Geflügel beherrschen ebenfalls einige Großunternehmen den Markt. Die meisten MitarbeiterInnen der großen Schlachtbetriebe werden in Osteuropa rekrutiert und mit Werkverträgen angestellt, die dem Lohndumping Tür und Tor öffnen. Die Gewerkschaft Nahrung-Genuss-Gaststätten (NGG) geht von mehr als 80 % Werkvertrags-ArbeiterInnen aus, deren Löhne oft nur bei drei bis fünf Euro lägen, der Verband der Fleischwirtschaft schätzt den Anteil der Werkvertrags-ArbeiterInnen auf höchstens 50 %, was immer noch unerträglich viel ist.

Franzosen und Belgier, die relativ hohe Mindestlöhne zahlen müssen, beschweren sich wegen der deutschen Niedriglöhne. Aber auch von den 14 größten Schlachthöfen Österreichs sind allein in einem Jahr fünf insolvent geworden – angeblich wegen der Konkurrenz aus Deutschland. – Man wird sehen, ob die deutsche Mindestlohnregelung, die ab 2015 auch die Schlachtbranche umfasst, eine nachhaltige Veränderung bringt. Insgesamt scheint mir aber als Moraltheologe wichtig, dass die ökonomische Dynamik nicht nur tierliche, sondern ebenso menschliche Opfer produziert. Und die letztlich treibende Kraft des Kostendrucks sind nicht die Unternehmen, sondern die KonsumentInnen. Der Kostendruck der Unternehmen funktioniert ja nur, weil die KundInnen auf jeden Cent weniger pro Kilogramm Fleisch reagieren. Würden die VerbraucherInnen der Ethik den Vorzug vor dem Preis geben, würde die Tierwirtschaft in Deutschland und Europa anders ausschauen.

Brief an alle LandwirtInnen

»Erbarme dich, erbarme dich! Erbarme dich der Kreatur, sieh hin und sag nicht, es ist nur Vieh! Sieh hin und erbarme dich!«
REINHARD MEY

Liebe Landwirtinnen und Landwirte,
an dieser Stelle ist es mir ein Bedürfnis, ein persönliches Wort an Sie zu richten. Ich möchte ausdrücklich betonen, dass es mir in keiner Weise darum geht, irgendjemanden von Ihnen anzugreifen oder zu kritisieren. Erstens weiß ich sehr wohl, dass viele von Ihnen die Tiere besser behandeln als es gesetzlich vorgeschrieben ist. Zweitens geht es an dieser Stelle in keiner Weise um Schuldzuweisungen. Die Frage, wer für die schlechten Haltungsbedingungen der Tiere welche Verantwortung trägt, stellt sich erst im Kapitel *Tiere gerecht nutzen und gerecht lieben* (ab S. 158). Drittens weiß ich sehr wohl um die wirtschaftlichen Zwänge, ja Nöte, in denen viele von Ihnen stehen. Und viertens habe ich hohen Respekt vor jedem Menschen, der tagein, tagaus Tiere zu versorgen hat. Ein Tier täglich zu melken, zu füttern und seinen Stall zu reinigen ist harte Arbeit. In ihr stecken, wenn sie mit innerer Anteilnahme gemacht wird, viel Herzblut und Verzicht: Jeden Morgen und jeden Abend im Stall stehen; weit mehr als acht Stunden täglich arbeiten; für jeden freien Tag und für jeden Urlaub einen Ersatzstalldienst suchen müssen; und vieles mehr. Tiere zu versorgen ist ebenso fordernd wie Kinder großzuziehen.

Das alles sehe ich. Ich bitte aber auch darum, die Situation der Tiere unvoreingenommen, ohne die in jedem Beruf normale und unvermeidliche Betriebsblindheit anzuschauen. Es ist klar: An jedem Arbeitsplatz muss man sich erst einmal mit den geltenden Rahmenbedingungen abfinden. Man kann die Welt nicht auf den Kopf stellen. Umso mehr können unbefangene BeobachterInnen von außen eine Sehhilfe sein, um das wahrzunehmen, was man im laufenden Betrieb schon lange ausgeblendet hat. Bitte verstehen Sie dieses Buch genau so: Es möchte Ihnen helfen, einen anderen Blick auf das System unserer Tierhaltung zu werfen. Und glauben Sie mir auch: Ich erstrebe die Verbesserung des Tierwohls nicht auf Kosten der TierhalterInnen guten Willens, sondern zu deren Gunsten. Die Kosten müssen klarerweise jene tragen, die die Tierhaltung wollen – und das sind die KonsumentInnen.

TEIL 2

Tierethik –
Philosophische und theologische Entwürfe

TIERE ALS »INSTRUMENTE« ODER »GLÜCKSBEHÄLTER«?

Tierethische Entwürfe der Philosophie

Der abendländische Umgang mit Tieren ist stark von der griechischen Philosophie geprägt. Biblische Impulse haben sich kaum durchsetzen können, weil sie, wie wir im nächsten Kapitel sehen werden, dem griechischen Denken deutlich zuwiderlaufen, aber weniger systematisiert und wissenschaftlich ausdifferenziert sind. Mag die Bibel auch viel reicher an Lebenserfahrung sein als die philosophischen Texte der Griechen, sie ist ihnen argumentativ doch deutlich unterlegen. Das führt dazu, dass das Christentum sich von Anfang an genötigt sieht, die von der gesellschaftlichen Mehrheit im römischen Reich anerkannte Philosophie seiner Zeit aufzugreifen und weiterzuführen. Daher sollen jetzt die wichtigsten Ansätze philosophischen Denkens dargestellt werden, die in der Tierethik der letzten 2000 Jahre eine Rolle spielten.

Anthropozentrik: Thomas von Aquin, René Descartes, Immanuel Kant

Bis ins 18. Jh. hatte der Ansatz der materialen Anthropozentrik praktisch eine Monopolstellung. Er sieht den Menschen als Spitzengeschöpf, auf den allein hin die Natur geschaffen ist, sodass er sie für sich nutzen darf, solange er nur einen guten Grund dafür hat. Seine Verantwortung für die nichtmenschlichen Geschöpfe ist keine direkte Verantwortung gegenüber diesen, sondern vor den Menschen. Es ist klar, dass in diesem Ansatz die halbwegs »humane« Tiernutzung und Tiertötung zu Ernährungszwecken jederzeit gerechtfertigt sind.

Ein wichtiger Vertreter der Anthropozentrik, die im Kern auf die aristotelische und stoische Philosophie zurückgeht, ist *Thomas von Aquin* (1225 Aquin – 1274 Fossanova). Thomas orientiert sich am Begriff des freien Willens, wie ihn Augustinus in die Philosophie eingebracht hat. Für ihn gibt es zwei Arten von Seienden: Jene Seienden, die von außen fremdgesteuert werden, und jene Seienden, die sich von innen her selbst steuern. Sich selbst steuern können aber nur Seiende, die einen freien Willen haben, und den haben nur jene, die auf Grund rationaler Überlegungen ein Urteil fällen und eine Entscheidung treffen können. Das sind nach Thomas nur die Menschen. Tiere hingegen seien völlig fremdgesteuert. Wie ein Stein durch die Schwerkraft würden sie durch die Sinneswahrnehmungen zu einem bestimmten, immer gleichen Verhalten programmiert[78]. Man erkennt das Bild, das Thomas von den Tieren hat: Für ihn sind sie völlig »passiv«, von ihren Leidenschaften (lateinisch passiones) gesteuert. Ein eigenständiges Verhalten, gar ein Überlegen und Denken kann er bei Tieren nicht erkennen. Sie sind für ihn Pawlow'sche Reiz-Reaktions-Maschinen: Auf den gleichen Reiz reagieren sie immer mit demselben Verhalten. Die Zweiteilung der Welt in aktiv handelnde und passiv fremdgesteuerte Seiende hat für Thomas Konsequenzen. Wer aktiv handeln kann, ist einE BevollmächtigteR (principalis agens), der seinen Zweck in sich selbst hat; was hingegen nur von außen gesteuert wird, ist ein Instrument, das umsorgt wird, aber keinen Selbstzweck besitzt, sondern darin aufgeht, Zweck für Bevollmächtigte zu sein. Tiere sind also von Natur aus den Menschen untergeordnet, weil sie unfreie SklavInnen sind. Es ist keine Sünde, sie zu töten, denn sie sind zum Nutzen des Menschen geschaffen und auf ihn und seine Bedürfnisse hingeordnet. Tierquälerei ist nur verboten, weil sie sich im nächsten Schritt als Grausamkeit gegen Menschen richten könnte oder weil ein Tier geschädigt wird, das einem anderen Menschen gehört[79].

Wenn der Mensch gemäß der Vernunft (ratio) handelt, kann er mit Tieren alles machen, weil sie ihm als vernünftigem Wesen untergeordnet sind. Doch das heißt für Thomas nicht, dass die Gefühle völlig irrelevant wären. Im Gegenteil: Wenn der Mensch sich zusätzlich vom Gefühl (passio) lenken lässt, wird er Barmherzigkeit (misericordia) mit leidenden Tieren haben. Und das sei gut so[80]. Hier würdigt Thomas die zahlreichen Bibelstellen, die von der Barmherzigkeit mit Tieren sprechen. Eine zentrale Rolle spielen sie für ihn aber nicht. Sie bleiben ein Anhängsel seiner anthropozentrischen Ethik.

Die Thesen des Thomas werden im Zeitalter des Rationalismus durch den schon im Kapitel »Was Tiere alles können« zitierten *René Descartes* auf die Spitze getrieben. Aus zwei angeblich universalen Tatsachen leitet Descartes seine Theorie vom Tier ab: Erstens gibt es keinen Menschen, der nicht reden kann – und sei es in der Taubstummensprache. Zweitens gibt es kein Tier, das im Sinne des verstehenden, reflektierten Redens sprechen kann – auch nicht mit einer Sprache, die der Mensch nicht versteht. Aus diesen beiden Thesen, die wir in oben genanntem Kapitel naturwissenschaftlich widerlegt hatten, zieht Descartes drastische Folgerungen:

»*Dies beweist nicht bloß, dass die Tiere weniger Vernunft als die Menschen, sondern dass sie gar keine haben ... und allein die Natur in ihnen nach der Disposition ihrer Organe handelt. Man sieht ja auch, dass ein Uhrwerk, das bloß aus Rädern und Federn besteht, richtiger als wir mit aller unserer Klugheit die Stunden zählen und die Zeit messen kann.*«[81]

Bis heute wirkt dieses Descartes'sche Bild von Tieren als Maschinen in der abendländischen Gesellschaft nach. Ob von Descartes gewollt oder nicht, hat es zu einer rein zweckrationalen Sicht auf das Tier geführt, die dieses fast ausschließlich den ökonomischen Interessen und Gesetzmäßigkeiten unterwirft. Das Tier ist nur eine »res extensa«, eine »ausgedehnte Sache«, während der Mensch als einziges Wesen zugleich eine »res cogitans« ist, eine »denkende Sache«. Ihm allein kommt daher die Sonderstellung als »Meister und Besitzer der Natur« zu. Tiere und Pflanzen sind ihm bedingungslos unterworfen.

Zu Descartes' Verteidigung muss gesagt werden, dass er den Vergleich mit einer Maschine auch auf den menschlichen Körper anwendet. Dieser Vergleich ist für die Naturwissenschaften in den folgenden Jahrhunderten ungeheuer fruchtbar geworden. Denn wenn man sich einen Organismus als Maschine, d.h. als ein Funktionssystem vorstellt, kann man seine Funktionsgesetze erforschen und daraus Schlüsse ziehen. Das Fatale ist aber, dass Descartes seine methodische Fiktion mit der Wirklichkeit gleichsetzt und den Körper nur als Maschine betrachtet. Hinzu kommt sein Dualismus zwischen Geist und Materie, Vernunft und Körper. Wenn nur der Mensch einen Geist besitzt und eine »denkende Sache« ist, dann sind die Tiere nichts als Maschinen. Man kann sie nach Belieben ausbeuten.

Der dritte Anthropozentriker, den ich darstellen möchte, ist *Immanuel Kant* (1724–1804 Königsberg). Wie Thomas erachtet er allein vernünftige Wesen als fähig, Zwecke zu setzen. Denn Zwecksetzungen müssten aus einer ethischen Überlegung heraus erfolgen, sonst seien es keine Zwecksetzungen. Daraus folgt aber, dass nur vernünftige Wesen, und das heißt im 18. Jh. Menschen, ein Zweck an sich selbst sein können[82]. Nur sie haben einen Wert in sich, d.h. eine Würde. Diese Würde zu respektieren ist das oberste Gebot der Ethik, ein kategorischer Imperativ: »Handle so, dass du die Menschheit sowohl in deiner Person, als in der Person eines jeden andern jederzeit zugleich als Zweck, niemals bloß als Mittel brauchst.«[83] Vernunftlose Wesen hingegen haben nur einen Wert für andere, sind also ausschließlich Mittel zum Zweck und mithin »Sachen«[84].

Nach Kants Argumentation hat der Mensch ethische Pflichten nur gegenüber seinesgleichen. Denn nur ein Träger von Würde könne einen anderen auf ein bestimmtes Handeln verpflichten. Nur vor ihm müsse man sich rechtfertigen. Es handle sich also um ein Missverständnis, wenn jemand meine, er habe direkte Pflichten gegenüber Tieren. In Wirklichkeit seien dies Pflichten »in Ansehung anderer Wesen«, aber gegenüber Menschen[85].

	Mensch	Tier
Fähigkeit zur Vernunft	Ja	Nein
Fähigkeit, Zwecke zu setzen	Ja	Nein
Zweck oder Mittel?	Zweck an sich selbst und für andere = Selbstzweck und Mittel	Nur Zweck für andere = Mittel
Wert	Wert für sich = Würde	Wert nur für andere
Ethischer Status	Person	Sache
Verpflichtungen	Gegenüber dem Menschen	In Ansehung des Tieres

▲ Schaubild: *Kants Unterscheidung zwischen Mensch und Tier*

Dennoch erachtet Kant die grundlose Quälerei von Tieren als verwerflich, »weil dadurch das Mitgefühl an ihrem Leiden im Menschen abgestumpft und dadurch eine der Moralität im Verhältnisse zu anderen Menschen sehr diensame natürliche Anlage geschwächt und nach und nach ausgetilgt wird.« Die schmerzfreie Tötung von Tieren und ihre Nutzung als Arbeitstiere ist für ihn legitim, während Tierversuche in der Grundlagenforschung, »martervolle physische Versuche zum bloßen Behuf der Spekulation, wenn auch ohne sie der Zweck erreicht werden könnte, zu verabscheuen sind.«[86]

Die »Dankbarkeit für lang geleistete Dienste eines alten Pferdes oder Hundes (gleich als ob sie Hausgenossen wären)« hält Kant hingegen sehr hoch[87]. Durch Mitschriften in seinen Vorlesungen sind von ihm folgende Sätze überliefert:

> *»Wenn zum Beispiel ein Hund seinem Herrn sehr lange treu gedient hat, so ist das ein Analogon des Verdienstes, deswegen muss ich es belohnen und den Hund, wenn er nicht mehr dienen kann, bis an sein Ende erhalten. Denn dadurch befördere ich meine Pflicht gegen die Menschheit, wo ich solches zu tun schuldig bin. Wenn also die Handlungen der Tiere aus demselben Prinzip entspringen, aus dem die Handlungen der Menschen entspringen, und die tierischen davon Analoga sind, so haben wir Pflichten gegen die Tiere, indem wir dadurch die gegen die Menschheit befördern. Wenn also jemand seinen Hund totschießen lässt, weil er ihm nicht mehr das Brot verdienen kann, so handelt er gar nicht wider die Pflicht gegen den Hund, weil der nicht urteilen kann, allein er verletzt dadurch die Leutseligkeit und Menschlichkeit in sich, die er in Ansehung der Pflichten der Menschheit ausüben soll. Damit der Mensch solche nicht ausrotte, so muss er schon an den Tieren solche Gutherzigkeit üben, denn der Mensch, der schon gegen Tiere solche Grausamkeiten ausübt, ist auch gegen Menschen ebenso abgehärtet.«[88]*

Es ist leicht zu erkennen, dass Kant in seinen praktischen Folgerungen relativ tierfreundlich ist. Das »Gnadenbrot«, das wie oben dargestellt den meisten Tieren verweigert wird, ist für ihn keine Frage der Gnade, sondern der Gerechtigkeit. Tiere sind für ihn zwar »Sachen«, aber weder »Instrumente« (Thomas von Aquin) noch »Maschinen« (René Descartes), sondern leidensfähige Individuen mit eigenen Bedürfnissen. Würden seine Forderungen beachtet, wäre der Tierschutz schon viel weiter als er gegenwärtig ist. Dennoch wird eine Inkonsistenz sichtbar: Einerseits will Kant nicht von direkten Pflichten gegenüber dem Tier sprechen, weil ein Tier uns nicht zur Rechenschaft ziehen kann. Andererseits spricht er davon, dass die Arbeit eines Tieres zur Arbeit eines Menschen analog sei, und folglich auch die Entlohnung tierlicher Arbeit zur Entlohnung menschlicher Arbeit und die Grausamkeit gegenüber einem Tier zur Grausamkeit gegenüber einem Menschen. Warum aber ist dann die Pflicht eines Menschen gegenüber einem anderen so anders als die Pflicht eines Menschen »in Ansehung eines Tieres«? Warum gilt nicht auch hier das Analogieprinzip? Man merkt, dass an diesem Punkt eine humane Anthropozentrik an ihre denkerischen Grenzen kommt. »Hier droht Kants Herz für Tiere seine Vernunfttheorie der Moral aufzulösen.«[89]

Pathozentrik:
Der Utilitarismus von Jeremy Bentham und Peter Singer

»Der Tag ist gekommen, und ich bin bekümmert zu sagen, dass er an vielen Orten noch nicht vergangen ist, an dem der größere Teil der Spezies unter der Bezeichnung Sklaven vom Gesetz exakt auf derselben Grundlage behandelt wurde wie zum Beispiel in England die niedrigeren Tierarten noch immer. Vielleicht kommt einmal der Tag, da die übrigen Geschöpfe die Rechte erwerben werden, die ihnen nie, wenn nicht durch die Hand der Tyrannei, hätten vorenthalten bleiben können. Die Franzosen haben bereits entdeckt, dass schwarze Haut kein Grund ist, ein menschliches Wesen hilflos der Laune eines Peinigers auszuliefern. Ebenso mag der Tag kommen, an dem man begreift, dass die Anzahl der Beine, die Behaarung der Haut oder das Ende des Kreuzbeins gleichermaßen ungenügende Argumente sind, um ein empfindendes Wesen dem gleichen Schicksal zu überlassen. Warum soll sonst die unüberwindbare Grenze gerade hier liegen? Ist es die Fähigkeit zu denken oder vielleicht die Fähigkeit zu reden? Aber ein ausgewachsenes Pferd oder ein Hund sind unvergleichlich vernünftigere sowie mitteilsamere Tiere als ein einen Tag, eine Woche, oder gar einen Monat alter Säugling. Aber angenommen dies wäre nicht so, was würde das ausmachen? Die Frage ist nicht ›Können sie denken?‹ oder ›Können sie reden?‹, sondern ›Können sie leiden?‹«[90]

In dieser programmatischen Fußnote der Neuauflage seines Hauptwerks von 1789 vergleicht *Jeremy Bentham (1748–1832 London)*, Kämpfer für Demokratisierung, Sozialgesetzgebung, Humanisierung des Strafvollzugs und Einführung eines Tierschutzgesetzes, im Jahr 1828 die Befreiung der Tiere mit der Abschaffung der Sklaverei. Das Verbot des Sklavenhandels ist im Vereinigten Königreich 1807 beschlossen worden, doch das Verbot der Sklaverei folgt in England erst 1833 und in den USA gar erst 1865. Das führt Benthams Weitsicht und prophetische Kraft eindrücklich vor Augen.

Bentham ist der Gründervater des Utilitarismus. In seinem bereits genannten Hauptwerk benennt er dessen vier Grundprinzipien:

(1) Das *Folgenprinzip*: Die moralische Richtigkeit einer Handlung hängt ausschließlich von der Qualität ihrer absehbaren Folgen ab. Hat eine Handlung voraussichtlich überwiegend gute Folgen, ist sie richtig, wenn nicht, ist sie falsch.

(2) Das *Nutzenprinzip*: Das Kriterium zur Bewertung der Folgen ist ihr »Nutzen«. Wenn die Summe des Nutzens abzüglich der Summe der Schäden positiv ausfällt, soll die betreffende Handlung gewählt werden.

(3) Das *Lustprinzip*: Der Maßstab für einen »Nutzen« im Unterschied zu einem Schaden ist das Glück: Wo ein Handeln aufs Ganze gesehen Glück fördert, ist es »nützlich«. Und Glück zeigt sich an Freude und an der Abwesenheit von Leid. Freude aber lässt sich empirisch nachweisen durch das Beobachten von Lust, Abwesenheit von Leid durch das Feststellen von Schmerzfreiheit.

(4) Das *Gemeinwohlprinzip*: Der gesamte Utilitarismus ist ausgesprochen sozial motiviert (wenngleich er manchmal zu sehr unsozialen Folgen führt!). Es geht nicht um das Glück des Einzelnen, sondern um das »größte Glück der größten Zahl«[91]: JedeR Handelnde muss die Folgen seines bzw. ihres Handelns für alle Betroffenen bedenken und die absehbaren Nutzen und Schäden für alle aufaddieren: Richtig ist eine Handlung dann, wenn die Summe ihres Nutzens abzüglich der Summe ihrer Schädigungen für alle gesehen positiv ausfällt.

Wer aber sind »alle Betroffenen«? »Das größte Glück der größten Zahl« bezieht sich gemäß dem Lustprinzip auf alle Seienden, die Lust und Schmerz empfinden können. Das sind alle Lebewesen, die ein Nervensystem besitzen, mithin alle Tiere. Hier liegt die Bedeutung des Begriffs »Pathozentrik«: Alles dreht sich um Lust und Schmerz. Doch zieht diese Option gravierende Nachteile nach sich:

▶ Pflanzen, denen vergleichbare Empfindungen von Lust und Schmerz fehlen, sind für den Utilitarismus gemäß dem Lustprinzip irrelevant. Für den Tierschutz hat der Utilitarismus Pionierarbeit geleistet, mit den Pflanzen kann er bis heute nichts anfangen.

▶ Gemäß dem Gemeinwohlprinzip kommt es nur auf die Nutzensumme, nicht aber auf die Nutzenverteilung an. Das kann dazu führen, dass eine Handlung für richtig erachtet wird, die der Mehrheit große Lust bereitet, aber auf Kosten einer Minderheit geht. Gerechtigkeitsüberlegungen sind dem Utilitarismus fremd. Daher kann die schmerzfreie Tiertötung zu Nahrungszwecken bei entsprechend hohem Glücksgewinn für viele Menschen problemlos gerechtfertigt werden.

▶ Weil der Utilitarismus nur empirisch zählbare und wägbare Tatsachen gelten lässt, kann für ihn das menschliche oder tierliche Individuum als einzigartige, unverwechselbare »Person« nicht in den Blick kommen. Darauf weist der nachfolgend dargestellte Tierrechtler Tom Regan in sehr anschaulicher und zugespitzter Formulierung hin:

»Der Utilitarier hat keinen Raum für die gleichen moralischen Rechte unterschiedlicher Individuen … Was für den Utilitarier Wert besitzt, ist die Befriedigung der Interessen eines Individuums, nicht das Individuum selbst …«[92]

Um seine These zu illustrieren, wählt Regan den Vergleich mit einer Tasse, die mit Flüssigkeit gefüllt ist. Aus der Sicht der Utilitaristen besitzt allein die Flüssigkeit Wert, nicht aber die Tasse. Aus der Sicht der traditionellen Ethik ist es genau umgekehrt: Nicht die Menge erfüllter Interessen, nicht ein Quantum an »Glück« ist für sie der entscheidende Maßstab, sondern das Individuum als einzigartiges Subjekt. Hier wird sehr deutlich, wie tiefgehend die Unterschiede zwischen traditionellen Ethiken und dem Utilitarismus sind.

Der in tierethischen Fragen engagierteste Utilitarist der Gegenwart ist der australische Philosoph *Peter Singer* (*1943 Melbourne). Singer entfaltet seinen Ansatz in fünf Punkten[93]:

(1) *Gleichheitsprinzip:* Jede Ethik braucht einen universalistischen Standpunkt. Gleiches muss gleich, Ungleiches ungleich behandelt werden.

(2) *Präferenzprinzip:* Es geht um die gleiche Berücksichtigung aller Präferenzen, d. h. aller Interessen.

(3) *Pathozentrisches Prinzip:* Relevant sind alle bewusst empfundenen Interessen, d. h. die Interessen aller empfindenden Lebewesen mit einem zentralen Nervensystem.

(4) *Aktualistisches Prinzip:* Nur aktuell vorhandene Interessen sind ethisch relevant, potenzielle nicht.

(5) *Personprinzip:* Interessen lassen sich in zwei Gruppen aufteilen: Solche, die sich ausschließlich auf die Gegenwart beziehen, und solche, die Zukunftserwartungen beinhalten. »Personen« sind Lebewesen mit Zukunftserwartung. Dabei muss diese Zukunftserwartung schon bewusst gewesen sein und gegenwärtig mindestens unterbewusst (d. h. vom Bewusstsein reaktivierbar) weiter existieren – eine gewisse Abfederung des aktualistischen Prinzips, damit zum Beispiel Schlafende als Personen bezeichnet werden können.

Die Folgerung Singers liegt auf der Hand: Personen und Mitglieder der Spezies homo sapiens sind zwei verschiedene, wenn auch einander überlappende Gruppen. Es gibt Menschen, die keine Personen sind, weil sie nie eine Zukunftserwartung hatten oder haben werden, und Personen, die nicht Menschen sind, nämlich solche Tiere, bei denen man auf Grund der Ergebnisse der Verhaltensforschung ein bewusstes Denken in die Zukunft hinein annehmen muss[94]. Alles andere wäre für Singer ein unbegründeter ideologischer »Speziesismus«.

Was aber bedeutet Personsein für Singer? Welche Rechte genießen Personen? Vor allem besitzen sie ein absolut unantastbares Lebensrecht, weil sie nicht ersetzbar sind[95]: Mit ihrer Tötung tut man »ihnen persönlich« unrecht, nicht nur der Allgemeinheit. Denn: »Sehr oft wird [durch die Tötung einer Person] alles, was das Opfer in den vergangenen Tagen, Monaten oder sogar Jahren zu tun bemüht war, ad absurdum geführt.«[96] – Nun ist das Leben einer Person in der traditionellen Ethik antastbar, wenn Leben gegen Leben steht – man denke an die Legitimation der Notwehrtötung. Deswegen gibt Singer zu, dass die Begründung seines weit über alle traditionelle Ethik hinausgehenden Lebensschutzes von Personen »ein Gebiet [ist], auf dem voll befriedigende Antworten noch ausstehen.«[97]

Singers Provokation ist immens, dass nicht alle Menschen ein Recht auf Leben genießen sollen, wohl aber viele intelligente Tiere. Mit dieser Forderung ergeben sich schwerwiegende Verwerfungen bisheriger moralischer Standards. Singer erkauft Tierschutz zu Lasten des Menschenschutzes – eine höchst fragwürdige Strategie. Außerdem geht es nur um einen Tierschutz der intelligentesten Spezies. Tiere, die nicht Personen sind, weil sie keine Zukunftsvorstellungen entwickeln können, können bestenfalls auf schmerzfreie Behandlung hoffen – mehr ist für sie nicht vorgesehen. Der »garstige Graben«

zwischen Personen und Nichtpersonen wird anders gezogen als bisher, aber er wird nicht zugeschüttet. Hier kommt der Utilitarismus an seine Grenze.

Der Ansatz der Tierrechte (animal rights): Tom Regan

Unzufrieden mit anthropozentrischen wie pathozentrischen Ansätzen ist der US-amerikanische Philosoph Tom Regan (* 1938 Pittsburgh). Ihm sind beide zu wenig daran interessiert, Tieren Gerechtigkeit widerfahren zu lassen.

Tom Regan schreibt bestimmten Lebewesen einen »inhärenten Wert« zu, was er im Vergleich mit Albert Schweitzers evangelischer Ethik der Ehrfurcht vor dem Leben ausdrücklich als »eher katholisch« bezeichnet[98]. Lebewesen, die einen solchen inhärenten Wert besitzen, sind als einzigartige Individuen von Bedeutung. Was zählt, ist nicht ihr »Inhalt« an Glück wie im Utilitarismus, sondern sind sie selbst. Und weil sie einzigartig und unvergleichlich sind, darf der »inhärente Wert« auch nicht gemessen werden. Er ist weder beim einen Lebewesen größer oder kleiner als beim anderen noch ist er bei allen Lebewesen gleich groß, sondern er ist schlichtweg »inkommensurabel«, wie man in der Fachsprache sagt, also »unabmessbar«. Anders als der »intrinsische Wert« von Erfahrungen ist der »inhärente Wert« von Individuen unabmessbar, unverdient und unverlierbar[99]. Entweder man hat inhärenten Wert oder man hat ihn nicht. Es gibt keine Zwischenstufen von mehr oder weniger inhärentem Wert. Unter dieser Perspektive gilt dann das berühmte Diktum aus George Orwells Roman »Animal Farm«: »All animals are equal«[100].

Es ist evident, dass der »inhärente Wert« Regans sehr nahe an

Kants Konzept der »Würde« anschließt – mit dem Unterschied, dass Kant die Würde nur Menschen zuschreibt. Kant unterscheidet die Würde vom Preis: Während jeder Preis per definitionem messbar, vergleichbar und austauschbar ist, ist die Würde inkommensurabel, unverdient und unverlierbar. TrägerInnen von Würde haben kein »Äquivalent«, für sie gibt es keinen gleichwertigen Ersatz[101].

Welche Lebewesen besitzen nun nach Regan einen inhärenten Wert? Lebewesen, denen ein inhärenter Wert zugeschrieben werden soll, müssen »Subjekte eines Lebens« sein, d.h. Individuen mit einer langen Liste von Fähigkeiten, nämlich mit Überzeugungen, Wünschen, Vorstellungen, Erinnerungen, Sinn für die Zukunft, Gefühlsleben, Interessen, Handlungsabsichten, psychischer Identität über lange Zeiträume und eigenem Wohlergehen[102].

Mit dieser langen Liste legt Regan die Latte für »Subjekte eines Lebens« ziemlich hoch. Das ist ihm durchaus bewusst. Es könne sein, räumt er ein, dass auch Lebewesen, die keine Subjekte eines Lebens sind, inhärenten Wert besäßen. Es sei aber schwer, das zu begründen. Daher will Regan das Kriterium, »Subjekt eines Lebens« zu sein, als hinreichendes, nicht als notwendiges Kriterium für die Zuschreibung inhärenten Werts verstanden wissen. Auch Lebewesen, die keine Subjekte eines Lebens sind, können damit inhärenten Wert zugeschrieben bekommen.

Wer zählt dann konkret zu den »Subjekten eines Lebens«? Für Regan sind dies in pragmatischer Näherung geistig normale Menschen und Säugetiere ab dem Alter von einem Jahr. Pflanzen und niedere Tiere sind für ihn hingegen keine »Subjekte eines Lebens«[103].

Welche ethischen Forderungen ergeben sich aus der Zuschreibung eines inhärenten Werts? Auch hier orientiert sich

Regan ganz an Immanuel Kant und der Menschheitsformel seines kategorischen Imperativs: TrägerInnen von inhärentem Wert dürfen nicht als bloßes Mittel zum Zweck anderer behandelt werden, sondern müssen immer zugleich als Zweck für sich selbst betrachtet und respektiert werden. Alles andere wäre ungerecht[104].

Nun sieht Regan aber den industriellen Umgang mit Nutztieren so, dass diese in rein ökonomischer Perspektive und ausschließlich als »erneuerbare Ressourcen« betrachtet würden. In den Augen der Tierwirtschaft hätten sie nur einen Wert für andere, nicht für sich selbst[105]. Sie seien Eigentum, und auch wenn das Eigentumsrecht nicht alles erlaube, müsse es im Blick auf Tiere doch ebenso prinzipiell in Frage gestellt werden wie vor 200 Jahren im Blick auf menschliche SklavInnen.

Industrielle Nutztierhaltung, so Regans Kernthese, ist unter keinen Umständen in der Lage, Subjekte eines Lebens als solche zu respektieren. Weil aber alle höher entwickelten Lebewesen mindestens aus Vorsichtsgründen unter die »Subjekte eines Lebens« gerechnet werden müssten, auch Hühner und andere Vögel, die genau besehen keine seien, sei das Ziel des Tierrechtsansatzes »die totale Auflösung der Tierindustrie, wie wir sie kennen«[106]. Ihr entspricht dann als zweite Forderung »die totale Abschaffung einer schädigenden Nutzung von Tieren in der Wissenschaft«[107].

KennerInnen der Szene bemerken sofort, dass die Forderung Regans den Zielen des Veganismus entspricht. In Kreisen dieser Weltanschauung und Lebensform werden Regans Schriften rund um den Globus folgerichtig als »Evangelium« gelesen. Und es stimmt ja, dass Regan den Finger in viele Wunden der bisherigen Ethik legt. Es ist richtig, dass »Subjekte eines Lebens« das sind, was die englischsprachige Ethik »moral patients« nennt, also moralisch relevante Subjekte und AdressatInnen gerechter Behandlung. Tiere sind keine Sachen, keine »Instrumente« (Thomas von Aquin) und erst recht keine bloßen »Maschinen« (René Descartes), sondern eigenständige, fühlende und sich zu ihrer Umgebung verhaltende Lebewesen. Sie müssen mit Respekt behandelt werden. Und Respekt ist nicht abstufbar – es gibt nicht mehr oder weniger Respekt. Entweder ein Lebewesen wird als eigenständiges Gegenüber respektiert oder nicht.

Dennoch gibt es eine Reihe fundamentaler Anfragen an Regans Ansatz der Tierrechte:

(1) Die Kriterien, nach denen einem Lebewesen der Status »Subjekt eines Lebens« zugeschrieben wird, sind ausgesprochen willkürlich. Warum sollen es gerade diese Kriterien sein und nicht andere? Warum sind es nicht noch mehr Kriterien als diese und warum nicht ein paar weniger?

(2) Es ist hoch problematisch, dass Regan die Kriterien für »Subjekte eines Lebens« nur als hinreichend, nicht als notwendig erachtet. Denn damit öffnet er Tür und Tor dafür, auch andere Lebewesen als Subjekte eines Lebens zu betrachten, was er selber dann auch tut. Damit lässt sich die Grenze für solche Subjekte eines Lebens weiter und weiter hinausschieben. Und irgendwann landet man bei der aristotelischen Zuschreibung einer »Seele« (der Begriff meint nichts anderes als Regans »Subjekt eines Lebens«) an alle Lebewesen.

(3) Mit der Unterscheidung zwischen Subjekten und Nicht-Subjekten eines Lebens bleibt der »garstige Graben« zwischen ethisch absolut geschützten und völlig ungeschützten Individuen erhalten. Ja er wird durch die extrem großzügige Zuschreibung von Rechten an die privilegierten Tiere sogar noch vertieft. Die Zwei-Klassen-Gesellschaft der Lebewesen hebt Regan so jedenfalls nicht auf.

(4) Nicht jede Tiernutzung ist per se eine Reduktion des Tieres auf eine wirtschaftliche Ressource. TierhalterInnen können sehr wohl mehr im Tier sehen als den ökonomischen Nutzen. Sie können die eigenen Bedürfnisse und Bestrebungen des Tieres wahrnehmen und respektieren. »Die totale Auflösung der Tierindustrie, wie wir sie kennen«[108], kann also nur die Auflösung einer extrem rücksichtslosen und das Tier verachtenden Form der Tierhaltung und Tiernutzung meinen. Mag sein, dass Regan nichts anderes kennt. Denkbar sollte es aber auch für ihn sein.

(5) Insbesondere fehlt im Tierrechtsansatz jeglicher Versuch, individuelle und systemische Erfordernisse miteinander zu versöhnen. Das gibt Regan zu[109], löst aber das Problem nicht. Die Generallinie klassischer Gerechtigkeitstheorien wäre, dass Individualrechte dann um des Gemeinwohls willen außer Kraft gesetzt werden dürfen, wenn es schwerwiegende Gründe dafür gibt und wenn nicht auf die Person geschaut wird. Wenn es also aus ökologischen und sozialen Gründen unumgänglich ist, Tiere zu nutzen, muss es erlaubt sein. Man denke nur an das Ziel vollständiger Stoffkreisläufe in der Landwirtschaft, an die Frage der Welternährung und an das notwendige Gleichgewicht verschiedener Tierpopulationen in Lebensräumen, in die der Mensch eingreifen muss, wenn er selber überleben will.

(6) Alles in allem fehlt Regan eine umfassende Theorie der Gerechtigkeit. Das ist besonders tragisch, weil es hierfür in der gesamten ethischen Tradition reichhaltiges Material gibt.

Zusammenfassung

Zweifelsohne könnte man den dargestellten philosophischen Ansätzen einer Tierethik weitere hinzufügen. Doch handelt es sich um die meistdiskutierten und prominentesten Modelle, sodass es legitim scheint, sich auf diese zu beschränken. Sie alle stellen uns vor knifflige Aufgaben, die sie selbst nicht befriedigend lösen. Insbesondere ist die Frage nach dem garstigen Graben zwischen Menschen und Tieren oder zwischen privilegierten und nichtprivilegierten Tieren, der zur völlig anderen Behandlung der einen gegenüber den anderen führt, keineswegs gelöst. Wie kann dieser Graben zugeschüttet werden, ohne eine unbegründete Gleichbehandlung von Menschen und Tieren zu postulieren? Oder umgekehrt: Wie können Unterschiede in der Behandlung von Menschen und Tieren begründet werden, ohne dass es zur Vertiefung des bestehenden Grabens kommt, ja so, dass er sogar zugeschüttet werden kann? Diese Fragen leiten uns, wenn wir im Folgenden den Blick weg von der abendländischen Philosophie und hin zur jüdisch-christlichen Theologie wenden.

TIERE ALS RECHTSTRÄGER
Tierethik in der Bibel

»Die Bibel hat nur dieses anthropozentrische Weltbild. Eine Ethik, die Rücksicht auf die Tiere nehmen würde, findet man in der Bibel nicht.«[110] In dieser Behauptung, die Eugen Drewermann seit Jahrzehnten mit zunehmender Schärfe und Häufigkeit vertritt, wird der Bibel mit Blick auf die Tiere ein extrem schlechtes Zeugnis ausgestellt. Doch hat sie wirklich ein anthropozentrisches Weltbild? Und findet man in ihr wirklich keine Ethik, die Rücksicht auf die Tiere nimmt?

Natürlich ist die Bibel kein moraltheologisches und erst recht kein tierethisches Lehrbuch. Ihr Ziel ist es vielmehr, Zeugnis abzulegen von einem Gott, der sich ihrer Überzeugung nach in der Geschichte Israels und Jesu von Nazaret in besonderer Weise gezeigt hat. Daher richtet sich die Bibel zunächst einmal an jene, die an diesen Gott glauben, und jene, die sich für ihn interessieren. Für Anders- und Nichtglaubende beansprucht sie keine besondere Autorität. Welche Relevanz hat sie dann aber im Blick auf ethische Fragestellungen, die für Religionen und Weltanschauungen übergreifend beantwortet werden müssen?

Die entscheidenden Überlegungen hierzu hat Alfons Auer 1971 mit seiner Theorie der »autonomen Moral« angestellt. Auer gesteht darin zu, dass Bibel und Kirche in Fragen der Moral keine originäre, d. h. belehrende, sondern nur eine subsidiäre, d. h. helfende und unterstützende Rolle spielen. Ohne ihre Position mit Macht durchsetzen zu wollen, können sie die ethischen Diskurse der modernen Gesellschaft begleiten und sich gleichberechtigt mit allen an ihnen beteiligen. Denn der Glaube liefert keine Sondermoral, die Anders- oder Nichtglaubende nicht auch entdecken und begründen könnten, sondern beteiligt sich an den allgemeinen Diskursen ethischer Urteilsbildung auf Basis der autonomen Vernunft. »Das Menschliche ist menschlich für Heiden wie für Christen.«[111]

Worin besteht dann aber der besondere Beitrag des Glaubens? Auer sieht ihn darin, dass die Glaubensgemeinschaft auf einen ungemein reichen Schatz an Lebenserfahrung zurückgreifen kann, einen Schatz, der über drei Jahrtausende von Menschen unterschiedlichster Kultur, Sprache, sozialer Situation, Geschlecht und Alter zusammengetragen wurde. Für die Glaubensgemeinschaft hat dieser Schatz, der u. a. in der Bibel gespeichert ist, verbindliche Bedeutung. Aber auch für Anders- oder Nichtglaubende ist er eine Quelle an Lebenserfahrung, wie sie kaum anderswo zur Verfügung steht. Für den vernünftigen Diskurs über Ethik können Bibel und Glaube daher nach Auer dreierlei beitragen[112]:

(1) Glaube und Bibel *inspirieren* die Suche nach ethischen Einsichten. Ihre Hoffnung auf eine bessere Welt motiviert dazu, sich nicht vorschnell mit Positionen zufriedenzugeben, die so sind, wie sie sind. Sie nährt vielmehr den Hunger nach einer Gerechtigkeit, die weit mehr ist als das, was derzeit erreicht ist.

(2) Glaube und Bibel *kritisieren* gesellschaftlich anerkannte ethische Urteile dort, wo diese zu wenig auf die Schwachen schauen. Sie bringen andere Perspektiven ein als jene, die gesellschaftlicher Mainstream sind.

(3) Glaube und Bibel *integrieren* gesellschaftlich anerkannte ethische Urteile in einen größeren Horizont. Denn sie bringen jede innerweltliche Herausforderung mit jenem Gott in Beziehung, an den sie glauben, und mit jener Vollendung der Welt, die sie erhoffen.

Natürlich wird man, über Auer hinausgehend, freimütig zuge-
stehen, dass es sich manchmal auch umgekehrt verhält: Dass
nämlich die säkulare Vernunft den Glauben inspiriert, kritisiert
und integriert. Denn mitunter verschließt sich die Glaubensgemeinschaft einer ehrlichen und unvoreingenommenen
Wahrnehmung der Welt und ihrer Möglichkeiten, ja sogar einer ehrlichen und unvoreingenommenen Wahrnehmung ihrer
eigenen Tradition. Und dann ist es die »Welt«, die ihr die Augen
öffnet. Das bekennt das II. Vatikanische Konzil sehr offen:

> »Wie es aber im Interesse der Welt liegt, die Kirche als gesellschaft-
> liche Wirklichkeit der Geschichte und als deren Ferment anzuerken-
> nen, so ist sich die Kirche auch darüber im Klaren, wieviel sie selbst
> der Geschichte und Entwicklung der Menschheit verdankt. Die
> Erfahrung der geschichtlichen Vergangenheit, der Fortschritt der
> Wissenschaften, die Reichtümer, die in den verschiedenen Formen
> der menschlichen Kultur liegen, durch die die Menschennatur im-
> mer klarer zur Erscheinung kommt und neue Wege zur Wahrheit
> aufgetan werden, gereichen auch der Kirche zum Vorteil.«[113]

Konkret: Alle Menschen guten Willens, die sich um einen gerechteren Umgang mit den Tieren bemühen, können vom Er-
fahrungsschatz der Kirche profitieren, wie er sich privilegiert in
der Bibel manifestiert. Aber umgekehrt kann auch die Kirche
von der Erfahrung jener Menschen profitieren, die sich um einen gerechteren Umgang mit den Tieren bemühen. Dann kann
sie auch freimütig zugeben, dass sie nicht immer den acht-
samen Umgang mit der Schöpfung und den Geschöpfen ge-
pflegt hat, den die Bibel ihr eigentlich ans Herz legt. Papst Franziskus bekennt in seiner Enzyklika:

»Wenn ein falsches Verständnis unserer eigenen Grundsätze uns auch manchmal dazu geführt hat, die schlechte Behandlung der Natur oder die despotische Herrschaft des Menschen über die Schöpfung … zu rechtfertigen, können wir Glaubenden erkennen, dass wir auf diese Weise dem Schatz an Weisheit, den wir hätten hüten müssen, untreu gewesen sind. Oftmals haben die kulturellen Grenzen verschiedener Zeiten dieses Bewusstsein des eigenen ethischen und geistlichen Erbes beeinträchtigt, doch gerade der Rückgriff auf dessen Quellen gestattet … besser auf die gegenwärtigen Bedürfnisse zu reagieren.«[114]

Welche Inspirationen, welche kritischen Impulse und welche Horizonterweiterungen kann uns die Bibel also für die Suche nach einem verantwortungsvollen Umgang mit Tieren geben? Diese Frage soll uns in diesem Kapitel leiten. Dabei konzentriere ich mich auf einige Schlüsseltexte: Die beiden biblischen Schöpfungserzählungen, die tierethischen Weisungen der Tora, die großen Linien im übrigen Alten Testament und schließlich zwei programmatische Texte des Markus- und Matthäusevangeliums. Vorläufig unberücksichtigt bleiben jene biblischen Texte, die die Frage nach der Erlösung der Tiere behandeln. Sie hebe ich für das letzte Kapitel dieses Buchs auf.

Die Tiere in der älteren Schöpfungserzählung (Genesis 2–8)

Gefährten und Schicksalsgenossen

Die historisch-kritische Auslegung der Bibel hat im Laufe des 20. Jh. erkannt, dass in den ersten Büchern der Schrift zwei Texte vorliegen, die aus verschiedenen Epochen der Geschichte Israels stammen und erst im 4. Jh. v. Chr. zu einem einzigen

Text verbunden wurden, wie er heute in den fünf Büchern Mose vorliegt. Der zweite dieser Texte wird »Priesterschrift« genannt, da er viel Aufmerksamkeit auf liturgische Vollzüge und Vorschriften legt und von einer Gruppe von Priestern geschrieben worden sein könnte. Er wird heute ins 6. oder 5. Jh. v. Chr. datiert, also in die Zeit während oder nach dem babylonischen Exil (587–538 v. Chr.). Der erste Text hingegen wird auf die Zeit vor dem babylonischen Exil datiert, also tendenziell ins 7. Jh. v. Chr. Für ihn ist heute die Bezeichnung »vorpriesterschriftliche Überlieferung« üblich. Zunächst soll diese ältere Quelle auf ihre tierethischen Implikationen analysiert werden.

Die vorpriesterschriftliche Erzählung beginnt mit einem kleinen paradiesischen Garten, den Gott mitten in der lebensfeindlichen Wüste anlegt (Gen 2,4b –25). Dorthin »setzt« er den Menschen und die Tiere (Gen 2,5.15), die er beide aus Lehm formt und denen er beiden den Lebensatem einhaucht. Die Tiere erschafft er dabei mit einer klaren Zielsetzung: Sie sollen dem einsamen Menschen eine Hilfe geben (Gen 2,18). Die gesuchte ebenbürtige Hilfe sind sie ihm zwar nicht, jedoch impliziert die Erzählung eine große Nähe und Ähnlichkeit zwischen Tier und Mensch, soll der göttliche Versuch nicht als Farce diskreditiert werden. Beide sind aus Erde geformt und ebenso beide beseelt vom *nefesch chajah*, vom lebendigen Atem. Beide sind sterblich (Gen 3,19), wobei auch für den Menschen zur Abfassungszeit des Textes keineswegs ein Weiterleben nach dem Tod erwartet wurde – den Tod sieht Israel zu dieser Zeit für Tier und Mensch als das natürliche Ende des Lebens. »Leben hat er nur, weil Gott ihm Lebensatem gestundet eingehaucht hat … Der Mensch als ›Staub‹ ist, streng logisch betrachtet, zu einem Leben ohne Tod überhaupt nicht fähig.«[115]

Durch die Namen, die der Mensch den Tieren gibt (Gen 2,19), wird eine enge Beziehung hergestellt: Soll der Name dem Wesen der Tiere Ausdruck verleihen, und darum geht es, muss der Mensch sie gut kennen. In der Namensgebung stellt Adam eine mehr als nur sachliche, zweckrationale Beziehung zu den Tieren her, weil er ihr Sosein erkennt und ihm Achtung schenkt. Die Namensgebung ist also keinesfalls als Beleg für eine Herrschaftsstellung des Menschen zu lesen, sondern steht für seine Befähigung zur Erkenntnis des Wesens der Tiere[116].

Mensch und Tiere sind einander Gefährten und Helfer, wenngleich die Tiere dem Menschen nicht ebenbürtig sind. Das ist allein die Frau, die Gott als krönenden Abschluss seines Tuns erschafft (Gen 2,21–25). Sie allein ist »Bein von meinem Bein und Fleisch von meinem Fleisch. Männin (*ischah*) soll sie heißen, denn vom Mann (*isch*) ist sie genommen.« (Gen 2,23) Gemeinsam mit dem Mann soll sie den Garten bebauen und behüten.

Die Erzählung lässt erkennen, dass der Garten, den Gott inmitten der lebensfeindlichen, ungeordneten Wüste anlegt, eine lebensfördernde Ordnung hat: Es gibt eine Mitte, in der ein Baum steht. Die Flüsse, die im Garten ihren Ursprung haben, fließen von dort in die vier Himmelsrichtungen und teilen den Garten in vier Bereiche (»Viertel«). Doch die Ordnung des Gartens, so förderlich sie ist, ist labil und verwundbar (Gen 2,9–17). Alles dürfen die Menschen nutzen, doch den Baum in der Mitte, der die Ordnung symbolisiert, dürfen sie nicht antasten.

Schon das nächste Kapitel erzählt, dass das erste Menschenpaar das Vertrauen Gottes missbraucht und die Ordnung des Gartens antastet: Adam und Eva essen von der verbotenen Frucht. Sie bringen den Garten aus seinem natürlichen Gleichgewicht. Die vorpriesterschriftliche Sündenfallerzählung demonstriert in Gen 3,14 eindrücklich, wie dadurch Beziehungen gestört werden: Feindschaft bzw. Widerständigkeit herrschen von nun an zwischen Mensch und Schlange, Mensch und

Lebensraum (Ackerboden, Disteln, Dornen), Mann und Frau. Die Sünde stört die ursprünglich von Gott gewollte und ermöglichte Lebensgemeinschaft im Garten. Der paradiesische Schöpfungsfrieden ist verloren.

Ähnlich ist auch die Sintfluterzählung zu verstehen, in der die priesterschriftlichen und die vorpriesterschriftlichen Texte zu einer einzigen Geschichte verwoben sind (Gen 6–8). Beide, vorpriesterschriftliche (Gen 6,5) und priesterschriftliche (Gen 6,13) Erzählung, interpretieren die Sintflut als Folge menschlicher Bosheit und Sünde: Wegen der »Schlechtigkeit der Menschen«, und weil die Erde »voller Gewalttat« ist, kommt die Flut, die nicht nur die TäterInnen, sondern die gesamte Schöpfung in ihrer Existenz bedroht. Die Sünde stört die Lebensordnung und bedroht das Überleben auch der Unschuldigen. Sie nimmt ihnen die Luft zum Atmen und den Raum zum Leben, sodass sie unterzugehen drohen. Nicht nur dem Menschen steht das Wasser bis zum Hals.

So wird Noach, der einzige Gerechte, beauftragt, von jeder Art Lebewesen zwei Exemplare mit in das Rettungsboot der Arche zu nehmen. Die Arche ist daher das Ursymbol der »schicksalhaften« Überlebensgemeinschaft von Mensch und Tier. Die Formulierung in Gen 8,1 »Da gedachte Gott an Noach und an alle (Wild-) Tiere und an alles Vieh« veranschaulicht, wie eng Mensch und Tier miteinander verbunden sind. Beiden gilt die schier grenzenlose Barmherzigkeit Gottes. Und so kann Noach zwei Vögel aussenden, die für alle Lebewesen in der Arche austesten, ob die Erde wieder bewohnbar ist. Rabe und Taube sind die ersten Versuchstiere der (biblischen) Geschichte, wenn auch die Versuche anders als in vielen modernen Labors harmlos und schmerzfrei stattfinden. Schließlich verspricht Gott feierlich:

»Ich will die Erde wegen des Menschen nicht noch einmal verfluchen; denn das Trachten des Menschen ist böse von Jugend an. Ich will künftig nicht mehr alles Lebendige vernichten, wie ich es getan habe. So lange die Erde besteht, sollen nicht aufhören Aussaat und Ernte, Kälte und Hitze, Sommer und Winter, Tag und Nacht.«
(GEN 8,21–22)

Die Tiere in der jüngeren Schöpfungserzählung (Genesis 1–9)

Mitbewohner und Bundespartner

Die jüngere Schöpfungserzählung der sogenannten Priesterschrift (Gen 1,1–2,4a) erzählt, wie Gott aus dem ursprünglich vorhandenen, lebensfeindlichen Chaos in sieben Tagewerken ein geordnetes Ganzes herstellt. Nach Gen 1,2 war die Erde nicht einfach inexistent, ehe Gott sein schöpferisches Werk begann, sondern »Tohuwabohu«, »Irrsal und Wirrsal«. Die Schöpfungstat Gottes im Sinne dieses Textes ist also nicht eine Erschaffung aus dem Nichts, sondern ein ordnendes Eingreifen in eine zuvor chaotische Masse. Leben ist nur möglich, wo Ordnung im Sinne von Scheidung und Unterscheidung herrscht. Das Chaos ist lebensfeindlich und -zerstörend.

Schon rein formal besteht zwischen den ersten drei Schöpfungswerken und jenen vom vierten bis sechsten Tag ein erheblicher Unterschied: Während es zuerst um drei Scheidungen vorhandener, vorher lebensbedrohlicher Wirklichkeiten geht (Licht von Finsternis, Wasser oben vom Wasser unten, Wasser unten vom Land), werden in der zweiten Wochenhälfte Wesen geschaffen, die zuvor nicht da waren. Jene geschiedenen Dinge werden von Gott benannt, die neu geschaffenen Wesen nicht. Inhaltlich geht es an den ersten drei Tagen um die vorberei-

tende Ordnung des Lebensraumes: »Sukzessiv wird … die Tödlichkeit der Urflut beseitigt, damit schließlich aus der Tohuwabohu-Erde eine nährende (!) Erde wird, die als Lebensraum für
die dann zu schaffenden Lebewesen dienen kann.«[117]

Der vierte Schöpfungstag ist wie der erste und siebte der
zeitlichen Ordnung des Lebensraumes gewidmet: Tages-, Wochen-, Monats- und Jahresrhythmus (repräsentiert durch
Sonne, Mond und Sabbat) werden als Schöpfungswirklichkeiten hervorgehoben, wobei die Woche als oberstes und zugleich sakrales Moment der zeitlichen Ordnung herausragt.

Die nächsten beiden Tage dienen sodann der Erschaffung der
Lebewesen: Der Tiere im Wasser, in der Luft und auf dem Land
einschließlich des Menschen. In der Gesamtgliederung der
sechs Tage entsprechen sich dabei die Lebensräume und die
sich in ihnen aufhaltenden Lebewesen: Die Lebewesen des
fünften Tages besiedeln die Lebensräume des zweiten Tages
und jene des sechsten Tages den Lebensraum des dritten Tages.
Dabei werden Lebensräume wie Lebewesen nicht nach einer
auf- bzw. absteigenden Linie (vom »niederen« zum »höheren«
Lebewesen oder umgekehrt) geordnet, sondern in konzentrischen Kreisen gemäß ihrer lebensräumlichen Nähe zum Menschen[118].

Für die Erzählung ist also die Unterscheidung von Lebensräumen und Lebewesen, »›Wohnraum‹ und ›Bewohnern‹« der
springende Punkt[119]. Tiere und Menschen werden gleicherma
ßen als BewohnerInnen der Lebensräume charakterisiert, erhalten den gleichen Vermehrungssegen und gleicherweise nur
die Pflanzen als Nahrung (wenn auch die Kulturpflanzen in
Gen 1,29 dem Menschen vorbehalten werden). Fleischverzehr
ist in dem von Gen 1 beschriebenen Idealzustand verboten.
Schon die erste Schöpfungserzählung entwirft also »als positive Utopie für den Umgang mit der Schöpfung ein friedliches

und gewaltfreies Verhältnis zwischen Mensch und Tier.«[120] Die Lebewesen leben in den ihnen zugeeigneten Lebensräumen, es ist genug Platz für alle, sie haben ausreichend Nahrung. »Dass das kostbarste Gut im Lebenshaus der Schöpfung das glückende Leben aller Lebewesen ist, entfaltet Gen 1,29 f mit einem Friedensbild, das wir gerade heute als fortschrittskritisches Paradigma meditieren und konkretisieren müssen … Der zentrale Punkt dieser Utopie ist ein Zusammenleben aller Lebewesen ohne Gewalt.«[121]

Es liegt dem Text viel daran, den Rhythmus der sieben Tage mit dem Sabbat als Höhe- und Schlusspunkt als eine von Anfang an in die Schöpfung hineingelegte Ordnung Gottes zu erklären. Die Sabbatruhe am siebten Tag ist keine pure Konvention, sondern entspricht dem »Wesen« alles Lebendigen. Dass Gott den Sabbat segnet (Gen 2,3), bewirkt »die fortdauernde, lebensförderliche Gültigkeit dieser Ordnung«[122]. Deshalb gilt der Sabbat nicht nur dem Menschen, sondern der ganzen Schöpfung. Er ist überdies Ruhe- und Kulttag zugleich: Aufatmen und Zu-sich-selbst-Kommen sowie das Lob Gottes durch alle Geschöpfe gehören untrennbar zusammen. Der Sabbat, nicht der Mensch ist die »Krone der Schöpfung« (siehe Schaubild S. 116).

Was aber ist die *Rolle des Menschen*, wenn er in der Logik dieses Textes nicht als »Krone der Schöpfung« tituliert werden kann? Zunächst wird er als *Ebenbild Gottes* bezeichnet. Diese Aussage, die begrifflich nur in den Texten der Priesterschrift erscheint (Gen 1,26–27; 5,1; 9,6), fasst wie in einem Brennglas die wesentlichen Charakteristika der biblischen Sicht des Menschen zusammen und kann zurecht als »Spitzenaussage alttestamentlicher Anthropologie«[123] bezeichnet werden. Nach altorientalischer Vorstellung wurde Gottebenbildlichkeit nur den Königen zugesprochen. Diese hatten einerseits die Vollmacht, im Namen der Gottheit innerhalb ihres Reiches ungehindert zu

1. Tag: Zeitrhythmen	Tag und Nacht	
	2. Tag: Lebensraum	Wasser und Himmel
	3. Tag: Lebensraum	Erde und Pflanzen
4. Tag: Zeitrhythmen	Sonne und Mond	
	5. Tag: Lebewesen	Wasser- und Flugtiere
	6. Tag: Lebewesen	Landtiere und Menschen
7. Tag: Zeitrhythmen	Sabbat	

Schaubild: *Genesis 1 – Gliederung nach Erich Zenger 1983,200*

walten (und waren in diesem Sinne dann »Abbild« der Gottheit auf Erden), andererseits aber waren sie die vor dieser Gottheit Verantwortlichen. Aus vielen, auch außerbiblischen Texten geht hervor, dass sie wie Hirten für ihr Volk sein sollten (vgl. zum Beispiel Ez 34,23) – und daran wurden sie auch gemessen. Wenn nun das erste Kapitel der Bibel allen Menschen die Gottebenbildlichkeit zuspricht – Männern wie Frauen – und zudem ihren Wirkungsbereich auf die ganze Welt ausdehnt, dann heißt das: Im Haus der Schöpfung sind alle Menschen als KöniglInnen eingesetzt, mit der unmittelbaren, von Gott geschenkten Vollmacht, dieses Haus zu gestalten, aber ebenso mit der unabweisbaren Verantwortung, wie HirtInnen für die Gemeinschaft aller Lebewesen fürsorglich da zu sein. Daher scheint es nur logisch, dass der Herrschaftsauftrag des Menschen über die Tiere keineswegs deren Tötung legitimiert.

In der schöpfungstheologischen Debatte der letzten Jahrzehnte hat es sich eingebürgert, den Begriff der Gottebenbildlichkeit mit »Haushalterschaft« zu übersetzen. Der englische

Begriff »stewardship« wurde bereits 1677 (!) durch Matthew Hale erstmals in die schöpfungsethische Debatte eingebracht und stand schon damals der Titulierung »Meister und Besitzer der Natur« von René Descartes 1637 entgegen. Nach einem Dornröschenschlaf von fast 300 Jahren wurde der Begriff in den letzten Jahrzehnten wieder ausgegraben[124]. Seitdem hat er sich als Standardbegriff eingebürgert. So lässt sich zusammenfassen: Gottebenbildlichkeit meint die »tätige Verantwortung des königlichen Menschen als des Sachwalters Gottes für die gesamte Schöpfungswelt in der Kraft des göttlichen Segens«[125].

Nun wird aber in Gen 1,28 der Auftrag des Menschen gegenüber den Tieren mit relativ hart klingenden Worten beschrieben: »unterwerft sie und herrscht!« Hier sind drei Aspekte zu bedenken: Erstens heißt es im Hebräischen »unterwerft sie« und nicht, wie vielfach übersetzt wird, »unterwerft sie *euch*!« Der Mensch soll die Tiere nicht für sich unterwerfen, sondern um eines guten, einträglichen Zusammenlebens aller Tiere willen. Sinngemäß könnte man ergänzen: »unterwerft sie Gott und seiner Schöpfungsordnung«. Zweitens steht für »unterwerfen« im Hebräischen das Verb *kabasch*, wörtlich übersetzt: seinen Fuß auf etwas setzen. Der Begriff spielt auf das altorientalische Ritual der Lehensannahme an. Der Lehensnehmer übernahm die Verantwortung für das Lehen in dem Moment, in dem er den Fuß darauf setzte. Wiederum ist der Mensch also nicht »Meister und Besitzer«, sondern Empfänger einer Leihgabe zu treuen Händen, die er irgendwann wohlbehalten zurückgeben soll. Drittens ist vom Herrschen über die Vögel des Himmels, die Tiere des Meeres und die Tiere der Erde die Rede. Wiederum ist dieses Herrschen als eine ordnende Fürsorge zu verstehen. Der Mensch trägt die Verantwortung dafür, dass keinem Tier der ihm zugedachte Lebensraum genommen wird – weder durch ein anderes Tier noch durch einen Menschen.

Die Sintfluterzählung, in der die priesterschriftlichen und die vorpriesterschriftlichen Texte zu einer einzigen Geschichte verwoben sind, ist bereits dargestellt worden. Neu ist in der priesterschriftlichen Erzählung der Abschnitt vom *Bundesschluss Gottes mit Noach und allen Geschöpfen* (Gen 9,1–17): Als Noach nach dem Ende der großen Flut die Arche verlässt, so heißt es, schließt Gott einen Bund – mit ihm, mit seinen Nachkommen »und mit allem, was lebt auf der Erde« (Gen 9,9 f; vgl. Hos 2,20 f). Gott, Mensch und Tier werden BundesgenossInnen. Jedoch ist der Bund nicht so harmonisch wie der anfängliche Schöpfungsfrieden in Gen 1: Über die Tiere werden sich Furcht und Schrecken vor dem Menschen legen, das vorherige Vertrauensverhältnis ist gestört (Gen 9,2). Dem Menschen, über den zweimal der Mehrungssegen gesprochen wird, ist es fortan erlaubt, Tiere zu Nahrungszwecken zu schlachten und zu essen. Allerdings darf er sie nicht bis zum letzten Blutstropfen ausnutzen (Gen 9,3–4): Das Blut muss er beim Schlachten wegschütten – ein tiefes Symbol der Ehrfurcht. Das Töten von Menschen bleibt weiterhin strikt verboten, jedoch rechnet die Bibel offensichtlich mit Verletzungen dieses Gebotes. So ist der Noachbund ein Abkommen, das mit der Sündigkeit und Gewalttätigkeit des Menschen rechnet und sie so gut wie möglich einzugrenzen versucht – zum Schutz von Mensch und Tier. Denn nie wieder, so verspricht es Gott, soll es eine alles zerstörende Flut geben (Gen 9,11).

Die Tiere in den Weisungen der Tora

Adressaten der Gerechtigkeit

Die Tora, also die ersten fünf Bücher der Bibel, enthält über zwanzig Gebote, die die Tiere betreffen. Das ist nicht wenig. Natürlich kann aus ihnen allein keine Tierethik entworfen werden. Aber gewisse Grundorientierungen im Umgang mit Tieren zeichnen sich unmissverständlich ab. Diese manifestieren eine doppelte Perspektive: Einerseits sind domestizierte Tiere ein wertvoller Besitz des Menschen, andererseits haben alle Tiere – wildlebende wie domestizierte – eine eigene Bedeutung als gerecht zu behandelnde Mitgeschöpfe.

Der erste Aspekt, dass domestizierte Tiere ein *Besitz des Menschen* sind, wird zum Beispiel angesprochen, wenn es um haftungsrechtliche Fragen geht, sei es im Falle verloren gegangener, verletzter oder zu Tode gekommener Haustiere (Gen 31,39; Ex 21,33–34.37; 22,9–14), sei es im Falle von Schäden, die domestizierte Tiere verursacht haben (Ex 21,28–32.35 f; Ex 22,4). Auch die Verpflichtung, dem unter seinen übergroßen Lasten zusammengebrochenen Esel des Feindes zu helfen (Ex 23,5), ist eher nicht aus Sorge um das Tier, sondern um dessen Besitzer erwachsen: »Die wirtschaftliche Existenz des Feindes wäre gefährdet, wenn er den Esel verlieren würde, von dessen Arbeitskraft er abhängig ist.«[126]

Der zweite Aspekt, dass Tiere *um ihrer selbst willen gerecht zu behandeln* sind, nimmt wesentlich breiteren Raum ein. Paradoxerweise beginnt die Liste mit der Feststellung, dass über domestizierte, aber gewalttätige Tiere die Todesstrafe durch Steinigen verhängt werden soll (Ex 21,28–32). Die Bibel, die noch keine Unterscheidung von Strafunmündigen und Strafmündigen kennt, behandelt Tiere als »moral agents«, also als verantwortliche Handlungssubjekte – etwas, das wir heute sicher nicht mehr tun würden. Darüber hinaus kommen folgende Themen zur Sprache:

- Schutz von Tiereltern und ihren Jungen vor übermäßiger Belastung: Junge sollen wenigstens sieben Tage bei der Mutter bleiben, ehe sie geschlachtet werden (Ex 22,29; Lev 22,27). Elterntiere sollen nicht gleichzeitig mit ihren Jungen getötet werden, weder beim Nutztier (Lev 22,28) noch beim Wildtier (Dtn 22,6–7). Wenn man den Elterntieren schon ihre Jungen nimmt, dann soll man wenigstens sie selber am Leben lassen. Das Alte Testament weiß also um die besondere Schutzwürdigkeit von Brut, Geburt und Aufzucht der Nachkommen.

- Verbot des sexuellen Umgangs des Menschen mit Tieren (Ex 22,18; Lev 18,23) und der Kreuzung unterschiedlicher Tiergattungen untereinander (Lev 19,19): Diese auch in anderen Bereichen, zum Beispiel im Ackerbau oder bei der Herstellung von Textilien, zu beobachtende Vorstellung, dass man unterschiedliche Spezies nicht vermischen darf, ist für das Alte Testament mit seinem stark symbolischen Denken ein extrem wichtiges Gebot, um die Schöpfungsordnung Gottes zu wahren.

- Verbot des gleichzeitigen Anschirrens unterschiedlicher Tierarten vor denselben Karren (Dtn 22,10): Zunächst könnte auch dieses Gebot unter die zuletzt genannte Logik des Vermischungsverbots gerechnet werden. Es könnte aber auch ein unmittelbar tierethisches Motiv haben, dass nämlich im Falle unterschiedlicher Spezies vor einem Karren immer eines der beiden Zugtiere das schwächere ist und überfordert wird.

- Sicherung anständiger Arbeitsbedingungen für das Tier (Dtn 25,4): »Du sollst dem Ochsen, der drischt, nicht das Maul verbinden.« Harte Arbeit soll mit guter Ernährung belohnt werden – beim Menschen ebenso wie beim Tier.

- Mahnung zur Vorsicht beim Schlagen von Tieren: In den normativen Weisungen der Tora ist das Schlagen von Tieren kein Thema. Als Erziehungsmittel war es, im rechten Maße eingesetzt, damals ebenso akzeptiert wie das Schlagen schutzbefohlener Menschen. Jedoch erzählt Num 22,23–34 die wundervolle Geschichte vom Propheten Bileam, der seinen Esel dreimal schlägt, weil er ihn irrtümlich für störrisch hält. Der Esel aber hat etwas gesehen, was Bileam entgangen ist, und hat sich damit als der verständigere der beiden erwiesen. Als Bileam das erkennt, fällt er vor dem Esel auf die Knie und bittet um Vergebung.

- Begrenzung der Tierschlachtung durch das Blutritual (s. o. *Das Schächtritual als tierethisch bedeutsames Symbol*, ab S. 188): Grundsätzlich ist die Schlachtung von Tieren zum Fleischverzehr durch die Noacherzählung erlaubt. Gleichwohl wird mit dem Schächtritual, gemäß dem das Blut des Tieres vollständig ausfließen muss, eine spürbare Hemmschwelle gesetzt. Der Mensch soll sich überlegen, ob er das Tier wirklich töten muss. Und wenn er es tut, bleibt die Tötung allemal rechtfertigungspflichtig.

- Teilgeben am Überfluss des Sabbatjahres (Ex 23,11; Lev 25,7): Jedes siebte Jahr ist in Israel ein Sabbatjahr, in dem die Felder brach liegengelassen werden. Was dennoch auf den Feldern wächst, sollen die armen Menschen und die wilden Tiere ernten. Auch oder besser gerade sie sollen etwas von dem Überfluss erhalten, mit dem Gott sein Volk beschenkt.

- Gleichberechtigte Ruhe am Sabbat: Die wohl älteste Formulierung des Sabbatgebotes in Ex 34,21 kennt noch keine explizite Geltung für Tiere und sozial niedrig gestellte Menschen. Doch schon in Ex 23,12 und erst recht in den (nach-) exilischen Texten Dtn 5,12–15 und Ex 20,8–11 gilt der Sabbat auch für die beim Pflügen und Dreschen, und anderen Arbeiten eingesetzten Tiere. Wie die Menschen haben auch die Tiere ein Anrecht auf Ruhe und Erholung. Wie die Menschen sollen auch sie an diesem Tag »zu Atem kommen« (Ex 23,12). Eine eminent wichtige Vorschrift, die sich direkt gegen die ökonomische Dynamik wendet, immer mehr zu produzieren und menschliche wie tierliche Arbeitskräfte dafür auszubeuten.

Das Sabbatgebot ist die Krone sämtlicher Gebote der Tora und der Sabbat selbst in Gen 2,1–4a die Krone der gesamten Schöpfung. Wenn die Tiere auch in dieses Gebot einbezogen sind, dann zeigt das, wie selbstverständlich die Bibel ihnen einen Rechtsstatus zuerkennt: »Das Tier steht also unter dem Schutz des Gesetzes wie der rechtsschwache Mensch.«[127] »Der Gerechte weiß, was sein Vieh braucht.« (Spr 12,10)

Die Tiere im übrigen Alten Testament

Intelligent und zugleich bedrohlich

Insbesondere in den späten, weisheitlichen Texten der Bibel werden die Tiere mit ihrer Intelligenz dargestellt[128]: So rühmt Spr 6,6–8 die Klugheit der Ameise, die im Sommer Vorräte für den Winter anlegt. Spr 30,24–28 betont, dass Ameise, Klippschliefer, Heuschrecke und Eidechse ihren Mangel an Größe und Stärke durch ein besonderes Maß an Weisheit wettmachen. Hahn und Ibis werden ebenfalls als weise beschrieben (Ijob 38,36). Zugvögel kennen die Zeit ihrer Rückkehr, Rind und Esel ihren Herrn und ihre Futterkrippe und sind damit einsichtiger als der Mensch, der die Gebote Gottes ignoriert (Jer 8,7; Jes 1,3). Anders als bei Descartes wird also nicht die Intelligenz der Tiere bestritten, sondern die des Menschen.

Zugleich kennt die Bibel die Tiere auch als Bedrohung für den Menschen[129]: Vor allem von den Raubtieren gehen Gefahren aus (Gen 37,33; Ex 23,29–30; 1 Kön 13,24; 2 Kön 17,25). In Gerichtsdrohungen tauchen häufig wilde Tiere auf und erscheinen als Gerichtswerkzeuge Gottes (Lev 26,22; Dtn 28,26; 32,24; Jer 7,33; 16,4; Ez 14,15). Aber auch einzelne Tierspezies werden als gefährlich angesehen: Wildschweine (Ps 80,14), Heuschrecken (Am 4,9; Am 7,1–3; Hos 2,14; Joel 1,4), Füchse (Hld 2,15), Löwen (Ez 34,5.8) und Schlangen (Gen 3,14–15) sowie Massenplagen von Fröschen (Ex 7,26–8,11), Insekten (Ex 8; Weish 19,10), Mäusen (1 Sam 6,4–18) und Würmern (Dtn 28,39; Jona 4,7; Bar 6,20).

Ein großartiges Lob Gottes drücken zwei biblische Texte aus, die detailliert seine mütterliche, aufmerksame Fürsorge für alle Tiere darstellen: Für jedes Tier sorgt der Schöpfer nach dessen individuellen Bedürfnissen (Ps 104; Ijob 38,39–39,30). Das betrifft Lebensraum und Nahrung, aber auch die Möglichkeit zum Nestbau und vieles andere. Mit großer Liebe zum Detail beschreiben die beiden Texte diese mütterliche Fürsorge des Schöpfers.

Tierethische Impulse im Neuen Testament

Das Neue Testament ist für die Belange der Tiere weit weniger aufmerksam als das Alte Testament. Das ist allerdings kein Beweis für eine irgendwie geartete Geringschätzung der Tiere. Vielmehr tritt die Ethik insgesamt zurück und macht Jesu Botschaft von der angebrochenen Gottesherrschaft Platz. Es geht weniger um einen Anspruch als um einen Zuspruch für den Menschen. Der Indikativ spielt die Hauptrolle, nicht der Imperativ. Dennoch gibt es zwei Textstellen, die für die nachfolgend zu entfaltende christliche Tierethik eine Schlüsselrolle spielen: Mk 1,12–15 lautet:

> »Danach trieb der Geist Jesus in die Wüste. Dort blieb Jesus vierzig Tage lang und wurde vom Satan in Versuchung geführt. Er lebte bei den wilden Tieren und die Engel dienten ihm. Nachdem man Johannes ins Gefängnis geworfen hatte, ging Jesus wieder nach Galiläa; er verkündete das Evangelium Gottes und sprach: Die Zeit ist erfüllt, das Reich Gottes ist nahe. Kehrt um, und glaubt an das Evangelium!«

Diese Sätze, die unmittelbar nach der Erzählung von der Taufe Jesu im Jordan angesiedelt sind, haben im Markusevangelium programmatischen Charakter. Jesus geht in die Wüste und lebt dort mit den wilden Tieren zusammen. Damit verwirklicht er das, was dem ersten Menschen im Paradies nicht gelungen ist. Er ist der neue Adam, der wahre Mensch, dessen Menschlichkeit die wilden Tiere zähmt. In Jesu Gegenwart legen sie ihre Bedrohlichkeit ab und werden friedlich. Das können sie aber nur, weil Jesus ihnen anders begegnet als Adam. Der erste Mensch hat, wie wir sahen, mit dem Sündenfall auch die Beziehung zu den Tieren massiv gestört. Seither ist sie spannungsgeladen und konfliktbehaftet. Jesus aber kommt selbst unter den Extrembedingungen der Wüste gut mit den wilden Tieren aus.

Nun ist mit der Christus-Adam-Parallele aber erst das halbe Potenzial dieser Stelle ausgeschöpft. Denn anschließend heißt es unmittelbar: »Die Zeit ist erfüllt, das Reich Gottes ist nahe.« Für Markus heißt das: Wo ein Mensch mit den Tieren in Frieden lebt, ist Gottes Herrschaft angebrochen. »Reich Gottes«, das meint eine Wirklichkeit, die nicht nur die Menschen umfasst, sondern alle Geschöpfe. Im Vater Unser »Dein Reich komme«

beten heißt dann, um den Frieden zwischen Mensch und Mensch, Mensch und Tier, Mensch und Schöpfung beten. Überall, wo vom Reich Gottes die Rede ist – und das ist bei Jesus wie in der heutigen Kirche sehr oft der Fall –, sind die Tiere mit in den Blick zu nehmen. Ohne sie ist das Reich Gottes zumindest für Markus nicht vollständig.

Eine zweite Stelle, die für den Entwurf einer christlichen Tierethik höchste Bedeutsamkeit hat, ist Mt 7,12: »Alles, was ihr also von anderen erwartet, das tut auch ihnen! Darin bestehen das Gesetz und die Propheten.« In diesem Satz der Bergpredigt zitiert Jesus die sogenannte »Goldene Regel« in ihrer positiven Fassung. Und er behauptet: Wer diese Regel allezeit beherzigt, der erfüllt damit alles, was das Gesetz, also die Tora, und die Propheten gefordert haben.

Warum ist diese These von so großer Bedeutung? Nun, vor allem die Tora umfasst, wie wir gesehen haben, eine Reihe tierethischer Vorschriften. Der Evangelist Matthäus behauptet also nicht weniger als dass sich auch eine Tierethik aus der Goldenen Regel ableiten lässt. Das ist eine starke Behauptung. Denn von Tieren können wir keine gerechte oder fürsorgliche Behandlung erwarten. Tiere können sich uns Menschen gegenüber höchstens in seltenen Konstellationen »ethisch« verhalten. Und jene Tierarten, denen wir ein solches anfanghaft moralisches Verhalten über Artgrenzen hinweg am ehesten zuschreiben würden, sind nicht unter denen, die die Tora in ihren Geboten nennt.

Daher muss der Satz anders verstanden werden, nämlich so: »Alles, was ihr also von anderen erwarten würdet, wenn ihr in der Situation eines anderen Menschen oder Tieres wäret, das tut diesem! Darin bestehen das Gesetz und die Propheten.« Der Mensch soll sich gedanklich und emotional in den anderen Menschen oder das Tier hineinversetzen, um eine klare Handlungsanweisung zu erhalten, wie man sich diesem gegenüber verhalten soll. Die Artgrenze ist keine Grenze für die menschliche Verantwortung und Phantasie. Der Mensch hat die Fähigkeit, sich mit seiner Empathie in ein nichtmenschliches Wesen hineinzuversetzen – jedenfalls so weit, dass er daraus eine hinreichende Handlungsorientierung ableiten kann. Und das verpflichtet ihn. Eine christliche Tierethik, so Matthäus, ist aus vertragstheoretischen Überlegungen begründbar und herleitbar, wie wir im nächsten Kapitel sehen werden.

Biblische Impulse für die Tierethik

Welchen Ertrag bringt der Durchgang durch die biblischen Texte? Welche Inspirationen, Kritiken und Horizonterweiterungen kann die Bibel der säkularen Vernunft bereitstellen, die nach einer Tierethik sucht? In sechs Aspekten möchte ich diesen zusammenfassen:

(1) Ethisches Handeln braucht ein utopisches Ziel, an dem es seine konkreten Normen ausrichten und an das es diese Schritt für Schritt heranführen kann. Für die Bibel ist diese Utopie das gewaltfreie Zusammenleben zwischen Mensch und Tier, wie es in den beiden Schöpfungserzählungen eindrücklich beschrieben wird.

(2) Noch aber sind wir auf dem Weg. Die Ressourcen an Lebensraum und Lebensmitteln sind knapp, Mensch und Tier stehen oft in Konkurrenz zueinander. Sie müssen sich den engen Lebensraum des kleinen Boots der Arche miteinander teilen.

(3) Diese Notwendigkeit zum Teilen kann mitunter einschneidende Opfer verlangen – auf beiden Seiten, beim Tier wie

auch beim Menschen! Im Extremfall, so die Bibel, kann das das Opfer des eigenen Lebens bedeuten. Die Tötung von Tieren kann nicht ausgeschlossen werden.

(4) Aber jedes Opfer beider Seiten muss am Maßstab der Gerechtigkeit gemessen werden. Menschen als moral agents sollen Menschen und Tiere als moral patients gerecht behandeln. Gerechtigkeit, der Schlüsselbegriff alttestamentlicher Ethik, endet nicht an den Grenzen der menschlichen Spezies. Auch Tiere haben Anspruch auf gerechte Behandlung.

(5) Tiere sind also aus biblischer Perspektive keine reinen »Sachen«, erst recht keine »Instrumente« oder »Maschinen«, sondern AdressatInnen der Gerechtigkeit und BundespartnerInnen des Schöpfers. Der Mensch hat ihnen gegenüber direkte Pflichten.

(6) Der Mensch ist weder die Krone – die ist in Gen 1,1–2,4a der Sabbat – noch der Mittelpunkt der Schöpfung – das ist in Gen 2,4b-25 der Baum in der Mitte des Gartens. Vielmehr ist der Mensch Haushalter, dem die Schöpfung als Leihgabe anvertraut ist, die er hegen und pflegen soll – einschließlich aller menschlichen und nichtmenschlichen BewohnerInnen dieses Lebenshauses.

»Die Bibel hat nur dieses anthropozentrische Weltbild. Eine Ethik, die Rücksicht auf die Tiere nehmen würde, findet man in der Bibel nicht.« (Eugen Drewermann) Eine falschere Aussage kann man kaum machen. Anthropozentrisch war die vernunftfixierte Philosophie der Griechen, und in ihrem Gefolge leider auch die Kosmologie der Kirche. Dort findet man tatsächlich keine Ethik, die direkte Rücksicht auf Tiere nehmen würde. In der Bibel aber schon.

TIERE ALS WÜRDEN-TRÄGER
Der Ansatz der Gerechtigkeit

Seit 2006 findet alljährlich am Karsamstag in einer österreichischen oder bayerischen Großstadt eine »Kreuzigungsaktion für Tierrechte« statt. In Anlehnung an katholische Karfreitagsprozessionen werden drei fast nackte, »bluttriefende«, als Kuh, Schwein und Huhn verkleidete KreuzträgerInnen mit Peitschen, Stöcken und Fleischerbeilen durch die Stadt getrieben, ehe man sie am Ziel des Weges »kreuzigt«. »In provokanter Form soll so demonstriert werden, dass der christliche Gott auch ein Gott der Tiere ist, dass seine Inkarnation in Jesus als Tier zu denken ist und dass auch die Tiere eine Seele haben und am jüngsten Tag erlöst werden.«[130] Eine Parallele dazu bietet die sehenswerte »Via dolorosa« der Künstlerin Deborah Sengl von 2012. In den klassischen 14 Kreuzwegstationen ersetzt sie die Figur Jesu durch ein Huhn und macht damit auf die Verbindung zwischen dem Leiden Jesu und dem Leiden von Tieren in der Intensivtierhaltung aufmerksam[131].

Zweifelsohne sind die Aktionen der TierrechtlerInnen und das Kunstwerk Sengls Provokationen und wollen es sein. Ob sie jemandem ästhetisch gefallen, ist eine Geschmacksfrage, über die man nicht diskutieren kann. Rein sachlich kann man als glaubendeR ChristIn allerdings in zweierlei Weise auf diese Provokationen reagieren: Man kann sich dagegen wehren und im Extremfall sogar Strafanzeige wegen Herabwürdigung religiöser Lehren stellen, wie es im Blick auf die Kreuzigungsaktion bereits mehrmals (erfolglos) geschah. Man kann die Aktionen aber auch als »Provokationen« im besten Sinne annehmen, nämlich als Impulse, die wörtlich übersetzt »herausrufen« und herausfordern: zur Formulierung einer theologisch solide begründeten und in sich konsistenten christlichen Tierethik. Und genau das möchte ich im Folgenden tun.

Wir sind damit am Kern dieses Buchs und stehen vor der Herausforderung einer Zusammenführung der bisher gesammelten Daten: Der Entwurf einer christlich-theologischen Tierethik muss die naturwissenschaftlichen Fakten über die Fähigkeiten und die individuelle Einzigartigkeit jedes einzelnen Tieres aufgreifen; er darf die Augen vor den Rücksichtslosigkeiten einer durchökonomisierten Tiernutzung nicht verschließen; er muss mit den Eckdaten der Bibel übereinkommen und zugleich einen philosophisch und theologisch gut begründeten Ansatz liefern, wie der verantwortungsbewusste Umgang mit Tieren zu denken ist.

Der Pionier einer modernen christlichen Tierethik ist zweifelsohne Andrew Linzey. Bereits 1976 erschien sein erstes Buch zur Tierethik unter dem Titel »Animal Rights. A Christian Assessment«. Das war fast zeitgleich mit der ersten Monografie »Animal Liberation« von Peter Singer 1975 und lange vor der ersten Monografie »The Case for Animal Rights« von Tom Regan 1983. Seitdem hat Linzey zahllose Monografien und Artikel zu tierethischen Themen publiziert. Sie enthalten wertvolle Einzelanalysen und bewundernswert geduldige Auseinandersetzungen mit Gegenargumenten. Daneben hat sich Linzey mit der Gründung seines »Oxford Centre for Animal Ethics« wissenschaftspolitisch engagiert, um das Thema Tierethik in Forschung und Lehre breiter zu verankern und die vorhandenen theologischen und philosophischen ExpertInnen weltweit zu vernetzen. Was jedoch in Linzeys Werk und darüber hinaus in der gesamten theologischen Landschaft bisher fehlt, ist ein Gesamtkonzept christlicher Tierethik, das in sich schlüssig ist und auf reflektierte Weise Glaube und Vernunft verbindet.

Mein hier vorgelegter Versuch kann also nur auf Bruchstücke und Einzelgedanken bisheriger Veröffentlichungen zurückgreifen. Ob der daraus entwickelte Gesamtversuch überzeugend ist, wird sich an seiner Rezeption erst noch zeigen müssen. Er sei gleichwohl gewagt. Sieben Schritte soll er gehen: Zunächst soll der moralische Status der Tiere als Würden-TrägerInnen begründet und untermauert werden. Dann skizziere ich die Grundsätze einer auf Tiere erweiterten Gerechtigkeitstheorie. In dieser spielt die Tugend der Empathie eine besondere Rolle, die eigens analysiert werden soll. Schließlich wird die klassische Gerechtigkeitsvorstellung entlang dreier Bestimmungen auf Tiere hin konkretisiert: Gerechtigkeit als Geben und Nehmen, als Abwägen konfligierender Interessen und als Vergleichen unterschiedlicher Lebenssituationen. Eine Zusammenfassung schließt das Kapitel ab.

Die geschöpfliche Würde der Tiere

»Die Würde des Schweins ist unantastbar« – so heißt ein Lied des Liedermachers Reinhard Mey[132]. Darin beschreibt der erklärte Vegetarier mit gewohnter Treffsicherheit den tristen und qualvollen Lebenslauf eines Schweins in der Massentierhaltung von der Geburt bis zur Schlachtung. Am Ende jeder Strophe kehrt der Titelsatz refrainartig wieder: »Die Würde des Schweins ist unantastbar«.

Was das Lied ungeheuer treffend spiegelt, ist die Leitfunktion, die dem Würdebegriff zukommt. Im Blick auf den Menschen prägt er das moderne Ethos in einzigartiger Weise. Zwar lassen sich aus dem Begriff der Menschenwürde direkt keine konkreten Ge- oder Verbote ableiten. Wohl aber ist der Gedanke der Menschenwürde der leitende Horizont, auf den hin die Menschenrechte perspektivisch ausgerichtet sind. Darüber hinaus entfaltet der Begriff der Menschenwürde tugendethisch (Achtung, Respekt) und im Sinne der Motivation (würdiger Umgang) unschätzbare Kräfte. Aus der gegenwärtigen Diskussion ist er nicht wegzudenken. In diesem Sinne möchte ich das Lied Reinhard Meys verstehen: Der Würdebegriff könnte, sofern sich seine analoge Anwendung auf Tiere ausreichend begründen lässt, eine Leitfunktion für die gesamte Tierethik haben.

Was also meint es, wenn im Folgenden von geschöpflicher Würde gesprochen wird? Mit dem Begriff ist an einen Wert gedacht, der dem betreffenden Lebewesen vorab zu jeder Wertung durch den Menschen zukommt, der also unabhängig von menschlicher Ästhetik und Nutzenkalkulation ist. Wer Würde besitzt, hat Eigenständigkeit und Selbstzwecklichkeit[133]. Er geht nicht in der Beziehung auf ein anderes Seiendes auf. Wir haben ihm gegenüber direkte Pflichten[134]. Er ist ein »moral patient«, hat einen moralischen Status a priori und verdient moralische Beachtung[135]. Er steht nicht beliebig zur Disposition, sondern ist zunächst und zuerst unverfügbar.

▸ Die Vorab-Unverfügbarkeit impliziert nicht das generelle Verbot der Nutzung menschlicher oder nichtmenschlicher Lebewesen, wie der *Tierrechts-Ansatz* meint. Sie schließt allein die pure Reduktion auf den Nutzen aus.

▸ Die Forderung einer geschöpflichen Würde gründet im Gegensatz zu *pathozentrischen Ansätzen* nicht auf aktuellen »Interessen« irgendwelcher, beliebig austauschbarer Lebewesen, sondern auf der Anerkennung des inhärenten Werts jedes einzelnen, unersetzlichen und einzigartigen Individuums.

▸ Die Forderung geschöpflicher Würde bedeutet keine Einebnung der Unterschiede zwischen Mensch und Tier, wie

AnthropozentrikerInnen fürchten. Es geht einzig darum, dass man dem Tier ebenso wie dem Menschen moralische Beachtung schenkt. Die Frage, wie und in welchem Sinne das geschehen soll, lässt sich aus dem Würdebegriff nicht ablesen, sondern muss auf anderem Wege geklärt werden.

Wie lässt sich die Zuschreibung geschöpflicher Würde an nichtmenschliche Lebewesen begründen? Das ist die entscheidende Frage. Einige Begründungsmuster sollen im Folgenden aufgerollt und besprochen werden, und zwar zunächst philosophische, dann theologische[136].

Philosophisch kann Folgendes gesagt werden: Jedes Lebewesen

▶ hat ein ihm eigenes Gut: Die Entfaltung seiner Lebensmöglichkeiten. Es ist damit »Zentrum eines Lebens«[137].

▶ ist Subjekt von Zwecken, die es selbst setzt und die seine Zwecke sind[138].

▶ verhält sich zu seinen Zwecken und strebt danach, sie zu realisieren. Damit verwirklicht es analog verstanden so etwas wie »Freiheit«[139].

▶ besitzt eine »subjektive Unmittelbarkeit«. Es erlebt und »genießt« Dinge seiner Umwelt im Hier und Jetzt. Das tut es wertend und auswählend und ist folglich ein »Zentrum der Wertschätzung und Vorzugsentscheidung«. Es ist in sich selbst wertvoll (valuable), weil es fähig ist zu werten (able to value)[140].

▶ ist einzigartig und unersetzbar[141].

Diese Argumente sind als »naturphilosophisch« oder »naturrechtlich« zu betrachten. Denn sie rekurrieren allesamt auf die den Lebewesen gemeinsame »Natur« und deren Grundstrukturen. Zwecke zu haben und zu setzen, zu verfolgen und zu verwirklichen, zu erleben und zu bewerten sind existenzielle Grundvollzüge der Lebewesen, die zu ihrer »Natur« gehören. Ob dies aus rationaler Überlegung heraus geschieht, aus sinnengesteuertem Streben oder aus einer rein vegetativen Dynamik, ist zweitrangig. Deswegen sind nach der hier vertretenen Tierethik auch nicht nur Tiere mit besonders großer Intelligenz »Subjekte eines Lebens«, sondern alle Tiere, ja alle Lebewesen einschließlich der Pflanzen.

Daher sind die Unterschiede der Subjekthaftigkeit zwischen Menschen, Tieren und Pflanzen nur graduell und quantitativ, nicht prinzipiell und qualitativ. Der garstige Graben, der in den klassischen Ansätzen der Tierethik immer tiefer wurde, je weiter man ihn zugunsten der Tiere verschob, wird damit erstmals überwindbar. Das geht aber nur, wenn auch »unterhalb« der Tiere kein Graben gezogen wird, sondern die spezifische Gemeinsamkeit der »Natur« aller Lebewesen zur Grundlage der geschöpflichen Würde gemacht wird.

Mindestens einmal blitzt dieser philosophische Gedanke übrigens in einem lehramtlichen Dokument der Kirche von höchstem Rang auf: In der Enzyklika »Sollicitudo rei socialis« von Papst Johannes Paul II. aus dem Jahr 1987. Dort heißt es in Nr. 34:

> »Der moralische Charakter der Entwicklung kann auch nicht von der Achtung vor den Geschöpfen absehen ... man muss der Natur eines jeden Wesens und seiner Wechselbeziehung in einem geordneten System wie dem Kosmos Rechnung tragen ...«

Hier wird die Achtung vor allen Lebewesen gefordert und mit der »Natur eines jeden Wesens« begründet. Eine rein nutzenorientierte Betrachtung der Lebewesen wird aus naturphilosophischen Erwägungen abgelehnt.

Die philosophischen Argumente garantieren eine hinreichende Begründung für die Zuschreibung einer geschöpflichen Würde an alle Lebewesen. Die theologische Ethik greift diese Einsichten auf und versucht sie zu vertiefen, indem sie sie inspiriert, kritisiert und in größere Horizonte stellt. Dies tut sie mit Blick auf die Frage einer geschöpflichen Würde in folgenden Überlegungen.

Jedes Lebewesen hat:

► die Möglichkeit, sich selbst und seine engen Grenzen stets neu zu überschreiten – auf den Gott hin, der es zu dieser Selbstüberschreitung gerufen hat[142].

► die Möglichkeit, durch seinen Existenzvollzug Gott zu preisen und zu verherrlichen[143].

► einen unmittelbaren Gottesbezug: Es ist von Gott gut erschaffen, für gut befunden und in die Erlösung einbezogen worden[144]. »Jedes Geschöpf ist also Gegenstand der Zärtlichkeit des Vaters, der ihm einen Platz in der Welt zuweist. Sogar das vergängliche Leben des unbedeutendsten Wesens ist Objekt seiner Liebe, und in diesen wenigen Sekunden seiner Existenz umgibt er es mit seinem Wohlwollen.«[145] Auf diese Weise wohnt Gott selbst in jedem Geschöpf und offenbart sich durch dieses der Welt.

► einen unmittelbaren Bezug zum inkarnierten Christus, denn Christus ist »Fleisch« geworden, und das heißt: Er ist Geschöpf geworden. Die deutsche Übersetzung des Fachbegriffs »Inkarnation« mit »Menschwerdung« ist schlichtweg falsch, weil sie eine Reduzierung der Geschöpfe auf den Menschen impliziert. »Inkarnation« ist »Einfleischung«[146], das heißt, »Geschöpfwerdung«.

► eine unmittelbaren Bezug zum leidenden Christus, denn sein Leiden ist ein Leiden mit und für die gesamte Schöpfung.

▸ eine Hoffnung auf Erlösung, denn wenn Christus in seiner Fleischwerdung das Geschöpfsein angenommen hat, ist jedes Geschöpf erlöst – ganz nach dem klassischen Glaubenssatz »alles, was (von Gott) angenommen ist, ist auch erlöst.«

Die ersten beiden hier aufgeführten Argumente sind schöpfungstheologisch. Sie sind Projektionen der naturphilosophischen Argumente auf den größeren Horizont der Gottesbeziehung hin und wirken folglich integrierend. Die weiteren Argumente sind hingegen erlösungstheologisch (in der Fachsprache »soteriologisch«). Auch sie weiten den Horizont der naturphilosophischen Vernunft. Doch stärker als die schöpfungstheologischen Argumente sind die erlösungstheologischen auch kritisierend und inspirierend. Das werden wir im weiteren Verlauf ausführlich zeigen.

Gerechtigkeit als Fairness für Tiere

Individuen, denen wir Würde zusprechen, sind AdressatInnen der Gerechtigkeit: Sie müssen gerecht behandelt werden. Genau das fordert die Bibel, indem sie die Tiere in den Schöpfungsbund Gottes mit Noach einschließt. Dieser Bund gilt nicht nur Noach und seinen Nachkommen, sondern allen Lebewesen der Erde (Gen 9,9 f; vgl. Hos 2,20 f). Gott, Mensch und Tier sind BundesgenossInnen. Alle Beteiligten schulden den jeweils anderen gerechte Behandlung.

Papst Franziskus spricht in seiner Enzyklika »Laudato si'« davon, dass »sämtliche Geschöpfe des Universums, da sie von ein und demselben Vater erschaffen wurden, durch unsichtbare Bande verbunden sind und … alle miteinander eine Art universale Familie bilden …« Diese Familie umschließt alle lebenden

Arten und Individuen: »Wenn … das Herz wirklich offen ist für eine universale Gemeinschaft, dann ist nichts und niemand aus dieser Geschwisterlichkeit ausgeschlossen.«[147] Wenden wir diesen Gedanken ethisch, ist evident: Zwischen Geschwistern muss Gerechtigkeit herrschen.

Wie eine Theorie der Gerechtigkeit aussehen könnte, die die Tiere einschließt, will ich mit Hilfe jener Theorie entfalten, die im 20. Jh. am meisten Beachtung fand, der Gerechtigkeitstheorie von John Rawls (1921 Baltimore MD – 2002 Lexington MA). Rawls selbst macht für seinen Entwurf eine wichtige Einschränkung[148]: Er erklärt nur die zwischenmenschlichen Beziehungen – der Entwurf einer Tiergerechtigkeit bleibt ein Erweiterungsprojekt, das er für möglich hält, selber aber offenlässt und für das ich hier in inhaltlicher Nähe zu Mark Rowlands eine Skizze liefern möchte[149].

Ausgangspunkt der Rawls'schen Überlegungen ist die Tatsache, dass es unter den Menschen eine *intuitive Überzeugung vom Vorrang der Gerechtigkeit* gibt, ein Gespür dafür, dass Gerechtigkeit das höchste Ziel einer Gesellschaftsordnung darstellt[150] und eben nicht die Maximierung des Gesamtnutzens, das »größte Glück der größten Zahl«, wie der Utilitarismus, der Hauptgegner Rawls', behauptet. Diese Intuition muss aber als vernünftig bewiesen werden. Wie ist das möglich?

Rawls greift auf die klassische Argumentationsfigur der sogenannten Vertragstheorien bzw. des Kontraktualismus zurück. Er stellt sich einen *fiktiven Urzustand* vor, in dem alle Vertragsparteien miteinander einen Vertrag schließen. In diesem bestimmen sie die Grundsätze für ihr »künftiges« Zusammenleben. Entscheidend ist daher die genaue Umschreibung der Bedingungen des Urzustands. Für Rawls hängt alles davon ab, was die Menschen im Urzustand wissen und was nicht, d. h. was sich hinter dem »Schleier des Nichtwissens« verbirgt und was nicht. Sein Vorschlag (und er ist der Schlüssel zum Verständnis seiner gesamten Theorie):

▶ Die Parteien des Urzustands kennen *alle relevanten allgemeinen Tatsachen*, d.h. alle wissenschaftlichen Gesetzmäßigkeiten, ohne die vernünftige Entscheidungen gar nicht möglich wären. Sie kennen die biologischen, psychischen, sozialen und geistigen Bedürfnisse des Menschen, die Naturgesetze einschließlich statistischer Häufigkeiten aller möglichen Merkmale und Situationen – mit einem Wort: alle Fakten, die von einer konkreten Situation abstrahiert sind.

▶ Die Parteien des Urzustands kennen an konkreten Einzeltatsachen aber nur diese eine, dass die Gesellschaft *Anwendungsverhältnisse der Gerechtigkeit* aufweist, d.h. dass Knappheitsbedingungen herrschen und Interessen miteinander konkurrieren. Die Parteien des Urzustands wissen mit anderen Worten, dass ihre Gesellschaft Gerechtigkeitsgrundsätze braucht. Aber sonst kennen sie keinerlei Einzeltatsachen – weder die Individuen noch die Gesellschaft als ganze betreffend. Um es zu verdeutlichen: Die Parteien im Urzustand kennen keine Namen. Sie wissen nicht, ob der Afrikaner reich ist oder der Europäer, ob Herr Müller an AIDS erkrankt ist oder Frau Maier usw. Ohne diese Beschränkung des Wissens käme es, so Rawls, zu keinem eindeutigen Urteil über die Gerechtigkeitsgrundsätze. Ziel des Nichtwissens von konkreten Gegebenheiten ist es, die Willkür der Natur zurechtzurücken[151].

Natürlich muss Rawls gewisse Anforderungen an die Individuen stellen, die im Urzustand miteinander verhandeln[152]:

▶ Sie wissen, dass sie einen vernünftigen Lebensplan haben, kennen aber keine Einzelheiten desselben.

▶ Sie sind »vernünftig«, d.h. weder altruistisch noch egoistisch.

Keiner versucht, dem anderen Gutes oder Schlechtes zu tun, sondern verfolgt einzig die Verwirklichung der für ihn gerechten Bedingungen.

► Sie haben einen Gerechtigkeitssinn, und das wissen sie auch: Jeder kann sich darauf verlassen, dass alle die beschlossenen Grundsätze verstehen und befolgen.

Welche Grundsätze werden die Menschen in dem so definierten Urzustand wählen? Rawls geht davon aus, dass sie jene Bedingungen zu schaffen versuchen, die alle Beteiligten am besten gegen wirtschaftliche und soziale Risiken absichern. Dieser Zustand sichert das beste Ergebnis im schlechtesten denkbaren Fall. Gerechtigkeit ist der Versuch, die am meisten benachteiligten Mitglieder einer Gesellschaft möglichst gut aufzufangen. Denn hinter dem Schleier des Nichtwissens gibt es keine Kenntnis von Wahrscheinlichkeiten für das Eintreffen bestimmter Lebenssituationen im Leben der verhandelnden Parteien, daher können die persönlichen Risiken nicht abgeschätzt werden. Die Grundsätze der Gerechtigkeit gewährleisten aber für alle das günstigste Ergebnis im schlechtesten denkbaren Fall. Daraus folgt, dass alle anderen Vorstellungen zu schlechteren und damit weniger akzeptablen Möglichkeiten führen.

Die beiden Grundsätze der Gerechtigkeit lauten bei Rawls dann folgendermaßen[153]:

(1) »Jedermann soll gleiches Recht auf das umfangreichste System gleicher Grundfreiheiten haben, das mit dem gleichen System für alle anderen verträglich ist.

(2) Soziale und wirtschaftliche Ungleichheiten sind so zu gestalten, dass (a) vernünftigerweise zu erwarten ist, dass sie zu jedermanns Vorteil dienen, und (b) sie mit Positionen und Ämtern verbunden sind, die jedem offen stehen.«

Dabei wird eine lexikalische Ordnung angenommen, d. h. die Verletzung weiter vorn stehender Grundsätze ist nicht durch Vorteile auf Grund von nachgeordneten Grundsätzen aufzuwiegen.

Nach Rawls sprechen für diese Grundsätze eine Reihe positiver Gründe:

▶ Sie begünstigen und ermöglichen Vertragstreue: Die Grundsätze sollen für »ewig« gelten, daher wird man im Urzustand entsprechend wählen und sich auf lange Sicht gegen die schlimmsten Risiken absichern. Das ist aber auch später gut lebbar.

▶ Sie ermöglichen Stabilität, denn sie tragen psychologisch betrachtet zur Verstärkung des Gerechtigkeitssinns bei, der bereits vorhanden ist: Sie konstituieren also ein sich selbst verstärkendes System – anders als der Utilitarismus, der einen nicht unbedingt vorhandenen Altruismus voraussetzt und damit potenziell instabil ist.

▶ Sie fördern die menschliche Selbstachtung durch die institutionalisierte Achtung des Anderen. Die Theorie der Gerechtigkeit ist damit ein sich selbst verstärkender Ansatz. Der Utilitarismus dagegen fördert die Selbstachtung bestenfalls indirekt und untergräbt damit seine eigenen Voraussetzungen[154].

Eine weithin beachtete und viel diskutierte kritische Auseinandersetzung mit Rawls sucht Martha Nussbaum in ihrem Buch »Frontiers of Justice« von 2007, in dem sie der Rawls'schen Theorie der Gerechtigkeit ihren zusammen mit Amartya Sen entwickelten »Befähigungs-Ansatz« (capability approach) gegenüberstellt. Ihre dort geäußerte Kernkritik lautet, dass die Menschen im Urzustand laut Rawls als vernünftig und im Vollbesitz ihrer geistigen Kräfte gedacht werden müssten. Sie würden damit automatisch und unvermeidlich dazu neigen, Menschen mit geistiger Behinderung und Tiere aus ihren Überlegungen auszuklammern[155].

Rawls selber gesteht zwar zu, dass er die Tiere als AdressatInnen der Gerechtigkeit (moral patients) ausklammert, betont aber, dass er das nur tut, um nicht zu umfangreich zu werden[156]. Keinesfalls sieht er ein prinzipielles Hindernis, Menschen mit geistiger Behinderung und Tiere als moral patients in seine Theorie der Gerechtigkeit einzubeziehen. Mir scheint, dass Nussbaum einzelne Stellen bei Rawls sehr einseitig interpretiert, andere überhaupt nicht wahrnimmt und vor allem die Fiktionalität des Urzustands nicht hinreichend würdigt.

Schauen wir also nochmals auf den Urzustand, wie ihn Rawls beschreibt: Es ist wie gesagt ein fiktionaler, kein realer Zustand. Die verhandelnden Individuen, also die moral agents, verfolgen vollkommen vernünftige Ziele. Daher ist es folgerichtig, dass in diesem Urzustand nur vernünftige, geistig gesunde Menschen einen Vertrag entwerfen. Wer sonst könnte ein moral agent im Vollsinn des Wortes sein? Aber da die Vertragsparteien im Urzustand hinter dem Schleier des Nichtwissens gedacht werden, wissen sie ja nicht, welches Geschick ihnen als moral patients droht und ob sie als Menschen mit geistiger Behinderung oder gar als Tiere leben werden. Sie werden daher in dieser fiktiven Situation geneigt sein, Menschen mit geistiger Behinderung und Tieren als »schlechtestgestellten Individuen« akzeptable Lebensbedingungen zu sichern. Entscheidend ist einzig und allein, dass man diese beiden natürlichen »Benachteiligungen«, die Einschränkung geistiger Fähigkeiten eines Menschen und die Einschränkung der nichtmenschlichen Spezies, überhaupt als mögliches Schicksal der Parteien zulässt, die im Urzustand verhandeln. Nussbaum unterscheidet m.E. nicht zwischen Rawls' idealtypischer Beschreibung der moral agents im fiktiven Urzustand und möglichen Szenarien für moral patients im nachfolgenden realen Leben.

Natürlich gibt es Einzelfälle, in denen Menschen von intelligenten domestizierten Tieren ein gerechtes Verhalten einfordern. Erfüllen diese Tiere die in sie gesetzten Erwartungen nicht, werden sie bestraft. Und in diesem Fall sollten sie den Grund der Strafe sogar verstehen können. Sie werden das Ereignis in Erinnerung behalten und sich beim nächsten Mal besser verhalten. Sonst ist die Strafe keine Strafe, sondern Willkür. Worum es aber hier geht, ist nicht, was wir an gerechtem Verhalten von einzelnen Tieren als moral agents fordern, sondern welches menschliche Verhalten den Tieren als moral patients gerecht wird. Und in dieser Perspektive scheint mir die Rawls'sche Fiktion eines Urzustands hinter dem Schleier des Nichtwissens höchst produktiv.

Bezüglich der Grundarchitektur einer Ethik der Tiergerechtigkeit dürften vermutlich sogar zwei der drei Gerechtigkeitsgrundsätze von Rawls eine wichtige Rolle spielen. So könnten die Grundsätze der Tiergerechtigkeit folgendermaßen lauten:

(1) *Jedes Tier soll gleiches Recht auf das umfangreichste System gleicher Grundfreiheiten haben, das mit dem gleichen System für alle anderen Tiere und für alle Menschen verträglich ist.*

(2) *Soziale und wirtschaftliche Ungleichheiten zwischen menschlichen und tierlichen Lebewesen sind so zu gestalten, dass vernünftigerweise zu erwarten ist, dass sie zu beiderseitigem Vorteil dienen.*

Der erste Grundsatz würde den Tieren jene Grundfreiheiten zusprechen, die dem Menschen als Lebewesen und nicht als mündigem Mitglied der Gesellschaft zukommen. Das sind zum Beispiel das Recht auf Leben, das Recht auf körperliche Integrität und das Recht auf Bewegungsfreiheit. Natürlich: Auch menschliche Grundfreiheiten werden manchmal mit guten Gründen außer Kraft gesetzt. Sie gelten nie ausnahmslos. Doch ihre Außerkraftsetzung bedarf schwerwiegender Gründe. Analog gilt das für die Grundfreiheiten von Tieren.

Der zweite Grundsatz ist im Vergleich zum Rawls'schen Original um die Frage der Verteilung beruflicher und gesellschaftlicher Chancen gekürzt. Für Tiere spielen diese im Regelfall keine Rolle. Die Frage der sozialen und wirtschaftlichen Ungleichheiten ist hingegen zum Beispiel für Nutztiere höchst relevant. Rawls konkretisiert seinen zweiten Grundsatz mit dem strategischen Prinzip der Verkettung. Angenommen ein Tierhalter erzielt einen höheren Gewinn als im Vorjahr, dann würde das Prinzip der Verkettung ihn verpflichten, einen entsprechenden Teil seines Mehrgewinns den Tieren zugutekommen zu lassen. Sein eigener Vorteil als Bessergestellter wäre an den Vorteil der Tiere als Schlechtergestellter gekettet. Nur wenn die Tiere aus der Besserstellung des Tierhalters einen Vorteil ziehen, ist diese gerecht.

Mit den voranstehenden Überlegungen werden Umrisse einer Theorie der Tiergerechtigkeit deutlich. Natürlich müssen diese in den folgenden Abschnitten weitergeführt werden. Doch ein paar prinzipielle Bemerkungen sollen bereits die Möglichkeiten und Grenzen einer Theorie der Tiergerechtigkeit markieren:

▶ Das hier gewählte vertragstheoretische Modell ist nicht in Gegensatz zu, sondern notwendig in Verbindung mit dem naturrechtlichen Begründungsmodell zu sehen. Dass alle Lebewesen als moral patients betrachtet werden müssen, war naturrechtlich und nicht vertragstheoretisch begründet worden. Und auch die »allgemeinen Tatsachen«, die die Parteien hinter dem Schleier des Nichtwissens kennen, beziehen sich auf die »Natur« des Seienden. Umgekehrt ist das, was als »Natur« angesehen wird, immer ein Ergebnis intersubjektiver Übereinkünfte und damit eines Gesellschaftsvertrags.

▸ Das vertragstheoretische Begründungsmodell einer Tierethik hat biblisch die besten Entsprechungen: Es ist analog zum Bundesschluss Gottes mit Noach und allen Geschöpfen zu lesen, dessen Kerngehalt die Gerechtigkeit gegenüber Menschen und Tieren ist. Und es kann sich auf die Goldene Regel der Bergpredigt berufen, in der die gesamte Tora einschließlich der tierethischen Weisungen auf einen fiktiven Vertrag zurückgeführt wird.

▸ Das vertragstheoretische Begründungsmodell einer Tierethik setzt eine entscheidende Bedingung voraus: Es braucht ein gehöriges Maß an Empathie und die grundlegende Bereitschaft, diese Empathie auch jenseits der Speziesgrenzen anzuwenden. Genau damit werden wir uns im nun folgenden Abschnitt näher befassen.

»Erbarme dich!« Gerechtigkeit und Empathie

Im zwischenmenschlichen Bereich gehört die Sympathie zu den wichtigsten Komponenten der (Mit-) Menschlichkeit. Richtig verstanden ist Sympathie mehr als nur das spontane Gefühl, dass einem der andere gefällt. Im eigentlichen Sinn bedeutet der Begriff einerseits ein vernunftgeleitetes, ganzheitliches »Mitfühlen« – so die wörtliche Übersetzung aus dem Griechischen – mit dem anderen Menschen. Andererseits wird solches Mitfühlen, wenn es tatsächlich von der Vernunft durchdrungen ist, eine dauerhafte Haltung, eine Grundeinstellung gegenüber dem Du des Mitmenschen bedeuten: Die Einstellung, sich in den oder die AndereN hineinzuversetzen, sich stets zu fragen: Wie würde es mir an seiner oder ihrer Stelle gehen? Diese Fähigkeit wird umso stärker gefördert, je mehr eineR von dem oder der Anderen weiß. Das Wissen ist daher fester Bestandteil des Mitfühlens, auch wenn der Begriff zunächst an eine reine Emotion denken lässt.

Wie geschieht solches Mitfühlen? Letztlich ist es dem Menschen unmöglich, in eineN andereN hineinzuschauen. Das Innerste eines Mitmenschen bleibt stets ein letztes Geheimnis. Insofern bedeutet Mitfühlen zunächst die Wahrnehmung des oder der Anderen aus der Außenperspektive, in seinem bzw. ihrem Verhalten, den Äußerungen, der Erscheinung. Durch die Bildung von Analogien zum eigenen Verhalten kann der oder die Mitfühlende – in aller Vorsicht und im steten Wissen um die je größere Unähnlichkeit – Rückschlüsse auf die innere Befindlichkeit des oder der Anderen ziehen.

Mitgefühl im engeren Sinn können wir nur gegenüber Gleichartigen, also anderen Menschen, entwickeln. Schon dort ist, wie wir sahen, eine Analogiebildung nötig, die Ähnlichkeiten des äußeren Verhaltens wahrnimmt und zugleich um die je größeren Unähnlichkeiten der inneren Erfahrungen weiß. Das gilt in verschärfter Weise, wo der Mensch versucht, sich in nichtmenschliche Lebewesen einzufühlen[157]. Deshalb spricht die Wissenschaft gegenüber nichtmenschlichen Geschöpfen üblicherweise nicht von Sympathie, sondern von Empathie, von Einfühlung bzw. Einfühlungsvermögen. Einfühlung ist eine zentrale Voraussetzung dafür, dass wir mit den Mitgeschöpfen gut umgehen. Sie umfasst ein möglichst gutes Wissen von den Zusammenhängen der Natur, ist aber weit mehr als nur die Kenntnis der Fakten. Sie ist die »vernunftgemäß durchgearbeitete, argumentativ sich ausweisende Form der Sympathie, die über die Nächstenliebe hinausgehend Rücksicht nimmt auch auf andere Lebewesen«[158]. Einfühlung ermöglicht so erst, eine wirkliche Beziehung zu anderen Geschöpfen auf-zubauen und mit ihnen zu kommunizieren. Denken, Fühlen und Handeln finden in ihr zu einer Einheit.

»Barmherzigkeit« ist das biblische Wort für die Grund-haltung, die hier gemeint ist: Mit Kopf und Herz den Nächsten oder das Mitgeschöpf zu verstehen suchen und entspre-chend handeln. Während aber »Barmherzigkeit« im deutschen Sprachgebrauch eher an ein sich herablassendes Helfen denken lässt, bezeichnet die Bibel mit diesem Wort eine konkrete Folge der Gerechtigkeit: Der Gerechte spürt und weiß, was sein Vieh braucht, und gibt ihm das Notwendige (Spr 12,10).

Das hebräische Wort *rachamijm* macht noch auf einen an-deren Aspekt aufmerksam: Es bezeichnet ursprünglich die Ein-geweide oder den Mutterschoß. Diese Eingeweide ziehen sich zusammen, wenn jemand Mitgefühl empfindet, sie lösen un-mittelbare Regungen aus und disponieren zum helfenden Han-deln. Wer barmherzig ist, dem geht das Leid anderer Kreaturen »an die Nieren«, wie es das entsprechende deutsche Sprichwort sagt.

Im Lukasevangelium stellt Jesus die Barmherzigkeit vor al-lem an Hand zweier Figuren vor: An Hand des barmherzigen Samariters (Lk 10,25–37) und des barmherzigen Vaters (Lk 15,11–32). Dabei deuten die beiden Gleichnisse der Barmherzigkeit die Logik Jesu an: Weil Gott selbst gleich dem barmherzigen Vater mitfühlend ist, weil er jeden Menschen und jede Kreatur liebevoll annimmt, kann und soll der Mensch es ihm wie der Samariter gleichtun: »Seid barmherzig, wie es auch euer Vater ist!« (Lk 6,36) heißt es in der lukanischen Feldrede, und nicht »Seid vollkommen, wie euer Vater im Himmel vollkommen ist« (Mt 5,48) wie in der Bergpredigt des Matthäus. Das Lukasevan-gelium ist das Evangelium der Barmherzigkeit.

In dem Lied »Erbarme dich« auf seiner CD »Einhandsegler«

aus dem Jahr 2000, das ich bereits zu Beginn des Kapitels »Wie der Mensch mit Tieren umgeht« beschrieben habe, schildert der Liedermacher Reinhard Mey einen Transport von Pferden aus Litauen nach Sardinien. Auf seine detaillierte und unendlich triste Beschreibung in den drei Strophen antwortet der Liedermacher im Refrain jeweils mit einem eindringlichen Appell: »Erbarme dich, erbarme dich! Erbarme dich der Kreatur, sieh hin und sag nicht, es ist nur Vieh! Sieh hin und erbarme dich!« Dieses Lied birgt wie gesagt eine Menge Ansatzpunkte für die Tierethik. Einige illustrieren in besonderer Weise die spezifischen Potenziale des Glaubens[159]:

(1) Zunächst ist »Erbarmen« gleichbedeutend mit »Mitgefühl«. Doch ist es wohl kein Zufall, dass Mey nicht den säkularen Begriff wählt, sondern das dezidiert religiös gefärbte Wort »Erbarmen«. Es scheint, dass er einer spirituellen Sicht auf das Tier mehr zutraut als einer rein philosophischen Tierethik. Auch der religiöse Begriff der »Kreatur« unterstützt diese Vermutung.

(2) Formal ist Meys Lied ein Kyrie der kirchlichen Liturgie, in dem der Schrei »erbarme dich!« gerufen wird. Liturgische Rituale können eine ungeheuer starke Kraft entfalten, wenn sie als das wahrgenommen werden, was sie sind: Symbolische Handlungssequenzen, die eine hohe Emotionalität auslösen und dichte Speichermedien von Werten sind. Umgekehrt kann der Verlust von Ritualen den Verlust der in ihnen gesicherten Werte mitverursachen, wie sich in Kapitel 12 zeigen wird. Meys Lied ist – gewollt oder ungewollt – ein Plädoyer für religiöse Rituale im Umgang mit Tieren.

(3) Der, der sich erbarmen soll, wird in Meys Lied nicht genannt. Doch mit ein bisschen Gespür für die Tradition des Abendlandes kann kaum geleugnet werden, dass hier zunächst der Schöpfer angesprochen ist, der sich des Ge-

schöpfs erbarmen soll. Einmal allerdings flüstert Mey in einer Pause des Refrains ganz leise und kaum hörbar »Mensch«. »Mensch, erbarme dich!« Genau das ist die Logik der lukanischen Theologie der Barmherzigkeit: »Sei barmherzig, wie es dein Vater ist!« (Lk 6,36)

Empathie bzw. Barmherzigkeit sind unerlässliche Voraussetzung dafür, die Vorstellung von Gerechtigkeit in konkrete Handlungsanweisungen umzusetzen. Ohne diese Grundhaltung lässt sich überhaupt nicht feststellen, was das Mitgeschöpf an Bedürfnissen hat. Denn Empathie ist die Fähigkeit, sich in das Mitgeschöpf hineinzuversetzen. Nur der empathische Mensch erkennt, was der oder die andere braucht.

Gerechtigkeit als Geben und Nehmen

»Suum cuique« – »Jedem das Seine«[160]. Mit diesem einprägsamen Schlagwort wird seit der Antike umschrieben, was Gerechtigkeit meint: Nicht jedem genau das Gleiche zuzuerkennen, sondern das, was angemessen ist, was der Einzelne braucht. Es gilt aber auch die Umkehrung: »Suum quisque« – »Jeder das Seine«: Jeder soll zum Gemeinwesen beitragen, was er beitragen kann – der Starke mehr, der Schwache weniger. Gerechtigkeit bedeutet Geben und Nehmen. Stillschweigend ist ein dritter Aspekt mit gemeint: »Im Rahmen der (knappen) Möglichkeiten«. Kein Individuum und erst recht nicht der Staat kann mehr geben oder empfangen, als er bzw. es hat. Die Gerechtigkeitsfrage stellt sich nur dort, wo Knappheiten auftauchen. Knappheiten sind, wie John Rawls sagt, eine »Anwendungsbedingung« der Gerechtigkeit. Solange ein Gut im Überfluss vorhanden ist, braucht über seine Verteilung nicht diskutiert werden. Solange das Gemeinwohl schon »von selber« erreicht ist, braucht niemand einen Beitrag dazu leisten. Im Schlaraffenland wäre die Forderung nach Gerechtigkeit überflüssig.

Damit sind die *drei Leitfragen* bestimmt, die einer Konkretion des Gerechtigkeitsbegriffs den Weg weisen: 1) Wer ist »jeder«? 2) Was ist das dem Einzelnen Angemessene, das »Seine«? 3) Welche Möglichkeiten hat die Gemeinschaft bzw. der Einzelne? Die erste Frage hatten wir bereits dahingehend beantwortet, dass die Tiere eindeutig zur Gruppe jener Individuen gehören, denen Gerechtigkeit widerfahren muss. Als Träger von Würde sind sie AdressatInnen menschlicher Gerechtigkeit. Die dritte Frage soll hier nur kurz gestreift werden: Auf jeden Fall haben die Menschen einer wohlhabenden Industriegesellschaft mehr Möglichkeiten als jene einer vormodernen Welt – und müssen daher dem Tier mehr zukommen lassen als frühere Generationen. Ein Schwein wurde noch vor ein bis zwei Jahrhunderten in einen engen Verschlag gesperrt, wenn es sich nicht im Freien aufhielt. Aber auch der Halter des Tieres und der potenzielle Käufer des Schweinefleisches teilten ihr enges Bett mit Frau und Kindern. Menschen wie Tiere lebten sehr beengt. Heute aber haben die Menschen in den reichen Ländern der Erde einen gewaltigen Sprung hin zu großem Wohlstand gemacht. Gerechtigkeit heißt, diesen Wohlstand mit den Tieren zu teilen – mit den Nutztieren, aber auch mit den Wildtieren: Es gilt, ihnen heute größere Teile des Lebensraums und der Ressourcen zu ihrer Entfaltung zu überlassen als in vormodernen Zeiten.

Die zweite der drei Leitfragen ist im Blick auf die Bestimmung der Tier-Gerechtigkeit die schwierigste: Was ist das dem Tier Angemessene, das »Seine«? Tiere werden nie dieselben Rechte haben wie Menschen. Sie werden aber auch nie dieselben Pflichten haben wie Menschen. Gemäß dem Grundprinzip der Ethik, Gleiches gleich und Ungleiches ungleich zu behandeln, wird es immer Unterschiede zwischen der Behandlung eines Tieres und der eines Menschen geben. Wir würden dem Tier gerade nicht gerecht, wenn wir es wie einen Menschen behandeln würden. Aber umgekehrt muss dort, wo das Tier tatsächlich gleiche Bedürfnisse hat, für deren gleiche Gewichtung in Abwägungsvorgängen gesorgt werden.

Weithin akzeptiert ist sicher die Grundfeststellung, dass auch gegenüber dem Tier Gerechtigkeit ein Geben und Nehmen bedeutet. Schon bei der Behandlung des Tierrechte-Ansatzes von Tom Regan hatten wir festgestellt, dass nicht die Nutzung von Tieren an sich verwerflich ist, sondern nur die völlige Verzweckung, die ausschließliche Betrachtung des Tieres unter Nutzenaspekten, sodass dessen eigene Bedürfnisse und Ziele außer Acht gelassen werden. Hier liegt aus der Sicht einer Gerechtigkeitstheorie der zentrale Denkfehler Regans.

Gerechtigkeit ist Geben und Nehmen. Aber wie viel Geben rechtfertigt wie viel Nehmen? Das bleibt im ethischen Diskurs bislang weitgehend offen. Denn anders als im zwischenmenschlichen Bereich haben wir im Umgang mit Tieren noch viel zu wenige Erfahrungswerte von verantwortlichen Güterabwägungen, an denen wir uns orientieren können. Doch eines scheint klar: Die wenigen Erfahrungswerte, die bisher gelten, werden wir drastisch zugunsten der Tiere verändern müssen. Noch tendieren wir sehr stark dahin, im Zweifelsfall für den Menschen und gegen das Tier zu entscheiden. Wenn wir zu einer gerechten Behandlung der Tiere kommen wollen, muss sich das ändern. Gerechtigkeit heißt Unparteilichkeit.

Gerechtigkeit als Abwägen

Nun gehört es zu den Herzstücken der Gerechtigkeit, einander widerstreitende Interessen und Güter gegeneinander abzuwägen. Wie aber können wir menschliche gegen tierliche Güter abwägen? Welche Methoden haben wir dafür?

Eine erste Grundposition, auf die man sich vermutlich noch halbwegs im Konsens einigen können wird, betrifft die Frage, welche Güter der Tiere in eine Güterabwägung einzubeziehen sind. Dies werden nämlich alle Güter sein müssen, von denen wir durch die moderne Verhaltensforschung und Tiermedizin überhaupt wissen. Und das heißt: Es geht sowohl um Güter, die das Tier mit seinem vegetativen Streben anzielt, um zu überleben, als auch um Güter, die es über sein sensitives Vermögen erstrebt, um Lust am Leben zu empfinden, als auch um Güter, die dem Tier eine »geistige« Freude bereiten (soweit das konkrete Tier solche haben kann). Als derartige Güter sind insbesondere anzusprechen (s. u. *Tiere gerecht nutzen und gerecht lieben*, ab S. 158): Leben; Gesundheit; Fress- und Trinkverhalten; Ausscheideverhalten; Ruhebedürfnis; Körperpflege; Bewegung; Betätigung der Sinnesorgane und der entsprechenden Gehirnareale; Leben in einer angemessenen Umwelt; aktive Gestaltung der eigenen Umwelt; sexuelle Betätigung; soziale Beziehungen. Wo immer eines dieser Güter durch menschliches Handeln verändert wird, muss das in Abwägungen der Tiergerechtigkeit einfließen.

Wie aber lassen sich die Güter von Mensch und Tier gegeneinander abwägen, wo sie miteinander in Konflikt stehen? Das ist die vielleicht schwierigste Frage der Tierethik. Güter haben sehr unterschiedliche Qualitäten. Es gibt geistige Güter wie Bildung und Wissen. Es gibt emotionale Güter wie Heimatgefühl oder Stressfreiheit. Und es gibt materielle Güter wie Nahrung und

Möbel. In ihren unterschiedlichen Qualitäten sind diese Güter aber nicht abwägbar, weil Qualitäten nicht quantitativ messbar sind. Vielleicht wäre es noch möglich, gleichartige Güter gegeneinander abzuwägen, also die verschiedenen Hauptspeisen einer Speisekarte (die alle satt machen) oder die verschiedenen Bücher einer Buchhandlung (die alle der Lektüre dienen). Aber ungleichartige Güter sind zunächst einmal nicht miteinander verrechenbar. Sie sind, wie der Fachbegriff lautet, inkommensurabel.

Gleichwohl müssen wir uns laufend zwischen inkommensurablen Gütern entscheiden. Man kann eben am Abend nur entweder mit den Kindern spielen oder ein Buch lesen oder Fernsehen schauen oder Sport treiben. Und an den sieben Abenden einer Woche kann man zwar theoretisch jede dieser Beschäftigungen einmal realisieren, aber dann ist auch das eine Wertentscheidung. Denn man könnte ja auch sieben Abende Sport treiben oder als leidenschaftlicher Familienmensch sieben Abende mit den Kindern verbringen.

Um solche Wertvorzugsentscheidungen zwischen an sich inkommensurablen Gütern zu treffen, muss ihnen ein messbarer Wert zugeschrieben werden. Wir müssen die Güter messen und wägen – müssen also *ihre inkommensurablen Qualitäten in kommensurable Quantitäten überführen*. Die Quantität des zugemessenen Werts sagt dann aus, welche Bedeutung, welchen Stellenwert ein Gut im Horizont unserer Vorstellung vom gelingenden Leben hat. Gemessen wird folglich nicht der Wert eines Gutes an sich (objektiv), sondern für uns (subjektiv). Güterabwägungen sind nur aus der Teilnehmerperspektive möglich.

Für die Erstellung einer faktischen (wenn auch nicht kritisch reflektierten) Wertehierarchie *ein und desselben Subjekts* (eines Einzelmenschen oder auch einer Gruppe) bieten uns die empirischen Wissenschaften eine bestechend einfache Methode an. Sie fragen das betreffende Subjekt schlicht und ergreifend: Wie viel von deinem begrenzten monatlichen Einkommen oder deiner begrenzten wöchentlichen Freizeit bist du bereit, für dieses oder jenes Gut zu geben? So erfragen zum Beispiel die Schweizer Krankenkassen, die stark privatwirtschaftlich organisiert sind, einen wie viel höheren Kassenbeitrag ihre Kunden akzeptieren würden, wenn diese oder jene Zusatzleistung angeboten würde. Sofern sie diese Leistung zu dem ermittelten Mehrbetrag anbieten können, tun sie es. Umgekehrt gibt es zum Beispiel regelmäßige Erhebungen, wie viel Zeit die Menschen für die Fahrt zum Arbeitsplatz zu opfern bereit sind. Es ist seit 100 Jahren fast stabil eine Stunde täglich. Diese Zeit »zahlen« Menschen, um einen schönen und lebenswerten Wohnort oder eine billigere Wohnung wählen zu können. Für die Ermittlung einer subjektiven Wertehierarchie genügt also die vorgestellte Umrechnung aller persönlichen Güter und Bedürfnisse in Geld- oder Zeitwerte. Geld ist heute das universale Zahlungsmittel, das wir gut im Griff haben (wir wissen, was billig und teuer ist), und »Zeit ist Geld«. Zeit können wir schnell in Geldwerte übertragen und umgekehrt.

Wenn hingegen mehrere Subjekte betroffen sind, wenn es also um *intersubjektive Güterabwägungen* geht, wird das Unterfangen einer Quantifizierung des Werts inkommensurabler Güter weitaus schwieriger. Denn unterschiedliche Menschen haben unterschiedliche Wertehierarchien, weil ihre Leitvorstellungen von gelingendem Leben unterschiedlich sind. Nur ein simples Beispiel: Zwei Nachbarn wohnen eng beieinander. Der eine möchte sich eine Garage bauen und diese genau an die Grundstücksgrenze stellen. Dem anderen würde dadurch das Wohnzimmer verschattet – er hätte keine Sonne mehr im Hauptaufenthaltsraum des Hauses. – Normalerweise wird ein solcher

Konfliktfall über Bebauungsordnungen geregelt. Aber wie wägen diese die gegeneinander stehenden Güter ab? Wie viel ist die Sonne im Wohnzimmer wert? Wie viel der Autoabstellplatz? Und wie viel die Freiheit dessen, der auf seinem Grundstück bauen will? Auch in der juristischen Debatte zum Thema Güterabwägung gibt es hierzu keine wirklich klaren Aussagen. Man nimmt im Regelfall Erfahrungswerte aus der Vergangenheit und verschiebt sie bestenfalls leicht nach der einen oder anderen Seite, bis man irgendwann einen stabilen Zustand, ein »Überlegungs-Gleichgewicht« erreicht hat[161].

Noch komplexer wird das Problem, wenn *nichtmenschliche Subjekte* betroffen sind, insbesondere höher entwickelte Tiere. Das gilt vor allem dort, wo der Mensch solchen Tieren ihren Lebensraum nimmt oder wo er sie für eigene Zwecke nutzt. Wo ist zum Beispiel die Grenze von Tierversuchen? Momentan geht die gängige Auffassung dahin, dass Tierversuche zur Erprobung von Kosmetika nicht akzeptabel sind, zur Grundlagenforschung und zur medizinischen Forschung aber fast unbegrenzt. Doch Gründe für diese Grenzziehungen wird man kaum erhalten – auch hier wird von juristisch arbeitenden Genehmigungsbehörden wie von Ethikkommissionen und der Gesamtgesellschaft sehr intuitiv entschieden.

Eine letzte Komplexitätssteigerung muss in das Problem der Güterabwägung eingebracht werden: Es ist eine erste Frage, wie der Tierhalter A das Tier B gerecht behandeln kann, d. h. wie seine individuellen Güter gegen die individuellen Güter dieses Tieres abgewogen werden können. Und es ist eine zweite, ebenso unerlässliche Frage, wie *die systemischen Güter* des menschlichen Ernährungssystems und des menschlichen Wirtschaftssystems gegen die systemischen Güter des Tierhaltungssystems und die ökologischen Güter des Ökosystems abgewogen werden können.

Wer die Behandlung der Nutztiere verbessern will, darf nicht nur auf die individuelle Behandlung des einzelnen Tieres schauen, sondern muss nach den Möglichkeiten systemischer Veränderung fragen: Wie ist es möglich, die Tierhaltung so zu verbessern, dass dies ökonomisch keine allzu großen Verwerfungen mit sich bringt? Wie ist es möglich, das Tierleid zu minimieren und zugleich eine sichere und gesunde Ernährung der Weltbevölkerung zu gewährleisten? Wie ist es möglich, den Fleischkonsum zu reduzieren und zugleich zu verhindern, dass überall auf der Welt riesige Monokulturen mit Soja entstehen? Wie ist es möglich, die Tierwirtschaft zu reduzieren und zugleich vollständige ökologische Kreisläufe herzustellen, die den Einsatz chemischer Spritz- und Düngemittel weitgehend überflüssig machen?

Man sieht schon: Viele Verbesserungen der Tierhaltung werden nur dann erfolgen können, wenn diese systemische Dimension des Problems ausreichend berücksichtigt wird. Es ist gut und schön, auf das individuelle Tier und den individuellen Tierhalter zu schauen. Doch da sich die meisten Aktivitäten der Nutztierhaltung auf globalen Märkten abspielen, wird eine rein individualistische Interpretation der Güterabwägung fehlgehen.

Gerechtigkeit als Vergleichen

Gerechtigkeitstheorien, so haben wir gesehen, haben seit der griechischen Antike viel mit dem Vergleichen verschiedener Individuen zu tun: Wird in den Angelegenheiten, die der Mensch beeinflussen kann, ein Individuum ungerechtfertigt bevorzugt oder benachteiligt? Dieses Vergleichen kann in das Laster des Neids münden, wenn sich jemand auf die Idee versteift, benachteiligt zu sein, obwohl das objektiv nicht der Fall ist – entweder weil die Benachteiligung nur eine eingebildete ist oder weil eine Ungleichheit als ungerecht empfunden wird, obwohl sie gute Gründe hat, oder weil eine Ungleichheit schicksalhaft ist. Aber mit der Warnung vor dem Neid, der ein Menschenherz tatsächlich zerfressen kann, hat die christliche Moral lange Zeit verdrängt, dass das Vergleichen eine unerlässliche Bedingung zur Weiterentwicklung des Gerechtigkeitssinns und der Gerechtigkeitstheorie ist. Und heute ist die Warnung vor »Neiddebatten« in Wirklichkeit meist ein Instrument, um Gerechtigkeitsdiskurse abzuwürgen. Nur über Vergleiche lassen sich Proportionalitäten bestimmen, die doch nach Aristoteles die Grundlage aller Gerechtigkeit sind.

Es ist legitim und hilfreich, die Situation verschiedener moral patients zu vergleichen. Freilich müssen dabei die Ähnlichkeiten und Unähnlichkeiten einer Situation bedacht werden. Im Blick auf die Tierethik könnte es hilfreich sein, die Situation der Nutztiere mit jener der am wenigsten begünstigten Menschen einer Gesellschaft zu vergleichen: Wie viel Wohnfläche wird einem / einer SozialhilfeempfängerIn zugestanden? Oder einem / einer AsylbewerberIn? Und wie viel Stallfläche hat im Vergleich dazu ein Tier? Natürlich: Ein Mensch hat mehr geistige Bedürfnisse als die meisten Tiere. Dafür hat das Tier aber vielleicht mehr körperliche Bedürfnisse oder braucht auf Grund seiner körperlichen Anstrengungen besonders viel Ruhe und Erholung. Und gewiss: Der Flächenvergleich muss in Relation zur Körpergröße gesetzt werden.

Ein anderes Beispiel: Wie groß ist die Zelle eines Strafgefangenen? Und wie groß der Stallplatz eines Nutztiers? Wie viele Stunden täglichen Freigangs hat der Häftling? Und wie viele das Tier? Das Tier hat nichts verbrochen und bleibt doch lebenslang in der Haltung »gefangen«. Der Häftling hat eine Straftat begangen und weiß doch, dass er nach Abbüßen seiner

Strafe wieder freikommt (nach europäischer Auffassung verstieße es gegen seine Menschenwürde, wenn er keine Chance auf Freilassung hätte!). Doch der Vergleich beider Schicksale kann sehr erhellend sein.

Mit den genannten Beispielen möchte ich keinesfalls behaupten, dass die Situation von SozialhilfeempfängerInnen, AsylbewerberInnen oder Strafgefangenen zufriedenstellend wäre. Schon die einschlägigen Gesetze und erst recht deren häufig mangelhafte Anwendung in der Praxis lassen viel Spielraum für Verbesserungen. Aber bei Gerechtigkeitsüberlegungen macht es Sinn, die am wenigsten begünstigte Gruppe, und das sind m.E. die Nutztiere, mit jenen Gruppen zu vergleichen, die ebenfalls wenig, aber doch etwas mehr begünstigt sind. Ein Vergleich der am schlechtesten gestellten Gruppe mit der am besten gestellten lässt nicht mehr erkennen als gewaltige Kontraste. Ein Vergleich mit der um eine oder wenige Stufen besser gestellten Gruppe hingegen lässt Potenziale der Verbesserung erkennen, über die es anschließend zu diskutieren gilt.

Tiergerechtigkeit: Ein »work in progress«

So wie das 18. Jh. noch weit von der Abschaffung der Sklaverei und erst recht von der Beseitigung der Rassendiskriminierung entfernt war, so wie das beginnende 20. Jh. noch weit von der Gleichberechtigung der Frau entfernt war, ist das gegenwärtige 21. Jh. noch weit von der gerechten Behandlung der Tiere entfernt. Und so wie wir auch heute noch keine volle Gleichberechtigung der Rassen und Geschlechter erreicht haben, wird es auch noch lange keine volle Gerechtigkeit gegenüber Tieren geben. Es handelt sich um ein »work in progress« vieler Menschheitsgenerationen. Aber, wie schon Jeremy Bentham sagte:

Der Tag wird kommen! Die Menschheit wird immer besser lernen,

▸ auch die geringsten Geschöpfe als TrägerInnen einer unverlierbaren Würde wahrzunehmen,

▸ sich in die Fiktion eines Urzustandes zu begeben, in dem sie jeden Würdenträger bestmöglich gegen Risiken und Nachteile abzusichern versucht,

▸ mit großer Empathie und differenziertem Fachwissen die Bedürfnisse der nichtmenschlichen Lebewesen wahrzunehmen und zu berücksichtigen,

▸ im Konfliktfall fair abzuwägen zwischen den menschlichen und den tierlichen Gütern und Interessen,

▸ die Situation von wenig begünstigten Menschen und Tieren in fairer Weise zu vergleichen und daraus Rückschlüsse über die Angemessenheit des Umgangs mit den Tieren ziehen,

▸ eine Welt zu gestalten, in der alle Ressourcen zwischen allen Geschöpfen geschwisterlich geteilt werden und die »Via dolorosa« von Menschen und Tieren ein Ende hat.

Der Tag wird kommen. Auch wenn es noch einige Tier- und Menschengenerationen dauert.

TIERE GERECHT NUTZEN UND GERECHT LIEBEN
Konkretionen

Wie könnte eine von Gerechtigkeit geprägte Tierhaltung ganz konkret aussehen? Was gälte es dabei besonders zu bedenken? Streng genommen müsste man jetzt Tierart für Tierart und Nutzungsform für Nutzungsform durchgehen, um eine halbwegs umfassende Antwort zu erhalten. So weit kann ich aus Gründen begrenzten Platzes und mangelnder Kompetenz als Moraltheologe nicht gehen. Ich möchte vielmehr eine Art »mittlere Prinzipien« der Tierhaltung umreißen: Konkreter als die bisherigen grundsätzlichen Überlegungen zur Tiergerechtigkeit, aber bei weitem noch nicht konkret genug, um den TierhalterInnen präzise Anweisungen zu geben.

Eines will ich aber sehr wohl tun: Den tiefen Graben in der öffentlichen Wahrnehmung von Nutztieren und »Pets«, also geliebten Tieren oder Freundschaftstieren, überbrücken. Es soll nicht der Eindruck entstehen, als gehe die Frage der Tiergerechtigkeit nur die Tierwirtschaft etwas an. Im Gegenteil: Vielen Heimtieren geht es nicht besser als den meisten Nutztieren. Ihre tiergerechte Haltung ist eine ähnlich große Herausforderung. Daher nehme ich beide Gruppen in den Blick: Zuerst die Nutztiere, beschränkt auf jene in der Landwirtschaft, dann die Pets. Im nutzen und lieben brauchen beide das Regulationsprinzip der Gerechtigkeit.

Als theoretische Grundlage dient die breite *Palette an Grundbedürfnissen,* die Tiere haben und die in Güterabwägungen einfließen müssen (vgl. *Gerechtigkeit als Abwägen,* ab S. 150). In Orientierung an Hans-Hinrich Sambraus möchte ich folgende Bedürfnisse nennen, die nach dem Kriterium der Fundamentalität und der Ranghöhe angeordnet sind[162]. Die fundamentaleren Bedürfnisse werden zuerst genannt, die ranghöheren Bedürfnisse zuletzt:

▶ *Körperliche und seelische Gesundheit*: Ein Tier hat ebenso wie der Mensch das grundlegende Bedürfnis, an Leib und Seele umfassend gesund zu sein. Das schließt seine körperliche Integrität mit ein. Eingriffe in diese Integrität (Enthornung, Kupieren des Schwanzes, Kürzen des Schnabels, Kastration usw.) müssen ebenso gerechtfertigt werden wie Beeinträchtigungen der Gesundheit durch einseitig auf Leistung (Nutztiere) oder menschliches Wunschbild (Pets) orientierte Züchtung, Haltung oder Nutzung.

▶ *Fress- und Trinkverhalten*: Tiere haben ihr je artspezifisches Verhalten der Aufnahme von Nahrung und Flüssigkeit, was Ort, Zeit, Häufigkeit, Futterqualität sowie Art und Weise der Aufnahme angeht. Ein Rind braucht viel Raufutter und viel Zeit zum Wiederkäuen. Jungtiere suchen die Möglichkeit, an der Mutterbrust zu säugen. Vögel wollen scharren und picken, wenn sie fressen.

▶ *Ausscheideverhalten*: Tiere haben wie der Mensch je eigene Orte, Zeiten und Umstände des Urinierens und Kotens. Schweine etwa tun dies möglichst weit vom Liege- und Fressbereich entfernt. Rinder hingegen vollziehen das Ausscheiden relativ unkontrolliert, fressen aber das von Ausscheidungen berührte Gras nicht mehr.

▶ *Körperpflegeverhalten*: Tiere betreiben für sich selber, aber auch für ArtgenossInnen und mitunter sogar über Artgrenzen hinweg Körperpflege. Hühner bepicken sich selbst, aber auch artfremde Tiere, und baden im Sand, um Partikel zu entfernen. Schweine suhlen sich. Rinder lecken einander ab.

▶ *Ruheverhalten*: Jede Tierart hat ihre eigenen Maße und Rhythmen für Ruhe und Schlaf. Auch die Ruheorte und deren Beschaffenheit sind wichtig für ihr Wohlbefinden. Hamster zum Beispiel sind nachtaktiv, tagsüber ziehen sie sich in ihr Häuschen zurück und wollen ungestört schlafen.

▶ *Bewegungsverhalten*: Alle Tiere haben das Bedürfnis, sich zu bewegen, wenn auch im unterschiedlichen Maße. Doch sollte man sie nicht unterschätzen: So ist beispielsweise der Galopp über kürzere Strecken sowohl bei Schweinen (der berühmte »Schweinsgalopp«) als auch bei Rindern normal. Hamster laufen gerne im Hamsterrad, das aber den Freilauf in einem größeren Areal nicht ersetzen kann.

▶ *Wahrnehmungsverhalten*: Tiere wollen ihre Umwelt entdecken und verstehen. Dazu betätigen sie natürlicherweise ihre Sinnesorgane und die entsprechenden Gehirnareale. Je nach Tierart kann das Erkundungsverhalten sehr unterschiedlich ausfallen. Schweine erkunden vor allem mit dem Rüssel, Hunde mit der Nase.

▶ *Handlungsverhalten*: Tiere streben nach aktiver und kreativer Gestaltung der eigenen Umwelt. Sie wollen keine vollständig vorgegebene Umgebung, sondern haben das Bedürfnis, ihre eigenen Vorstellungen Wirklichkeit werden zu lassen.

▶ *Sozialverhalten*: Die meisten Tiere in der Obhut des Menschen sind gesellig. Um aber ihr natürliches Sozialverhalten realisieren zu können, brauchen sie eine bestimmte, überschaubare Gruppengröße, in der sie die ArtgenossInnen individuell unterscheiden und sich merken können. Nur so können sie ihre artgemäße Rang- und Hackordnung ausbilden, wechselseitige Fürsorge und Pflege übernehmen und stabile Bindungen zueinander aufbauen. Das setzt voraus, dass sie einander frei begegnen oder aus dem Weg gehen können und genügend Platz für artgemäße Interaktionen haben.

▶ *Sexualverhalten*: Manche Tiere kopulieren sehr regelmäßig, wenn es ihnen ermöglicht wird. Hühner zum Beispiel tun dies, da ja die Weibchen fast täglich Eier legen. Andere Tiere mit langen Trag- und Stillzeiten haben seltener sexuellen Kontakt, dem dann aber mehrtägige Rituale der Kontaktnahme und Annäherung vorangehen. Faktisch ist dies einer der am meisten tabuisierten Punkte der Tierhaltung: Für Nutztiere ebenso wie für Pets gilt fast flächendeckend lebenslange sexuelle Abstinenz. Und das paradoxerweise in einer Zeit, in der die sexuelle Selbstbestimmung des Menschen als extrem hoher Wert betrachtet wird.

▶ *Brut- und Gebärverhalten*: Die meisten Tiere ziehen sich natürlicherweise zum Eierlegen bzw. Gebären an einen ruhigen, geschützten Ort zurück. Es ist von großer Bedeutung, ihnen diese Möglichkeit zu geben.

▶ *Aufzuchtverhalten*: Bei fast allen Tierarten ist in der Natur eine enge Bindung der Kinder zur Mutter vorgesehen. Insbesondere wenn die Zahl der Kinder pro Muttertier gering ist, kommt dieser Bindung große Bedeutung zu. Rinder etwa, die nach über neunmonatiger Schwangerschaft meistens nur ein Kalb zur Welt bringen, pflegen einen intensiven Körperkontakt zwischen Kalb und Mutter vom ersten Moment an. Dennoch ist die sogenannte Mutterkuhhaltung, bei der die Mutter nicht gemolken wird, sondern fünf bis sechs Monate lang nur ihr Kalb aufzieht, eher die Ausnahme als die Regel. Zudem wurde die Prämie dafür 2015 ersatzlos gestrichen.

Wenn es legitim ist, den Analogieschluss vom Menschen auf das Tier zu vollziehen, und genau das lehrt die klassische Analogielehre, wenn es also (bei allen je größeren Unähnlichkeiten!) Ähnlichkeiten zwischen Mensch und Tier, zwischen menschlichem und tierischem Verhalten und Erleben gibt, dann erahnen wir schnell, wie komplex jedes einzelne Feld tierlicher Bedürfnisse aufgebaut ist, und wie vital das Verlangen des Tieres nach entsprechenden Möglichkeiten sein dürfte: Ein Schwein möchte von Natur aus nicht an dem Platz koten, an dem es frisst – wir zwingen es dazu durch die Enge des Stalles. Eine Kuh möchte nicht den ganzen Tag in der Gruppe sein, sondern sich auch einmal zurückziehen können – wir geben ihr dafür keinen Raum. Ein Huhn möchte im Boden scharren und Körner picken – wir beginnen erst langsam, unsere Haltungsbedingungen darauf einzustellen. Ein Kalb möchte die ersten Monate bei seiner Mutter verbringen – wir nehmen es ihr oft schon nach wenigen Tagen weg. Ein Huhn möchte eine klare Rangordnung seiner Gruppe ausbilden – wir stecken es in Gruppen von tausenden Hühnern, die es in seiner kurzen Lebenszeit unmöglich alle kennenlernen kann. Und so weiter.

Es ist offenkundig: Die derzeitig vorherrschende Art der Nutztierhaltung wird den tierlichen Grundbedürfnissen (von Luxusbedürfnissen ganz zu schweigen) nicht einmal im Ansatz gerecht. Aber die Haltung der Pets sieht bei ehrlicher Betrachtung oft nicht besser aus. Möge bitte jedeR HeimtierhalterIn einmal aufrichtig und Punkt für Punkt prüfen, welche der oben genannten Grundbedürfnisse seiner Tiere er oder sie umfassend und beständig berücksichtigt. Mindestens bei den letzten drei oder vier Punkten wird es selbst bei Hunden schwierig …

Wie gesagt: Die Tiere leben ebenso wenig wie die Menschen im Schlaraffenland, das alle Bedürfnisse erfüllt. In einer Welt begrenzter Ressourcen und ständiger Konkurrenzen um diese muss jedes Lebewesen auch zurückstecken. Aber damit von Gerechtigkeit gesprochen werden kann, müssen alle (!) Bedürfnisse erst einmal wahrgenommen werden. Und danach müssen die handelnden Personen begründen, warum sie diesem Bedürfnis den Vorzug vor jenem geben.

Tiere gerecht nutzen

Die derzeitig vorherrschende Art der Nutztierhaltung wird den tierlichen Grundbedürfnissen nicht einmal im Ansatz gerecht. Zu diesem Schluss kam vor kurzem ein Gremium, das bisher eher zugunsten von Landwirtschaft und Nutztierhaltung gesprochen hat: Der Wissenschaftliche Beirat für Agrarpolitik beim Bundesministerium für Ernährung und Landwirtschaft. In seinem Gutachten »Wege zu einer gesellschaftlich akzeptierten Nutztierhaltung« von 2015 schlägt er Töne an, die man bisher eher von Tierrechtsgruppen gewöhnt ist und die die derzeitige Praxis der Nutztierhaltung schonungslos anprangern. In Politik und (Land- bzw. Tier-) Wirtschaft gleichermaßen seien Reformen verschleppt oder auf das unumgängliche Minimum reduziert worden; Probleme seien ignoriert worden; so sei ein gewaltiger Reformstau entstanden: »Viele der derzeitigen Haltungsbedingungen sind … in wesentlichen Teilen nicht zukunftsfähig und hinsichtlich der dafür teilweise notwendigen Tiermanipulationen rechtlich derzeit nur noch bei sehr weitgehender Auslegung von Ausnahmeregelungen zulässig. Die Landwirtschaft wird sich darauf einstellen müssen, dass die Tierhaltung, bei allem politischen ›Auf und Ab‹ dieses Themas, mittel- bis langfristig deutlich mehr Tierwohl gewährleisten muss.«[163]

Wohin kann bzw. soll sich eine zukunftsfähige Tierhaltung entwickeln? Der Wissenschaftliche Beirat versteht Zukunftsfähigkeit als Übersetzung des Begriffs der Nachhaltigkeit, und diese hat nach gängigem Verständnis drei »Säulen«, auf denen sie ruht und die gleichermaßen Berücksichtigung finden müssen:

▶ Ökonomie: Es ist klar, dass sich eine zukunftsfähige Tierhaltung für alle im System Beteiligten »rechnen« muss. Insofern

fragt das Gutachten auch nach den Folgen für die Futter-
mittelindustrie, die Milchwirtschaft, die Fleischindustrie, die
KonsumentInnen. Es schaut auf die Auswirkungen für die
armen Länder, die KleinbäuerInnen und überlegt, wie eine
Auslagerung in Länder mit niedrigeren Tierwohlstandards
vermieden werden kann.

▶ Ökologie: Eine zukunftsfähige Tierhaltung darf auch nicht
zulasten der Umwelt gehen, wie sie das derzeit in hohem
Maße tut. Das Gutachten diskutiert die mit einer bestimmten Tierhaltung verbundenen Emissionen von Klimagasen,
Exkrementen und Abwässern, den beanspruchten Energieverbrauch, den Verbrauch von Ackerland und die mögliche
Nutzung von Grünland.

▶ Soziales: Eine zukunftsfähige Tierhaltung kann nur auf dem
Wohlergehen aller Beteiligten – Menschen wie Tieren – aufbauen. Sie muss also Gesundheit und Ernährungssicherheit
der Menschen ebenso im Blick haben wie das Tierwohl.

Auf dieser umfassenden Basis entwickelt der Beirat *neun Leitlinien für eine zukunftsfähige Tierhaltung*[164], vier für den Bereich Tierhaltung, vier für den Bereich betriebliches Management und
eine für den Bereich der Tierzüchtung. Sie sollen im Folgenden
kurz vorgestellt werden:

Bereich Tierhaltung

(1) *Zugang aller Nutztiere zu verschiedenen Klimazonen, vorzugsweise
Außenklima*: Für diese Forderung nennt der Beirat eine Fülle
von Gründen: Eine (zeitweise) Freilandhaltung der Tiere
gibt ihnen bessere Luft und Tageslicht und ist daher viel
gesünder; verschiedene Klimabereiche erhöhen die Wahlmöglichkeiten der Tiere, geben ihnen vielfältigere Reize und
ermöglichen ihnen vielfältigere Verhaltensmuster; die Tiere

haben mehr Möglichkeiten zum sozialen Rückzug und besere Chancen zum Erleben positiver Emotionen.

(2) *Angebot unterschiedlicher Funktionsbereiche mit verschiedenen Bodenbelägen*: Wenn die Bereiche für Ruhe, für Nahrungsaufnahme, für Ausscheidung und für andere Aktivitäten getrennt sind, erhöhen sich die Wahlmöglichkeiten der Tiere (oder entstehen überhaupt erst). Verschiedenartige, dem Tier angepasste Bodenbeläge verringern das Risiko der Erkrankung an den Füßen, reduzieren Liegeschäden und erhöhen den Liegekomfort; die Tiere können sich mehr und sicherer fortbewegen und Verhaltensweisen pflegen, die sehr bewegungsaktiv sind.

(3) *Angebot von Einrichtungen, Stoffen und Reizen zur artgemäßen Beschäftigung, Nahrungsaufnahme und Körperpflege*: Auf diese Weise haben die Tiere wesentlich bessere Chancen zum Erleben positiver Emotionen und laufen ein geringeres Risiko für Verhaltensstörungen.

(4) *Angebot von ausreichend Platz und Struktur, keine dauerhafte Fixierung*: Unter diesen Bedingungen sinkt das Risiko für Auseinandersetzungen und gegenseitige Verletzungen; die Tiere erhalten Rückzugs- und Ausweichmöglichkeiten; es erweitert sich die Möglichkeit zu arttypischem Verhalten (zum Beispiel Fortbewegung); es kommt zu einer Erhöhung des Ruhekomforts und der Wahlmöglichkeiten der Tiere; schließlich führt es zu einer Verbesserung der Kondition der Tiere und gibt ihnen bessere Chancen zum Erleben positiver Emotionen.

Bereich betriebliches Management

(1) *Verzicht auf Amputationen zur Anpassung an Haltungssysteme, andere Eingriffe nur unter Schmerzausschaltung:* Nicht die Tiere sollen den Haltungsbedingungen angepasst werden, sondern die Haltungsbedingungen den Tieren. Denn ohne die amputierten Körperteile ist ein arteigenes Verhalten nicht möglich.

(2) *Routinemäßige betriebliche Eigenkontrollen anhand gesetzlich verankerter Tierwohlindikatoren:* Gemeint ist eine Art »Qualitätsmanagement-System« zugunsten des Wohls und der Lebensqualität der Tiere.

(3) *Deutlich reduzierter Arzneimitteleinsatz:* Arzneimittel sollen den Tieren individuell und nur dann gegeben werden, wenn dies um ihres eigenen Wohls willen indiziert ist. Dies setzt eine aufmerksame Betrachtung jedes einzelnen Tieres voraus.

(4) *Verbesserter Bildungs-, Kenntnis- und Motivationsstand der im Tierbereich arbeitenden Personen:* Schon jetzt leiden die Tiere nachweislich dort am meisten, wo der Wissensstand der sie betreuenden Menschen am geringsten ist.

Bereich Zucht

(1) *Stärkere Berücksichtigung aller funktionalen Merkmale in der Zucht* statt Konzentration allein auf Leistungsparameter wie Legeleistung, Gewichtszunahme oder Milchproduktion. Tiergesundheit sollte vernünftigerweise ein zentrales Zuchtziel sein.

Diesen neun Leitlinien des Wissenschaftlichen Beirats für Agrarpolitik werden Tierschutzbewegte uneingeschränkt zustimmen können. Doch werden viele Menschen aus der Tierwirtschaft einwenden, dass die ökonomischen »Sachzwänge« dagegenstehen und dass eine derartige Tierhaltung nicht wirtschaftlich realisierbar ist. Grundsätzlich verdeutlicht der Einwand ein berechtigtes Anliegen: Gerechtigkeit heißt nicht, jedem alles zu geben, sondern jedem das Seine – im Rahmen des Möglichen. Aber gerade wenn wir auf die wirtschaftlichen Möglichkeiten einer modernen Industriegesellschaft schauen, übertreffen diese die Möglichkeiten aller vorangehenden Menschheitsgenerationen und der meisten heutigen Weltregionen. In Mitteleuropa geben wir nur noch 10 bis 20 % unserer durchschnittlichen Einkommen für Ernährung aus. Das dürfte ruhig etwas mehr sein, wenn von Tiergerechtigkeit gesprochen werden soll.

Um welche Beträge geht es? »Für einen Großteil der Tierhaltung führt die in dem Gutachten konkretisierte Umsetzung der Leitlinien zu Mehrkosten in der überschlagsmäßig ermittelten Größenordnung von 13 bis 23 %.«[165] Diese Mehrkosten würden bei einem Wertschöpfungsanteil der Landwirtschaft am Endpreis tierischer Lebensmittelprodukte von rund 25 % zu einer Erhöhung der VerbraucherInnenpreise von etwa 3 bis 6 % führen – wenn sie zu 100 % auf die VerbraucherInnen umgelegt würden. Dies entspricht etwa der Zahlungsbereitschaft der Bevölkerungsmehrheit, wenn diese dafür Lebensmittel aus artgerechter Tierhaltung geboten bekommt. Ihre tierschutzbedingten Mehrkosten lägen pro Haushalt zwischen 36 und 64 Euro pro Jahr[166]. Volkswirtschaftlich wäre die vorgeschlagene Verbesserung des Tierwohls leicht machbar: Sie kostet gerade einmal 0,1 % des Bruttoinlandprodukts.

Um es nochmals zusammenzufassen: Die Mehrkosten belaufen sich für

▸ die Tierwirtschaft auf 13 bis 23 %,
▸ die KonsumentInnen auf 3 bis 6 % beim Kauf von tierischen Lebensmitteln,
▸ die Volkswirtschaft auf 0,1 %.

Problematisch sind die Kostensteigerungen also allein für die Tierwirtschaft. Hier hält der Wissenschaftliche Beirat dann auch klar fest:

> »Ohne politische Begleitmaßnahmen würde eine solche Kosten-steigerung aufgrund des Wettbewerbsdrucks in der durch Kosten-führerschaft geprägten Fleisch- und Milchwirtschaft zur Abwande-rung von Teilen der Produktion in Länder mit geringeren Tier-schutzstandards führen, wodurch die Tierschutzziele konterkariert würden.«[167]

Die Politik wird also dafür sorgen müssen, dass im Gegenzug zur gesetzlichen Erhöhung der Tierschutzstandards Aus-gleichszahlungen und Prämien für besonders gute Tierhaltung zur Verfügung gestellt werden.

Wie ist das Gutachten des Wissenschaftlichen Beirats für Agrarpolitik ethisch zu bewerten? Zunächst einmal besticht es durch eine schonungslose Bewertung des bedrückenden Ist-Zustands der gegenwärtigen Nutztierhaltung. Klarer kann man nicht zugeben, dass es so nicht weitergehen kann. Das halte ich für einen bedeutenden Schritt. Wird er von den Verbänden der Tierwirtschaft mitgegangen, könnte sich eine einzigartige Chance eröffnen.

Ein zweiter Aspekt des Gutachtens taucht schon in seinem Titel auf: »Wege zu einer gesellschaftlich akzeptierten Nutztier-haltung« und nicht »Wege zu einer ethisch verantwortbaren Nutztierhaltung«. Der Unterschied ist wesentlich. Das Gutach-ten argumentiert von den gesellschaftlichen Erwartungen her. Damit ist von vorneherein festgelegt, dass am Ende eine Form der Tierhaltung herauskommt, die von der Gesellschaft mitge-tragen und bezahlt werden wird. Das ist sowohl für PolitikerIn-nen als auch für Menschen in der Tierwirtschaft hoch bedeutsam. Denn würde diese Voraussetzung nicht gemacht, würden sie das Ergebnis von vorneherein als träumerische Utopie abtun, die mit den ökonomischen und politischen Gegebenheiten nicht zusammenpasst. So aber kann man die verantwortlich Handelnden festnageln: Das ist machbar, weil die Menschen es finanziell mittragen!

Was auf der einen Seite die große Stärke des Gutachtens ist – die Orientierung an der politischen und ökonomischen Machbarkeit –, ist auf der anderen Seite zugleich seine Schwäche: Die Zurücksetzung mancher tierethischen Ansprüche. Schaut man zum Beispiel auf die Konkretion der Leitlinie 4, in der ausreichend Platz für die Tiere gefordert wird, so sieht man, dass das Gutachten für Legehennen 22 % und für Masthähnchen 35 % mehr Platz vorsieht[168]. Gemessen an den gegenwärtigen Vorschriften ist das zwar nicht wenig. Aber in Wirklichkeit ist es noch nicht einmal das, was die strengeren Ökolandbau-Verbände für ihre Tiere bereits jetzt vorschreiben (s. o. *Intensivtierhaltung versus Ökologische Tierhaltung*, ab S. 72). Und da bemängeln TierschützerInnen zurecht, dass das aus Sicht des Tieres immer noch weit unter seinen Bedürfnissen liegt.

Außerdem sollten die Tiere in überschaubaren Gruppen gehalten werden, in denen sie ihre natürlichen Rang- und Sozialbeziehungen entwickeln können. Die vier letzten Grundbedürfnisse der Tiere aus der am Kapitelanfang aufgeführten Liste, also Sozialverhalten, Sexualverhalten, Brut- und Gebärverhalten, Aufzuchtverhalten sind im Gutachten des Beirats kein Thema. Eine natürliche Gruppengröße, die dieses vielfältige Verhalten der Tiere ermöglichen würde, läge für Hühner bei 50 bis 80 Tieren, darunter 3 bis 5 Hähnen. Schweine bräuchten kleine Mutterfamiliengruppen von 5 bis 10 Tieren, und Rinder Gruppen von 50 Tieren mit Leitkuh und -bulle.

Meines Erachtens liegt es vor allem an der Ausblendung dieser letzten vier Tierbedürfnisse, dass der Wissenschaftliche Beirat für Agrarpolitik behaupten kann, die Betriebsgröße sei – entgegen der öffentlichen Meinung – für das Tierwohl unbedeutend. Zwar gesteht er für gewisse Parameter einen Zusammenhang zu. So nehme bei größeren Betrieben der Weidegang von Milchvieh ab, die Freilandhaltung von Legehennen und die Bereitstellung hygienisch unbedenklicher Mengen von Beschäftigungsmaterial für Schweine und Geflügel würden erschwert. Aber insgesamt hält er die Orientierung am Parameter Betriebsgröße für wenig zielführend[169].

Wieder kann man diese Überlegung strategisch interpretieren: Würde der Beirat behaupten, kleinere oder mittlere Betriebe seien tierethisch betrachtet vorzuziehen, hätte er die Akzeptanz des Gutachtens bei den industriellen Großbetrieben schon verspielt. So aber kann er auch auf deren Verständnis hoffen und womöglich auch für jene Tiere deutliche Fortschritte erreichen, die in der Intensivtierhaltung stehen, und das sind die meisten.

Alles in allem möchte ich daher das Gutachten als einen aus tierethischer Perspektive gesehen wichtigen Meilenstein positiv würdigen. Wenn in den nächsten Jahren und Jahrzehnten das umgesetzt wird, was das Gutachten als wirtschaftlich und politisch gut machbar beweist, kommen die Nutztiere einen Riesenschritt voran. Und doch darf man es auf lange Sicht nicht bei diesem Schritt belassen. Wer meint, damit wäre dann schon Gerechtigkeit für die Tiere hergestellt, der irrt gewaltig.

Daher möchte ich nun ein alternatives Modell vorstellen, das weit über die Ziele des Gutachtens hinausgeht. Es stammt von einem Visionär, der zugleich Metzger und Tierhalter ist und mit dem, was er tut, seinen Lebensunterhalt und den seiner Angestellten verdienen muss. Das Modell ist die Symbiotische Landwirtschaft, die Karl Ludwig Schweisfurth in den Herrmannsdorfer Werkstätten bei Glonn / Oberbayern seit 2004 zunächst als Experiment auf etwa 4 Hektar strukturierter Weidefläche probiert und bis 2014 zu einem wirtschaftlich und handwerklich ausgereiften Konzept entwickelt hat. »Die Symbiotische Landwirtschaft ist eine Weiterentwicklung des ökologischen Landbaus … mit dem Charme einer neuen Einfachheit, geringen technischen Investitionen und wenig Energieeinsatz. Sie dient dem Wohlbefinden aller im System wirkenden Teile: dem Boden, dem Wasser, den Pflanzen, den Tieren und Menschen mit sinnvoller Arbeit, gutem Leben und guten Lebens-Mitteln.«[170]

Wie funktioniert die Symbiotische Landwirtschaft?

»Nutztiere wie Schweine und Schafe, Fleischrinder, Masthähnchen, Enten, Gänse und Puten, werden in einem mobilen Koppelsystem miteinander gehalten. Es besteht aus geschickter Kombination zwischen Wald in Form von nützlichen Hecken, Wiese als Dauergrünland mit oder ohne Streuobst und Weide in Form von Ackerflächen. Hier wird eine bunte Mischung aus Stickstoff sammelnden, eiweiß- und ölhaltigen Grünpflanzen angebaut, die das Bodensystem bereichern. Die Tiere ernten ihr Futter überwiegend selbst. So bekommt jede Tierart das an Stoffen, Kräften und Wirkungen, was sie von Natur aus braucht. Zusätzlich werden die Tiere mit Kraftfutter gefüttert, im Sommer weniger, im Winter mehr. Schweine und Hühner wühlen in der Erde nach Wurzeln und Lebendigem und übernehmen einen wichtigen Teil der Bodenbearbeitung … Ein häufiger Wechsel der Weideflächen ist wichtig, um hygienische Probleme und Bodenverdichtung durch Übernutzung zu vermeiden. Deshalb sind alle Einrichtungen wie die Hütte, die Futterkiste oder das Schweinebad mit Kufen versehen, die zusammen mit den Tieren von Koppel zu Koppel ziehen.«

Und wie sieht das alltägliche Leben der Tiere in dieser Haltungsform aus?

»*Das Zusammenleben der Tiere gestaltet sich friedlich und zum gegenseitigen Nutzen. Was der eine nicht frisst, mag der andere gern. Die Schweine bieten den Hühnern Schutz vor Räubern wie Marder und Fuchs. Die Hühner übernehmen dafür bei den ruhenden Schweinen die Körperpflege und picken Parasiten, Fliegen und Ungeziefer aus ihrer Haut. Sie sorgen auch für gute Hygiene rings herum im Areal, indem sie Kleinstlebewesen aus dem Boden kratzen und picken. Solche Symbiosen gehen aber nur, wenn viel Raum für die Tiere da ist. Im engen Stall würden die Schweine die Hühner fressen.*«[171]

Der Korrektheit halber muss man erwähnen, dass die Tiere nicht von Geburt an in diesem Haltungssystem leben, sondern erst, wenn sie weitgehend ausgewachsen sind. Es wäre interessant zu überlegen, wie man auch das Zeugen, Gebären und Großziehen des Nachwuchses in das System integrieren könnte. Hier liegt noch Potenzial für die Zukunft.

Und wie sieht das Lebensende der Schlachttiere aus? Die Symbiotische Landwirtschaft praktiziert einen sehr langsamen, behutsamen Gang von der Weide ins Schlachthaus. Insbesondere die Schweine betreten den Transportwagen und dann den Schlachtraum völlig angstfrei und freiwillig, weil ihnen Zeit gegeben wird, sich an die neue Umgebung zu gewöhnen und sie im Falle aufkommender Angst auch wieder zu verlassen. Das funktioniert allerdings nur, weil pro Woche nur 3 bis 5 Schweine und etwa 30 Masthähnchen geschlachtet werden – auf eine sehr menschliche, behutsame und rücksichtsvolle Weise. »Die Tiere gehen ihren letzten Weg ohne lange Transporte, ohne Angst und Stress. Alles geschieht in Ruhe, ohne laute Geräusche. Das Tier bekommt Zeit, um würdig zu sterben.«[172]

Natürlich darf die mitentscheidende Frage nach der Wirtschaftlichkeit nicht fehlen[173]: Während ein Schwein beim Verkauf pro Kilogramm Schlachtgewicht in konventioneller Haltung 1,40 Euro und in ökologischer Haltung 3,50 Euro bringt, rechnet Schweisfurth für das Schwein aus Symbiotischer Haltung mit 4,50 Euro pro Kilogramm. Das bedeutet, dass der EndverbraucherInnenpreis 20 Euro pro Kilogramm Kotelett beträgt, 35 Euro pro Kilogramm Kochschinken und 70 Euro pro Kilogramm Knochenschinken. Ganz grob gerechnet verdoppeln sich die herkömmlichen Preise für Fleisch und Fleischprodukte. Das fasst Schweisfurth in dem Schlagwort zusammen: »Fleisch muss wieder kostbar und wertvoll werden. Lieber halb so viel, aber doppelt so gut!«

Es ist evident, dass eine Kostensteigerung für die VerbraucherInnen um 100 % für tierische Produkte derzeit nur bei einer kleinen, wohlverdienenden Gruppe von ökosensiblen Menschen akzeptiert wird. Die KundInnen in Herrmannsdorf, das im Speckgürtel von München liegt, gehören zu dieser Gruppe. Und so ist es begrüßenswert, dass ihnen ethisch, geschmacklich und gesundheitlich höchstwertige Lebensmittel angeboten werden. Bis allerdings die Bevölkerungsmehrheit ähnliche Wertvorstellungen übernimmt und zu bezahlen bereit ist, wird es noch dauern.

Den langen Weg geduldig gehen

»Dem Wissenschaftlichen Beirat für Agrarpolitik ist bewusst, dass die Umsetzung der vorgeschlagenen Maßnahmen tiefgreifende Änderungen in der Nutztierhaltung erfordert. Dies erfordert große Anstrengungen in Politik, Wirtschaft und Gesellschaft, die allerdings für die Erreichung einer gesellschaftlich stärker akzeptierten Tierhaltung unerlässlich sind.«[174]

Wie können wir die Nutztierhaltung geduldig, aber stetig und mit Konsequenz verbessern, um uns den im vorangehenden Abschnitt genannten Idealen Schritt für Schritt anzunähern? Wie der Wissenschaftliche Beirat halte auch ich »große Anstrengungen« auf den genannten drei Ebenen für nötig: Politik, Wirtschaft und Gesellschaft.

Politik: Zunächst einmal geht es um eine maßvolle, aber kontinuierliche *Erhöhung der gesetzlichen Mindeststandards für das Tierwohl.* Prinzipiell lassen EU-Richtlinien jederzeit zu, dass die nationale Gesetzgebung ihren Mindeststandard überschreitet – nur unterschreiten darf sie ihn nicht. Das gilt auch in Bezug auf den Tierschutz. Die nationale Gesetzgebung in Deutschland liegt bisher nur geringfügig über den Standards der süd- und osteuropäischen Länder, die die EU-Richtlinien 1:1 umsetzen, gleichauf mit den Standards der west- und nordwesteuropäischen Länder, aber weit hinter den Standards der Schweiz und Schwedens[175]. Der nationale Gesetzgeber hätte also durchaus noch Luft nach oben.

Aber es ist klar, dass die entscheidenden gesetzlichen Verbesserungen auf EU-Ebene erfolgen müssen. Gerade im Bereich Landwirtschaft hat die Europäische Union legislativ wie von den finanziellen Förderungen her den Schlüssel in der Hand. Und es stimmt ja, was die Europäische Union in der Präambel

ihrer Richtlinie über den Schutz landwirtschaftlicher Nutztiere festhält[176]: Wenn die Tierschutzstandards in den einzelnen
Mitgliedsländern zu weit auseinandergehen, verzerrt das den
Wettbewerb. Doch das sollte nicht als Argument missverstanden werden, die Standards überall nach unten zu bewegen. Für
die Europäische Union ist dies erklärtermaßen ein Argument
zur allgemeinen Erhöhung der Tierschutzstandards.

Dem entspricht, dass die Europäische Union erstmals 2006
einen »Aktionsplan der Gemeinschaft für den Schutz und das
Wohlbefinden von Tieren« beschlossen hat. In ihm wurden bis
2010 geplante Maßnahmen beschrieben, die den Schutz und
das Wohlbefinden von Tieren in der Europäischen Union und
der übrigen Welt gewährleisten und verbessern sollen. An diesen Aktionsplan schließt sich gegenwärtig eine »Strategie der
Europäischen Union für den Schutz und das Wohlergehen von
Tieren 2012 – 2015« an. In dieser geht es erstens darum, die geltenden Normen zu vereinfachen und auf allgemeinere, für alle
Nutztiere geltende Grundsätze zurückzuführen – denn bisher
sind manche Nutztiere vom EU-Recht noch gar nicht erfasst.
Zweitens sollen die *Kontrolle und Sanktionierung von Verstößen*
durch die Mitgliedsstaaten vorangetrieben werden. Drittens
will die Europäische Union ihre *Fördermittel für Tierschutzmaßnahmen und Tierschutzforschung* gezielter einsetzen. Und viertens
will sie die VerbraucherInnen für den Tierschutz mehr sensibilisieren. Ganz ähnlich sieht auch der Wissenschaftliche Beirat
für Agrarpolitik die Verantwortung der nationalen und internationalen Politik[177].

Wirtschaft: Generell gilt: »Die Land- und Ernährungswirtschaft sollte sich in den Prozess der Standardfindung nicht nur
mit wirtschaftlichen Argumenten, sondern stärker auch auf
Basis eigener ethischer Positionen einbringen.«[178] Sie sollte aus
der Defensive reiner Strategien zur Beibehaltung des Status

Quo in die Offensive gehen und über die gesetzlichen Verpflichtungen hinaus eigene Schritte für mehr Tierwohl setzen. Das gilt für Produktion und Handel gleichermaßen.

Der Wissenschaftliche Beirat verweist mehrmals auf die 2015 gestartete »Brancheninitiative Tierwohl«[179]. An dieser nehmen von Beginn an praktisch alle großen deutschen Lebensmittelketten teil. Damit wird zertifiziertes »Tierwohl-Fleisch« ab Sommer 2015 sehr gut zugänglich sein. Die Unternehmen bringen mit einem Beitrag von vier Cent pro Kilogramm Fleisch einen Gesamtbetrag von rund 85 Mio. Euro jährlich in einen Tierwohlfonds ein, der das Geld den teilnehmenden Schweine- und Geflügelzüchtern für die Umsetzung von zertifizierten Tierwohlmaßnahmen zur Verfügung stellt.

Gemessen an den 3 bis 5 Mrd. Euro, die der Wissenschaftliche Beirat für die deutschlandweite Umsetzung seiner Vorschläge berechnet, sind 85 Mio. Euro ein kleiner Betrag. Aber sie sind ein erster freiwilliger Schritt der Lebensmittelwirtschaft und haben von daher durchaus Bedeutung. Der Handel merkt, dass ein tierethisches Defizit besteht, und will wenigstens etwas tun, um dieses zu beheben. Es wird nun davon abhängen, ob auch die TierhalterInnen sich in entsprechender Zahl beteiligen und die bereitgestellten Gelder für Tierwohlverbesserungen abrufen. Wenn das geschieht, könnte eine Positivspirale in Gang kommen, die nach und nach höhere Geldvolumina für den Tierschutz in der Tierhaltung bereitstellt.

KonsumentInnen / Zivilgesellschaft: Die Tierwohl-Initiative zeigt, dass der Handel sehr wohl reagiert, wenn die VerbraucherInnen ihre Kriterien beim Einkauf verändern. »Der Kunde ist König« – dieser alte Spruch gilt auch mit Blick auf den Einkauf tierischer Lebensmittel. Wenn die Kundschaft etwas wünscht, dann wird es auch geliefert. Es liegt also viel Macht bei den VerbraucherInnen – mehr als in vielen anderen Bereichen des alltäglichen Lebens. Denn der Konkurrenzkampf im Lebensmitteleinzelhandel ist in Deutschland extrem scharf. Bisher ist er ein Kampf um die niedrigsten Preise. Die VerbraucherInnen reagieren auf jeden Cent, den die Butter oder die Milch im einen Geschäft billiger ist als im anderen. Und das hat zu einer Beibehaltung niedrigster Tierschutzstandards in der Nutztierhaltung geführt.

Es ist bequem, »die Politik« und »die Wirtschaft« für die Misere in deutschen und europäischen Ställen verantwortlich zu machen. Doch: Der Kunde ist König. Sein Verhalten entscheidet, wie die Tiere gehalten werden. Natürlich müssen ihm Politik und Wirtschaft ausreichende und korrekte Produktinformation anbieten, an der die Qualität der betreffenden Tierhaltung erkennbar ist. Aber machen wir uns nichts vor: Bei den Eiern haben wir diese Information seit Jahren gut und einfach erkennbar auf jeder Schachtel. Und doch greifen viele KundInnen noch immer zu den billigsten Eiern. Die KundInnen müssen bereit werden, für eine bessere Tierhaltung höhere Preise zu zahlen. Und da die meisten dafür nicht auf andere Lebensstandards verzichten wollen, wird das auch heißen: Sie werden bereit sein müssen, weniger tierische Produkte zu konsumieren. Ein gutes Gewissen ist nicht zum Nulltarif zu haben. Wie sagt Karl Ludwig Schweisfurth? »Lieber halb so viel, aber doppelt so gut!«

Nicht zu Tode streicheln

Bis vor wenigen Jahrzehnten gab es Pets im strikten Sinne nur in sehr wenigen Haushalten – also Tiere, die vorrangig aus Liebe und aus Freude an der Beziehung und nicht um einer Nützlichkeit willen angeschafft und gehalten werden. Zuvor hatten selbst Hund und Katze immer einen Nutzen und waren höchstens an zweiter Stelle auch FreundInnen und GefährtInnen. Der gegenwärtige Wohlstand in den Industrieländern und die immer weiter gehende Entfernung der städtischen Alltagswelten von der Natur ermöglichen nun aber die Verbreitung eines Phänomens, das früher die große Ausnahme war: Heimtiere werden »einfach nur geliebt«. Man hält sie nur um der Freude an ihnen und der Gemeinschaft mit ihnen willen.

Damit haben Heimtiere im privaten Haushalt eine ähnliche Stellung wie Kinder. Und so wie Kinder brauchen auch sie eine gute Balance von Nähe und Distanz. Letzteres ist aber nicht so einfach – gerade weil Kinder wie Tiere »einfach nur aus Liebe« angenommen werden. Das Halten von Heimtieren bedeutet daher ebenso wie das Aufziehen von Kindern eine große Verantwortung.

Die Notwendigkeit der Balance von Nähe und Distanz ergibt sich beim Heimtier ebenso wie beim Kind aus dem Respekt vor dessen Eigenständigkeit einerseits und dem bestehenden Machtgefälle andererseits. Eltern haben viel Macht über ihr Kind, TierhalterInnen über ihr Tier. Angesichts dessen geht es darum, diese Macht uneigennützig einzusetzen, aus Achtung vor seiner Würde weder ein Kind noch ein Tier zu vereinnahmen und für eigene Bedürfnisse und Wünsche zu missbrauchen. Weil aber solche Wünsche oft sehr subtil sind und nicht immer bewusst werden, muss ein hohes Maß kritischer Selbstreflexion vorhanden sein.

▶ Die eigenen Wünsche können Wünsche nach Nähe und Zärtlichkeit sein. Aber ein Tier setzt mitunter ebenso klare Grenzen wie ein Kind, wenn es nicht so viel körperliche Nähe will wie sein Gegenüber. Diese Grenzen gilt es zu respektieren.

▶ Die eigenen Wünsche können dem heute dominanten Leistungsparadigma entspringen. So wie Menschen vom eigenen Kind hohe Leistungen in Schule, Musikschule oder Sportverein erwarten, erwarten TierhalterInnen oft anspruchsvolle Leistungen von ihrem Pferd oder Hund. Auch hier gilt: Ein Kind oder ein Tier zu fordern ist gut, es zu überfordern aber fatal.

▶ Die eigenen Wünsche können auch Wünsche nach Machtausübung sein, die in der eigenen Lebenswelt nicht anderweitig ausgelebt werden können. Zwischen TierhalterInnen und ihren Tieren besteht ebenso ein unaufhebbares Machtgefälle wie zwischen Eltern und ihren Kindern. Umso wichtiger ist es, selbstkritisch zu prüfen, ob man mit dieser Macht nicht spielt.

Insgesamt gilt die Maxime: Wie das Kind entsprechend seinen Möglichkeiten gefordert und entsprechend seinen Begabungen und Bedürfnissen gefördert werden soll, so auch das Heimtier. Und: Wie dem Kind, das noch nicht für alles ein umfassendes Verständnis hat, um seiner selbst willen Grenzen gesetzt werden müssen, die es womöglich nicht versteht, so auch dem Tier. Ein Hund muss nicht am Esstisch Platz nehmen oder im Bett schlafen – er akzeptiert schnell, dass sein Platz ein anderer ist. Und er kann lernen, wohin er koten darf und wohin nicht.

Damit dem Tier sachgerechte Grenzen gesetzt werden können, ist eine gute Kenntnis seiner Bedürfnisse und Verhaltensweisen unerlässlich. TierhalterInnen sind moralisch und mitunter (etwa bei Hunden) auch gesetzlich verpflichtet, die nötige Sachkunde zu erwerben. Das kann über schriftliche Unterlagen geschehen, die man im Tierhandel erhält, besser aber über unmittelbare Einweisung und zumindest in der Anfangsphase supervidierende Begleitung durch erfahrene TierhalterInnen.

Im Zusammenhang mit der Heimtierhaltung stellen sich vorab einige grundlegende Fragen:

▶ Die Frage, ob man sich eine Verantwortung für das Tier über seine gesamte Lebensdauer zutraut und wer in einer Familie diese Verantwortung übernimmt. Tiere sind kein Überraschungsgeschenk. Ihre Anschaffung muss in der Familie vorher sorgfältig durchbesprochen werden. Jährlich werden allein in Deutschland Hunderttausende Pets ausgesetzt, besonders nach den Weihnachtsferien und vor dem Urlaub. Viele werden vermutlich nie gefunden und sterben, die gefundenen Tiere sind oft körperlich in erbärmlichem Zustand und psychisch traumatisiert. Nicht selten tragen die betroffenen Tiere lebenslang an den Folgeschäden.

▶ Die Frage, welche Tierarten angesichts der eigenen Wohn- und Lebensbedingungen überhaupt angemessen gehalten werden können. Wie sieht es mit der zeitlichen Verfügbarkeit aus? Wie ist es mit den räumlichen Gegebenheiten? Was lässt die nähere Umgebung der eigenen Wohnung zu? Was ist finanziell auch auf lange Sicht leistbar? Es geht nicht darum, welche Tierart sich der Mensch am meisten wünscht, sondern welche Tierart sich den betreffenden Menschen als HalterIn wünschen könnte!

▶ Die Frage, in welcher Haltungsform Pets gerecht gehalten werden können. Für manche sozial lebende Tierarten wie Kaninchen oder Vögel lässt sich eine annähernd faire Haltung zum Beispiel nur durch Gruppenhaltung garantieren.

▶ Die Frage, woher das gewünschte Tier kommt. Stammt es aus tiergerechter Zucht? Wurde es im Zoofachgeschäft tiergerecht gehalten? Die Heimtierhaltung ist ein Milliardenmarkt. Dass es hier wie überall auf dem Markt die Versuchung gibt, die Kosten zu Lasten der Tiere zu drücken, liegt auf der Hand.

Das deutsche Tierschutzgesetz regelt bisher kaum Belange der Heimtiere. Hier besteht in weiten Teilen ein rechtsfreier Raum. Die Forderung einiger Organisationen nach einem Heimtierschutzgesetz hat daher durchaus Berechtigung. Sie macht allerdings auf eine grundsätzliche Schwierigkeit aufmerksam: Im Vergleich zu Wirtschaftsbetrieben sind die vier Wände eines Privathaushalts aus guten Gründen stärker gegen den Zugriff und die Kontrolle des Staates geschützt. Heimtierschutz wird daher – auch auf der Grundlage einer rechtlichen Regelung – ähnliche Schwierigkeiten haben wie Kinderschutz. NachbarInnen und Bekannte begehen eine ständige Gratwanderung. Einerseits sollen sie die Privatsphäre anderer achten, andererseits ein waches Auge auf Missbrauch haben. Einerseits sollen sie sich nicht über Gebühr einmischen, andererseits die Misshandlung von Kindern und Tieren anzeigen. Einerseits sollen sie durch ein Eingreifen keine Traumatisierung hervorrufen, die noch nicht da ist, andererseits laufen sie durch Verzicht auf eine Anzeige womöglich genau diese Gefahr.

Es mag verlockend erscheinen, allen ethischen Regelungsbedarf über Gesetze zu lösen. Doch gerade im Privatbereich stoßen Gesetze an elementare Grenzen. Viel dringender braucht es daher eine größere gesellschaftliche Sensibilität für das Wohl der Heimtiere und die Zivilcourage, andere TierhalterInnen auf Missstände aufmerksam zu machen.

So paradox es klingt: Auch die Liebe braucht das Korrektiv

der Gerechtigkeit. Ohne dieses wäre sie oft blind. Die Gerechtigkeit ist der objektive Maßstab der Liebe, so wie umgekehrt die Liebe die subjektive Triebfeder und Inspirationsquelle der Gerechtigkeit ist. Insofern hat die Haltung von Nutztieren mehr mit der Haltung von Heimtieren gemeinsam als man denkt. Auch NutztierhalterInnen sollen ihre Tiere lieben, und auch GefährtentierhalterInnen müssen ihre Tiere tiergerecht behandeln. Wohl und Wehe der Tiere liegt nicht nur in der Nutztierhaltung nahe beieinander, sondern ebenso in der Haltung der Pets.

TIERE TÖTEN UND ESSEN?

Die Nagelprobe jeder Tierethik

»Tiere essen?« Mit dieser Frage rüttelte 2010 der Bestseller des US-amerikanischen Autors Jonathan Safran Foer auf. Und in der Tat: Nie wurde so viel über die Legitimität des Fleischgenusses diskutiert wie in den letzten Jahren. Bisher haben wir uns gefragt, welche Haltungsform den Tieren gerecht wird, deren Produkte wir essen und trinken. Jetzt gilt es zu prüfen, ob wir Tiere heute, da es Alternativen gäbe, überhaupt noch töten dürfen. Bis vor 150 Jahren wären in unseren Breiten die meisten Menschen verhungert, wenn sie auf den Verzehr von Fleisch verzichtet hätten. Im Winter gab es zu wenig pflanzliche Nahrung, weil die Konservierungsmöglichkeiten sehr eingeschränkt waren. Aber heute? Theoretisch könnten wir in den Industrieländern gesund und wohlgenährt leben ohne Fleisch. Ist das folglich ein ethisches Gebot[180]?

Von den drei großen philosophischen Ansätzen der Tierethik, die ich im Kapitel *Tiere als »Instrumente« oder »Glücksbehälter«* (ab S. 88) vorgestellt habe, geben zwei eine sehr klare, aber einander entgegengesetzte Antwort: Anthropozentrische Ansätze rechtfertigen die Tiertötung generell, wenn sie dem menschlichen Nutzen dient und das Tierleid fachgerecht minimiert. Tierrechtsansätze hingegen rechtfertigen nicht einmal eine Tiernutzung, die keine Tötung impliziert wie die Milchviehhaltung oder die Haltung von Wollschafen.

Der Utilitarismus, der zwischen den beiden anderen Positionen steht, ist nicht so eindeutig. Einerseits kann er, wie Peter Singer zugesteht, kein intrinsisches Argument gegen eine schmerzfreie Tiertötung und den dadurch ermöglichten Fleischverzehr vorweisen[181]. Da er nur auf das größte Glück der größten Zahl zielt, ist Lustgewinn dann ein hinreichender Grund, wenn der im Nebeneffekt entstehende Schmerz minimiert wird. Sofern also Tiere schmerzfrei geschlachtet werden, rechtfertigt das utilitaristische Prinzip das, wenn es die Lust der FleischesserInnen erhöht. Andererseits behauptet Singer, dass die Erlaubnis der Tierschlachtung zu Nahrungszwecken zwangsläufig eine Dynamik in Gang setze, die in den »Tierfabriken der Massentierhaltung« ende. Weil dort aber in hohem Maße Tierleid erzeugt werde, müsse man im Sinne des Dammbrucharguments den Anfängen wehren und die Tierschlachtung verbieten. Wie von Singer selbst zugestanden, handelt es sich hierbei um ein extrinsisches Argument. Nicht die Schlachtung an sich ist verwerflich, sondern die auf lange Sicht befürchteten Folgen. Dann muss Singer aber beweisen, dass es nur diese eine, sehr radikale Möglichkeit gibt, Massentierhaltung zu verhindern, indem man die Schlachtung verbietet. Diesen Beweis bleibt er schuldig.

Wie aber sieht es aus, wenn man die Frage der Tiertötung im Kontext einer Theorie der Tiergerechtigkeit stellt? Michael Allen Fox nennt vier Argumente, die gemäß der klassischen Gerechtigkeitsvorstellung gegen die Rechtmäßigkeit der Tiertötung sprechen[182]: Erstens könne der Schaden einer Gruppe nicht durch den Nutzen einer anderen aufgewogen werden. Zweitens sei der Schaden der Tiere weit größer als der Nutzen der Menschen. Der tierliche Schaden betreffe drittens ein Grundbedürfnis, der menschliche Nutzen nur ein Komfortbedürfnis. Viertens könne ein Nutzen auf Kosten Unschuldiger nicht gerecht sein. Aus all diesen Gründen sei der Vegetarismus, der einen geringeren Schaden erzeugt, ethisch zwingend vorzuziehen.

Die vier Gerechtigkeitsargumente von Fox teile ich voll und ganz. Dennoch halte ich seine Argumentation für verkürzt. Denn Fox setzt unausgesprochen voraus, dass die Frage der Tiertötung allein tierethisch zu klären sei. Doch Gerechtigkeit als Nachhaltigkeit definiert sich stets im Rahmen der systemischen Kapazitäten. Daher muss auch das dem Tier Gerechte (Soziales) stets in Abhängigkeit von den wirtschaftlichen Möglichkeiten einer Gesellschaft (Ökonomie) und den Möglichkeiten des Ökosystems Erde (Ökologie) definiert werden.

Aus diesen Gründen sind zwei Betrachtungsweisen wichtig, die tierethisch individuelle und die ökologisch und ökonomisch systemische. Die tierethische Betrachtungsweise fragt nach dem Tier als Individuum und muss Folgendes bedenken: Wie alle Tiere lebt der Mensch – ob Vegetarier, Veganer oder nicht – von der Tötung anderer Lebewesen. Daher lässt sich nur ein relativer Unterschied zwischen vegetarischer und nicht-vegetarischer Ernährung machen. Will der Mensch leben, ist er gezwungen, Gewalt gegen andere Lebewesen anzuwenden. »An einem späteren, aber durchaus bestimmten Punkt ist auch der Vegetarier rücksichtslos gegen das Leben, das ihn nähren soll … Nur tot kann das andere Wesen den Menschen ernähren.«[183] Der Mensch kann versuchen, mit einem Minimum an Gewalt gegenüber den Lebewesen auszukommen und diese ehrlich zu rechtfertigen. Er kann ihr aber nicht gänzlich ausweichen. Das spricht im Sinne der Übelminimierung für den Vegetarismus, aber nicht prinzipiell, sondern nur tendenziell.

Die systemische Betrachtungsweise sieht das Nutztier als Teil der ökologischen und landwirtschaftlichen Kreisläufe und Wechselbeziehungen. Sie sieht, dass der ökologische Landbau keinen Acker ohne den natürlichen Dünger aus dem Mist seines Viehs bewirtschaften kann. Sie sieht auch, dass weltweit viele Flächen nicht zum Lebensmittelanbau für den Menschen, wohl aber zum Futtermittelanbau für das Vieh geeignet sind – man denke an Almen und Flächen in Steillage, an Feuchtwiesen und andere nicht beackerbare Böden. Würde man solche Flächen unbewirtschaftet lassen, wäre ein erheblicher Verlust an Nahrungsmitteln für den menschlichen Verzehr die Folge, aber auch ein enormer Verlust an Biodiversität. Denn solche extensiv genutzten Flächen tragen in höchstem Maße zur Vielfalt von Arten und Biotopen bei. Natürlich könnte man versuchen, diese Flächen ausschließlich für Milchvieh zu nutzen. Dann aber hätte ausgerechnet das Schwein, der Allesfresser und Resteverwerter unter den Nutztieren, keinen Platz mehr in der Landwirtschaft. Hinzu kommt die Frage der Jagd. Jagdbare Tiere haben heute kaum noch natürliche Fressfeinde und vermehren sich selbst ohne die menschliche Fütterung oft so stark, dass sie selbst in einer sehr naturnahen Forstwirtschaft die Baumbestände gefährden. Jagd reguliert die Tierbestände – wenn sie nur sachgerecht und waidgerecht genug ausgeübt wird. Und schließlich ist auch an die Fischerei zu denken: Zwar sind die Weltmeere derzeit hoffnungslos überfischt – aber können wir wirklich ganz ohne Fischfang auskommen, wenn wir die Menschheit ernähren wollen?

Beide Betrachtungsweisen, die tierethisch-individuelle wie die ökonomisch-ökologisch-systemische, verhindern in ihrer Verbindung wenigstens nach heutigem Kenntnis- und Möglichkeitsstand eine generelle Ablehnung der Tiertötung. Umso mehr muss aber gefragt werden, wie eine ethisch verantwortbare Tiertötung ablaufen kann und soll und in welchem Maße Tiertötungen heute verantwortlich sind.

Brief an alle vegetarisch oder vegan Lebenden

Liebe TierschützerInnen, die Sie auf Fleisch und womöglich auf alle tierischen Produkte verzichten,

in vielen Diskussionen habe ich erlebt, dass Sie über weite Strecken die Gedanken mitvollziehen, die ich in diesem Buch präsentiere. Ich habe aber auch erfahren, dass sich viele von Ihnen daran festbeißen, dass ich die Tiertötung nicht generell verbieten will. Leidenschaftliche Diskussionen haben wir geführt, doch sie haben uns nicht wesentlich weitergebracht.

Natürlich verstehe ich, dass jemand, der aus persönlicher Überzeugung in eine bestimmte Lebensform sehr viel Energie und Aufmerksamkeit investiert, einen starken Drang hat, diese Lebensform auch anderen Menschen weiterzugeben. Es ist »Mission« im besten Sinn des Wortes, wenn jemand sich gerufen fühlt, von den schönen Seiten, den Neuentdeckungen, den Freiheiten und der gewonnenen Lebensqualität dieser Lebensform zu erzählen und andere Menschen dafür zu gewinnen. Wovon das Herz voll ist, davon fließt der Mund über (Lk 6,45).

Die Gefahr ist aber, das Kind mit dem Bade auszuschütten und die ganze Welt nur noch an diesem einen Gesichtspunkt zu messen, ob jemand getötete Tiere nutzt oder nicht. Das kann nicht gutgehen. Die Welt ist vielschichtiger, als dass man sie auf die Frage der Tiertötung reduzieren könnte. Und bedenken Sie bitte auch dies: Wenn ich im Kapitel *Tiere töten und essen* dafür plädiere, den Fleischkonsum in den Industrieländern um 75 % zu reduzieren, dann können wir erst einmal lange für dieselbe Sache kämpfen. Drei Viertel des von Ihnen beabsichtigten Weges gehe ich gerne mit Ihnen. Das geht aber nur, wenn Sie bereit sind, die Grundsatzfrage »Tiertötung ja oder nein« mindestens vorläufig zurückzustellen. Die können und werden wir dann diskutieren, wenn wir nahe an dem von mir vorgeschlagenen Zielwert von 75 % weniger Fleischkonsum angelangt sind. Dann mag es sein, dass sich unsere Wege trennen. Aber dieser Moment liegt noch in weiter Ferne!

Das Schächtritual
als tierethisch bedeutsames Symbol

Wie eine bessere Praxis des Schlachtens aussehen könnte, wird umrisshaft aus einer Untersuchung von Karin Jürgens erkennbar, die darstellt, wie LandwirtInnen in kleinbäuerlichen Familienbetrieben die Massenkeulung ihrer Rinder während der BSE-Krise 2001 wahrnahmen[184]. Sie erlebten die Keulung unmittelbar auf ihren Höfen und nahmen sie völlig anders wahr als die normale Schlachtung ihrer Tiere. Schon ihre Wortwahl zeigt eine ganz andere ethische Einschätzung: Statt vom »Schlachten« sprechen sie von »umbringen«, »totmachen«, »totschlagen«, »erschlagen«, »abschlachten«, »ermorden«. Aus ihren Beschreibungen wird deutlich, dass sie das klassische christliche Ethos verinnerlicht haben, das die Tiertötung nur zu Nahrungszwecken erlaubt. Auch waren auf Grund der schnellen Massenkeulung die üblichen Abschiedsrituale meist nicht mehr möglich wie zum Beispiel eine Extragabe Futter, ein letztes Striegeln, die letzte Körperpflege und die verbale Verabschiedung von dem zu schlachtenden Tier. Nicht selten hätte man sich die Unterstützung durch den Pfarrer gewünscht.

Aus den Untersuchungen von Jürgens wird deutlich, wie differenziert die traditionelle Normierung des Schlachtvorgangs in der kleinbäuerlichen Landwirtschaft geregelt war. Zudem lässt sich das Bedürfnis nach ritueller Entlastung erkennen, wobei mit Ritualen hier keineswegs spezifisch religiöse Handlungen gemeint sein müssen. Die letzte Fütterung ist ebenfalls ein

Ritual, und es kann unabhängig von jedem Glauben zu einer den Menschen entlastenden und das Tier stärkenden Geste werden. Wie also könnte ein neues, modernes Ethos des Schlachtens aussehen? Wie kann man diesen belastenden Vorgang so gestalten, dass er tierethisch betrachtet so leidarm wie möglich und symboltheoretisch betrachtet so verständlich und wahrnehmbar wie möglich vollzogen wird? Um diese Frage zu beantworten, soll zunächst die große Tradition des Schächtens in zwei der drei monotheistischen Religionen betrachtet werden, im Judentum und im Islam.

Die Praxis rituellen Schlachtens scheint in der Geschichte Israels weit zurückzureichen. Denn im ältesten Rechtskorpus mit ausführlichen Weisungen, dem Buch Deuteronomium aus dem späten 7. Jh. v. Chr., wird in Dtn 12,21 mit der Formel »so, wie ich dir befohlen habe« ausdrücklich auf ältere Überlieferungen angespielt. Es gibt offenkundig bereits eine weithin bekannte und anerkannte Regelung des Schlachtvorgangs, die nicht mehr detailliert wiederholt werden muss. Ihr Kernstück ist das Verbot des Blutgenusses: Blut darf nicht verzehrt werden, sondern muss ungenutzt in den Boden fließen. In diesem Ritual drückt sich der Respekt vor dem Tier als Mitgeschöpf aus, indem darauf verzichtet wird, sich seiner Lebenskraft zu bemächtigen, die damals im Blut vermutet wurde (Lev 17,10–14).

Genauere Vorschriften zur Schlachttechnik finden sich erst ein rundes Jahrtausend später im Talmud (Endredaktion um 500 n. Chr.). Hier ist insbesondere der Traktat Chulin 1–2 zu nennen. Dort werden u. a. Regelungen zur Person des Schlachtenden getroffen – jeder gesunde volljährige Mensch darf schlachten. Die notwendige Schärfe des Schlachtmessers wird als entscheidendes Kriterium festgeschrieben. Es wird für die Schnelligkeit und Präzision des Schlachtschnitts Sorge getragen. Bei nicht sachgemäßem Schnitt wird das Fleisch als unrein erklärt. Wird ein krankes Tier geschlachtet, muss es nach dem Schlachten zucken, wenn es als koscher gelten soll. Und schließlich folgen lange Abhandlungen über die Anrufung Gottes beim Schlachten. Schlachten ist ein »heiliger« Vorgang. Was aus ersichtlichen Gründen fehlt, sind Bestimmungen zur Betäubung des Tieres – sie war damals schlicht unmöglich.

Die heutige Praxis des jüdischen Schächtens kann folgendermaßen skizziert werden: Der Schächter muss qualifiziert und ethisch tadelfrei sein wie ein Rabbi; er muss bewusst und aufmerksam schlachten. Wichtig ist die vorbereitende Fixierung des Tieres, das bei Bewusstsein ist. Diese geschieht ursprünglich mit Stricken, heute mit unterschiedlichen, oft sehr aufwändigen und (zumindest aus der Außenperspektive betrachtet) spitzfindigen Spezialapparaten, da eine Haltung des Tieres erreicht werden muss, die sein vollständiges Ausbluten gestattet. Für die eigentliche Schlachtung dürfen keine mechanisch-automatischen Apparate verwendet werden. Der Schächter muss einen einzigen, nicht unterbrochenen, schnellen Schnitt durch alle Weichteile des Halses mit absolut scharfer Klinge führen. Nur die Wirbelsäule bleibt undurchtrennt. Die Schärfe der Klinge ist für jede einzelne Schlachtung vorher zu kontrollieren.

Die Loslösung des *frühen Christentums* vom Schächtgebot der jüdischen Mutterreligion vollzieht sich offensichtlich sehr mühsam, dann aber radikal. Im Neuen Testament finden wir noch Zeugnisse dafür, dass das alttestamentliche Blutgenussverbot zu jenen Weisungen zählt, die für JudenchristInnen nicht aufgebbar scheinen. Noch als man im Kontext der Heidenmission die gesamte Tora als für HeidenchristInnen nicht verbindlich erklärt, hält man an dieser Vorschrift fest: Zwei der vier Ausnahmeklauseln des sogenannten Apostelkonzils (um

50 n. Chr.) betreffen das Blutgenussverbot, das damit für HeidenchristInnen Geltung erlangt (Apg 15,20). Paulus ist mit diesen Ausnahmeklauseln offenbar nicht einverstanden. Der Rö-
merbrief bezeugt, dass für ihn das Essen von unkoscherem
Fleisch kein verwerfliches Tun darstellt, sondern in der Freiheit
des Evangeliums möglich ist (Röm 14,14). Einzig weil es bei den
»Schwachen« Anstoß erregen würde, die noch an den überlie-
ferten Geboten hängen, sollen die »Starken« auf den Verzehr
von unkoscherem Fleisch verzichten.

Die Option der jungen Kirche für die Heidenmission führt
innerhalb weniger Generationen zur Aufhebung der jüdischen
Schlachtvorschriften. Damit ist das christliche Schlachten zumindest formal profaniert – ein aus der Dynamik der Heidenmission heraus verständlicher, aber folgenschwerer Schritt.
Seine Konsequenzen für die christliche Einstellung zum Tier
und deren Ausblendung der neuzeitlichen industriellen Nutztierhaltung lassen sich selbst heute nur in Umrissen erahnen.
Die Kirche hat sich ungewollt des Einflusses auf die Schlachtung von Tieren begeben.

Während das Christentum sich radikal von der jüdischen
Schlachtpraxis löst, greift der *Islam* sie weitestgehend auf und
führt sie fort. »Halal«, d. h. erlaubt (im Gegensatz zu »haram«,
d. h. verboten) ist der Fleischverzehr im Koran vor allem unter
zwei Bedingungen: Wenn das völlige Ausbluten des Tieres si-
chergestellt ist (Sure 5,3) und wenn der Name Gottes über dem
Tier ausgerufen wurde (Sure 5,3; 22,28.34–37). Wie in der Tora
finden sich auch im Koran keine Angaben über die Technik des
Schlachtens, wohl aber in der Hadit, der islamischen Traditi-
onsliteratur. Für deutsche MuslimInnen wurde 1988 seitens
eines autorisierten Arbeitskreises aller muslimischen Organisationen als verbindliche Vorschrift formuliert[185]: Ein Tier darf
nicht zusehen, wie ein anderes geschlachtet wird; das Tier darf

bei der Schlachtung nicht vollständig gefesselt sein; es muss vorher getränkt, gefüttert und beruhigt werden; der Schlachter spricht Richtung Mekka gewandt ein Gebet über das Tier; der Schnitt mit einem sehr scharfen, unmittelbar vorher frisch geschliffenen Messer muss Halsschlagader und Luftröhre sofort durchtrennen, damit der Tod schnellstens eintritt und das Leiden des Tieres auf ein Minimum begrenzt wird.

Resümierend verdeutlichen die Vorschriften in Judentum und Islam eine Reihe zentraler Aspekte des Mühens um eine humane Gestaltung des Schlachtvorgangs:

(1) Es geht nicht allein um die Frage der Betäubung vor der Schlachtung. Die Reduktion auf die Frage des körperlichen Schmerzes ist unsachgemäß. Denn die Frage der psychischen Verfassung des Tieres hat mindestens ebenso große Bedeutung. Menschliche Zuwendung und Fürsorge sind wichtig und womöglich tiergerechter als eine gefühlskalte, automatisierte Betäubung.

(2) Auch das Sozialempfinden der Tiere wird berücksichtigt: Zu verhindern, dass das Tier angsterfüllt erleben muss, wie ArtgenossInnen betäubt werden oder sterben, gehört zu den grundlegenden Aspekten humanen Schlachtens.

(3) Judentum wie Islam haben einen Sinn für die spirituelle Dimension des Schlachtens bewahrt: Das Gebet bzw. die Mitwirkung eines Religionsvertreters macht den Schlachtenden sichtbar, dass sie in dem für sie belastenden Tun nicht allein gelassen werden. Durch die Profanierung der Schlachtung hat die christliche Gesellschaftsordnung die Schlachter mit ihren Problemen isoliert und ausgegrenzt.

(4) Judentum wie Islam haben das zentrale Symbol bewahrt, das dem Schlachtenden wie den Fleisch Essenden die Ehrfurcht vor dem getöteten Tier ermöglicht: Das Verbot des

Blutgenusses. Es macht sehr augenscheinlich deutlich, dass es dem Menschen nicht erlaubt ist, das Tier »bis zum letzten Blutstropfen auszukosten«. Eine völlige Instrumentalisierung des Tieres würde eine Missachtung seiner geschöpflichen Würde bedeuten. Das Verbot des Blutgenusses ist ein starkes Symbol, das eine wirksame emotionale Hemmschwelle setzt und den Fleischgenuss tendenziell einschränkt.

Judentum und Islam bieten also im Rahmen vormoderner Strukturen einen über nahezu 3000 Jahre bewährten Weg zu einer humanen und in die Gesamtgesellschaft eingebundenen Schlachtung, die zugleich allen (!) das Übel der Tötung eines Mitgeschöpfs sichtbar macht. Was sie bisher nicht bieten, ist eine Integration der modernen Betäubungsmöglichkeiten in ihre symbolisch-rituell auch heute wert- und sinnvolle Praxis. Insofern haben innerjüdische und innerislamische Stimmen für eine Weiterentwicklung der Schächtpraxis besonderes Gewicht. Israel Meir Levinger betont 1996 in einer Podiumsdiskussion, die Tora verbiete die Betäubung nicht, sie sei also diskutabel. Das Islamische Zentrum Bern verlautbart 1995, die Betäubung widerspreche nicht den Vorschriften des Korans. Analog äußern sich auch andere Stimmen in Judentum und Islam, die aber bisher eine Minderheit darstellen. Die Europäische Union hat von 2006 bis 2009 das DIALREL-Projekt gefördert, das die Frage der Betäubung vor dem Schlachten im Kontext interkultureller Verständigung untersucht[186]. Es deutet sich an, dass eine Verständigung möglich wird.

Das Schächtritual macht etwas sichtbar, das die moderne Gesellschaft nicht gerne sehen will: Das Töten von Lebewesen. Vielleicht reagiert sie deswegen so allergisch (und vielleicht auch aus antijüdischen und antiislamischen Ressentiments heraus). Doch das Ritual versucht, die Durchbrechung des Tötungstabus aufzufangen. Es bedeutet den »Verzicht auf die Einverleibung des Lebenssaftes … auf die schrankenlose Herrschaft und Aneignung des Lebens.«[187] So ist es ein Signal der Demut und Dankbarkeit gegenüber dem Mitgeschöpf. Es ist ein Symbol der Ehrfurcht und des schwierigen Mühens um Gerechtigkeit, denn das Tier gehört in das Boot der Schöpfungsgemeinschaft hinein. Es ist ein Zeichen der Maßhaltung und des wahrhaften Genießens einer kostbaren Gabe. Und schließlich ist es ein Ritual, das Vertrauen und Gelassenheit gibt angesichts des unauflöslichen Geheimnisses, dass Geschöpfe nur auf Kosten anderer Geschöpfe leben können.

Zu einem neuen Ethos des Schlachtens

Der Kontrast zwischen der heutigen Praxis industrieller Schlachtung am Fließband und dem im Schächtritual angezielten Ideal eines möglichst sanften und gewaltarmen Tötens des Tieres könnte kaum größer sein. Gewiss, auch die jüdische und muslimische Praxis verläuft bei weitem nicht immer vorschriftsgemäß. Doch hält sie im Ritual das vorgestellte Ideal wach und straft den, der sich nicht daran hält, Lügen. Nun ist es in einer pluralen Gesellschaft unmöglich, ein Ethos des Schlachtens über ein verbindliches Ritual von oben herab zu verordnen. Dafür fehlt eine von allen anerkannte Instanz. Gleichwohl haben die vorangehenden Ausführungen deutlich gemacht, dass es wünschenswert wäre, sowohl tierethische Normen als auch symbolisch verdichtete Rituale zu entwickeln. Das Töten eines Lebewesens ist ein Vorgang, der mehr als andere ritualaffin ist, wie Karin Jürgens gezeigt hat. Wie also könnte eine neue Praxis des Schlachtens aussehen?

Was die Rahmenbedingungen humanen Schlachtens angeht, dürfte klar sein, dass ein Massentransport in engen Transportern über weite Strecken und eine industrielle, automatisierte Schlachtung dem Tier kaum gerecht werden können. Allein schon die Angst vor einer fremden Umgebung und die Trennung von den bekannten menschlichen Bezugspersonen bedeuten für die Tiere eine so große Verunsicherung, dass der Gang zur Schlachtbank größten Stress auslöst. Das kann auch dem menschlichen Fleischesser nicht gleichgültig sein, denn im Stress schüttet das Tier Hormone aus, die noch im Fleisch auf dem Teller nachgewiesen werden können.

Das Anliegen muss also ein möglichst kurzer Transport zum Schlachtort sein, der so organisiert wird, dass das Tier den Ortswechsel freiwillig und angstfrei mitmacht. Ideal wäre es, das Tier dort zu schlachten, wo es gelebt hat. Wenn das nicht möglich ist, muss größtmögliche Sanftheit des letzten Weges das Ziel sein. In der ökologischen Landwirtschaft haben sich verschiedene Methoden etabliert, wie das geschehen kann.

Die Schlachtung selbst soll nicht nur frei von physischem, sondern auch von psychischem Schmerz erfolgen. Die Vorschriften für das Schächten regeln mit Recht die menschliche Zuwendung zum Tier, die körperliche Zärtlichkeit und das sanfte Zureden. Und sie achten auf die sozialen Folgen für andere Tiere, wenn diese den Tod des Artgenossen erleben müssen. Das muss sie nicht in jedem Fall erschrecken. Es muss aber bei der Gestaltung des Schlachtens berücksichtigt werden.

Was das Ritual angeht, zeigen die oben dargelegten Untersuchungen von Karin Jürgens, dass das letzte Tränken und Füttern des Tieres für viele LandwirtInnen eine wichtige Rolle spielen. Das ganze Tierleben lang waren die TierhalterInnen diejenigen, die das Tier genährt und gefüttert haben. Sie haben damit eine sehr intime Aufgabe übernommen, die eine tiefe Beziehung zwischen ihnen und dem Tier begründet hat. Diese noch einmal symbolisch wahrzunehmen hat hohen Wert. Worte und Gesten der Zärtlichkeit werden wie von selbst hinzutreten. Und gläubige TierhalterInnen oder SchlachterInnen werden selbstverständlich ein Gebet anschließen, ehe sie das Leben eines Mitgeschöpfs in die Hände des Schöpfers zurücklegen.

Schon im vorangehenden Kapitel zeigte sich, dass die entscheidende Macht bei den KonsumentInnen liegt. Solange diese nicht bereit sind, mehr Geld für Fleisch aus tiergerechter Haltung auszugeben, wird der Gesetzgeber kaum den Mut finden, der Tierhaltung wirksame Grenzen zu setzen. Daher halte ich alle Versuche für zentral, den KonsumentInnen die Art der Haltung und Schlachtung der Tiere sichtbar zu machen, deren Fleisch sie essen. Die Tierrechtsbewegung arbeitet hier gerne mit Schreckensbildern, und natürlich haben diese ihre Berechtigung und abschreckende Wirkung. Noch wirksamer dürften aber positive Bilder sein: Wenn Biometzger oder ÖkolandwirtInnen mit Direktvermarktung an der Verkaufstheke Bilder von Haltung und Schlachtung ihrer Tiere aufhängen, oder wenn ÖkolandwirtInnen ihre KundInnen einladen, einmal bei einer Schlachtung zuzuschauen. Die größte Herausforderung auf dem Weg zu einem Ethos des Schlachtens, das nicht nur ein Ethos der Schlachtenden, sondern aller Fleisch Essenden sein muss, ist das Sichtbarmachen dessen, was in den letzten 150 Jahren sehr erfolgreich unsichtbar gemacht wurde.

Spirituelle Impulse
zur Mäßigung des Fleischverzehrs

Fragen, zu deren Beantwortung man nur zwei Möglichkeiten hat, ja oder nein, verdecken oft viel wichtigere Aspekte. Das scheint auch bei der Frage nach der Legitimität der Tierschlachtung und des Fleischverzehrs so zu sein. Sie verdeckt schnell die wichtigere und drängendere Frage, wie viel und welches Fleisch ethisch verantwortet konsumiert werden kann. Fragt man, was unter dem Kriterium der Nachhaltigkeit in modernen Industriegesellschaften das zuträgliche Maß an Fleisch wäre, kommt man ungefähr auf ein Viertel des gegenwärtigen Verbrauchs, also etwa 20 Kilogramm pro Person und Jahr. Dieses Maß würde aus systemischen Gründen die Maxime von Karl Ludwig Schweisfurth nochmals verschärfen, der »nur« für eine Halbierung des Fleischkonsums plädiert. Würde dieses Maß verwirklicht, könnte man

▸ den Nutztieren eine tiergerechte Haltung und Schlachtung bieten,

▸ den Import von Hochleistungsfutter in die Industrieländer reduzieren und damit ärmeren Ländern die Möglichkeit geben, sich selbst zu ernähren,

▸ und die ökologischen Nebenfolgen der Tierwirtschaft auf ein vertretbares Maß reduzieren (Treibhauseffekt, Landverbrauch, Wasserverbrauch, Zerstörung der Umweltmedien Boden und Wasser, Zerstörung der Artenvielfalt, Abholzung der Regenwälder).

Natürlich muss die Reduzierung des Fleischkonsums allmählich und für die LandwirtInnen sozialverträglich erfolgen. Aber wenn weniger Fleisch gegessen wird, kann man auch mehr dafür bezahlen – und wird es gerne tun, wenn es besser schmeckt.

Ein richtig gutes Stück Fleisch aus artgerechter Haltung, köstlich zubereitet, kann man genießen und hochschätzen. Und das geht am besten, wenn man nicht täglich große Mengen Fleisch isst. Die tägliche Megaportion Fleisch ist ein Programm zur Abstumpfung der Geschmacksfähigkeit.

Wie kaum ein anderes Lebensmittel vereint Fleisch starke symbolische Wertsetzungen in sich: Es steht für *Ansehen und Prestige*, weil es klassisch schwerer zu erwerben war (und in armen Gesellschaften noch heute ist) als pflanzliche Nahrung, weil es eine weit höhere Energiedichte hat und aus vielen anderen Gründen mehr. Dass der Tischvorstand den Braten anschneidet, ist eines von vielen Fleischritualen, das dessen Prestige auch rituell manifestiert. Fleisch steht aber ebenso für *Zugehörigkeit und Verortung*, insbesondere über seine differenzierte Codierung der Geschlechterrollen. Fleisch ist männlich. Ein vegetarisch lebender Mann hat es viel schwerer, gesellschaftlich anerkannt zu werden, als eine vegetarisch lebende Frau. Fleisch wird verbunden mit *Lust und Wohlergehen* – es schmeckt besser, so vermitteln es die meisten Kulturen der Erde. An der Größe der Fleischportion wird das Maß des Wohlstands gemessen, zumindest bis zu einem bestimmten Einkommen. Und schließlich bedeutet der Verzehr von Fleisch *Sicherheit und Geborgenheit*: Ein Tag ohne Fleisch ist für viele moderne Menschen in den Industriegesellschaften undenkbar geworden – Fleisch dient als Fetisch.

Was kann eine moderne christliche Spiritualität dazu beitragen, angesichts dieser hohen Wertigkeit den Fleischkonsum auf ein vernünftiges Maß zurückzuführen? Zur grundsätzlichen Orientierung tut ein Blick in die Bibel gut. Sie kennt die Gier nach Fleisch. Als Israel auf dem Weg durch die Wüste in das gelobte Land ist, vermisst es am meisten die Fleischtöpfe Ägyptens. Für Fleisch wäre das Volk sogar bereit, seine Freiheit aufzugeben und sich aufs Neue zu versklaven. Dem Fleischverzicht würde es sogar den Tod vorziehen: »Wären wir doch in Ägypten durch die Hand des Herrn gestorben, als wir an den Fleischtöpfen saßen und Brot genug zu essen hatten.« (Ex 16,3)

Die Bibel nimmt kein Blatt vor den Mund und nennt das übertriebene Bedürfnis der Israeliten nach Fleisch als das, was es ist: Gier (Num 11,4). Gott gesteht dem Volk eine moderate Fleischmenge in Form von Wachteln zu, die aus Erschöpfung vom Himmel fallen. Doch erzürnt er über die Gier der Menschen und fügt vorausblickend hinzu: »Nicht nur einen Tag werdet ihr es essen, nicht zwei Tage, nicht fünf Tage, nicht zehn Tage und nicht zwanzig Tage, sondern Monate lang, bis es euch zum Hals heraushängt und ihr euch davor ekelt. Denn ihr habt den Herrn, der mitten unter euch ist, missachtet.« (Num 11,19– 20) Wer Fleisch gierig im Übermaß verzehrt, der wird seiner überdrüssig werden – eine schlimmere Drohung kann es kaum geben.

Eine zweite Hilfestellung der christlichen Spiritualität könnte die Rückbesinnung darauf sein, dass die Kirche zu Beginn den freiwilligen Fleischverzicht des Vegetarismus hoch geschätzt hat. Die Idee ist im griechisch-römischen Kulturkreis in kleinen philosophischen Gruppen rund um Pythagoras (ca. 570 Samos – 490 v. Chr. Metapont / Basilicata) geboren und durch die Jahrhunderte hindurch praktiziert worden. Von dieser Lebensform lässt sich das früheste christliche Mönchtum, das ab dem 3. Jh. in Ägypten und Syrien in der Wüste lebt, begeistern. Es betrachtet die Fleischabstinenz als privilegiertes Mittel, um die leiblichen Begierden zu überwinden: Nach antiker Vorstellung fördert der Verzehr trockener Nahrung die Enthaltsamkeit, weil das Verspeisen von feuchtem Obst oder gekochtem Gemüse die Produktion sexueller Körperflüssigkeiten anregt und der Verzehr von Fleisch sexuell »heiß« macht. Als leuchtendes

biblisches Beispiel dienen die drei Jünglinge am Königshof Ne-
bukadnezzars in Babylon, die eine vegetarische Lebensweise
praktizieren (Dan 1,4–16) und im Feuerofen, der von den Mönchen als Bild für die menschlichen Begierden gedeutet wird,
nicht verbrennen (Dan 3)[188]. Jedoch bleibt das frühe Christentum seinen Wurzeln treu und übernimmt die Zurückhaltung
Jesu und des Judentums gegenüber zu strengen Abstinenzge-
boten. Vor allem mahnt es, Fasten und Fleischabstinenz nicht
zur Ideologie zu machen, innerhalb der jede Freude am Essen
und Trinken verteufelt wird.

Während das ostkirchliche Mönchtum bis heute weitgehend
vegetarisch lebt, ist man im Westen, insbesondere nördlich der
Alpen, einen weniger konsequenten Weg gegangen. Benedikt
von Nursia erlaubt in seiner Regel den Verzehr von Geflügel,
nicht aber von vierfüßigen Tieren[189]. Geflügel war und ist das
Fleisch der armen Leute – das ist für Benedikt entscheidend. In
seinem Gefolge ringen dann auch die mittelalterlichen Reform-
zweige des Benediktinerordens:

▶ Die *KartäuserInnen* verzichten gänzlich auf Fleisch. Jeden
   Donnerstag essen sie etwas Käse, am Sonntag auch Fisch
   und Eier, ansonsten nur pflanzliche Nahrung[190].

▶ Die *zisterziensische Reform* schärft ebenfalls aufs Neue ein, dass
   es Fleisch und tierisches Fett nur für Kranke und Lohnarbei-
   ter gibt, die gesunden Mönche darauf aber vollständig verzichten müssen[191]. Der Verzehr von Fisch hingegen nimmt
   bei den ZisterzienserInnen beträchtliche Ausmaße an.

▶ In den traditionellen *benediktinischen Klöstern* des Mittelalters
   dürfte der Fleischverzehr eine enorm umstrittene, aber weit
   verbreitete Praxis gewesen sein. Denn mehrfach mahnen die
   Päpste zu Reformen. Doch erst im 15. Jh. setzt sich in der benediktinischen Ordensfamilie selbst die Erkenntnis der Notwendigkeit solcher Reformen durch.

Warum ist ausgerechnet die Fleischabstinenz ein Punkt so intensiver und permanenter Auseinandersetzungen? Warum scheitern viele Klöster genau daran? Aus den historischen Quellen lässt sich die Antwort bestenfalls erahnen. Natürlich dürfte ein Aspekt die sehr menschliche Schwäche der Mönche und ihre Freude am Fleischverzehr gewesen sein. Aber das ist kaum die ganze Erklärung. Vermutlich ist es in der Vormoderne nördlich der Alpen und insbesondere in rauen, unwirtlichen Gegenden schlichtweg unmöglich, genügend pflanzliche Nahrung zur Verfügung zu stellen. Fleischabstinenz heißt dann hungern – dass das auf Dauer keine Akzeptanz findet, kann man verstehen. Dennoch bleibt die Mahnung Benedikts gültig, den Fleischverzehr der eigenen Gemeinschaft beständig zu prüfen und seine Reduktion auf ein Mindestmaß zu versuchen. Es ist nicht selbstverständlich, dass der Mensch andere Lebewesen tötet, um sich von ihnen zu ernähren – so die Überzeugung der gesamten monastischen Tradition.

Dass es im Christentum immer wieder extreme Strömungen gibt, deren Fleischabstinenz aus einer dezidierten Leibfeindlichkeit und Sexualfeindlichkeit erwächst, zeigt sich exemplarisch an den mittelalterlichen Katharern (wörtlich »die Reinen«, von griechisch καθαρός = rein) oder Albigensern (nach der südfranzösischen Stadt Albi, die eines ihrer Zentren ist). Diese christliche Laienbewegung breitet sich ab etwa 1140 schnell über ganz Europa aus und wird durch die römische Inquisition zwischen 1209 und 1310 derart konsequent verfolgt, dass von ihr nichts übrig bleibt. Bei allen Unsicherheiten über ihre Lehre darf als erwiesen gelten, dass die Katharer einem konsequenten Dualismus von Geist und Materie folgen. Damit sind insbesondere die Sexualität und der Fleischverzehr für sie im wörtlichen Sinne Teufelswerk. – Ohne ihre gewaltsame Verfolgung rechtfertigen zu wollen, bleibt die Option der Kirchenleitung, einer derart radikalen Leibfeindlichkeit nicht zu folgen, von grundsätzlicher anthropologischer und ethischer Bedeutung. Bei aller Hochschätzung vegetarischer Ernährung und zölibatären Lebens weigert sich die Kirche konsequent, daraus eine für alle verbindliche Pflicht zu machen.

In der Neuzeit hat die Kirche ihre Wertschätzung des vegetarischen Lebens nach und nach aufgegeben – Gruppen, die diese Lebensform pflegen, sind in den letzten beiden Jahrhunderten zunehmend weniger kirchlich gebunden. Insofern wäre es durchaus ratsam, dass die Kirche sich neu auf ihre alte Tradition besänne. Namentlich die Ordensgemeinschaften sollten ihre eigenen Regeln neu lesen und ernst nehmen. Aber die Kirche könnte auch Gruppen von Laien fördern, die sich für ein vegetarisches Leben entscheiden. Es wäre ein wertvolles Zeichen für die ganze Kirche, dass der Fleischverzehr keine Selbstverständlichkeit ist.

Damit aber auch jene ChristInnen, die normalerweise Fleisch essen, unmittelbar und körperlich etwas von der Besonderheit des Fleisches spüren, hat die Kirche eine zweite Strategie entwickelt: Zeitlich begrenzte Zeiten der Fleischabstinenz für alle. Im frühen Mittelalter wurde die Kultur der Gallier und Germanen die dominante Kultur des Abendlands. Dort spielten Weide und Jagd eine große Rolle, Fleisch und nicht Brot wie in der mediterranen Kultur galt als das Kraft spendende Lebensmittel. Sehr treffend wird diese kulturelle Differenz in den Geschichten von Asterix und Obelix dargestellt: Die Gallier lieben anders als die Römer Schweinefleisch und essen es in rauen Mengen. Nördlich der Alpen ist das fast überall so. Das produziert einen Konflikt mit dem Christentum, das eine Brot- und Weinkultur ist und tendenziell fleischkritisch daherkommt.

Gegen diese auf das Fleisch ausgerichtete Esskultur der Gallier und Germanen kommt das mediterran geprägte Christen-

tum nur teilweise an. Seine Kompromisslösung sind fleischfreie Zeiten der Abstinenz. Die werden jedoch nur möglich
durch die Erlaubnis von drei Speisen als »mager« bzw. »tro-
cken«, die das in der ursprünglichen Kategorisierung des
Mönchtums nicht waren[192]:

▶ Der *Fisch* gilt ab dem 9./10. Jh. als »mager« und wird zur Fastenspeise all derer, die ihn sich leisten können. Ab dem 11. Jh.
beginnt die gezielte Ansiedlung der Klöster an Gewässern
und der hochprofessionelle Bau von Fischteichen insbesondere durch die Zisterzienser.

▶ *Milch* wird ebenfalls zur Fastenspeise. In der griechisch-
römischen Antike wurde die Milch mit der Kindheit gleich-
gesetzt – der Erwachsene trinkt keine Milch. Diese Geringschätzung der Milch hängt womöglich mit ihrer Verderb-
lichkeit im warmen Mittelmeerraum zusammen. Jedenfalls
trinken die Menschen anderer Kulturen wie Skythen und
Goten viel Milch – eben die »Barbaren«. Mit Milch ist damals
Schafsmilch und ggf. Ziegenmilch gemeint – die Kuhmilch
gewinnt erst im 15. Jh. eine vergleichbare und noch später
eine überlegene Rolle.

▶ In der Antike ist der *Käse* das Hauptgericht der Armen, auf
den Tischen der Reichen aber nur Beigabe. Gerade deswegen
ist er als Kloster- und Fastenspeise akzeptabel. So entwickelt
sich, von den Klöstern ausgelöst und von den Bauern verbreitet, eine enorme Käsekultur. Damit wird der Käse zunehmend Bestandteil aufwändiger Rezepte, bleibt aber als Fastenspeise kirchlich erlaubt.

Über viele Jahrhunderte gelten in etwa die gleichen Abstinenz-
gebote, die noch im Codex des Kirchenrechts von 1917 enthalten sind: Abstinenz ist geboten an den Freitagen, am
Aschermittwoch, an den Samstagen der Fastenzeit, den viertel-

jährlichen Quatembermittwochen und -freitagen und den Vortagen der hohen Feste (can 1252). Rechnet man alles zusammen, gibt es vor dem II. Vatikanischen Konzil etwa 72 Tage im Jahr mit verpflichtender Fleischabstinenz.

Im Kirchenrecht von 1983 finden sich nur noch der Aschermittwoch, der Karfreitag und alle Freitage des Jahres als Abstinenztage, wobei der Fleischverzicht an diesen letzten durch ein anderes Opfer ersetzt werden kann (can 1251). Somit sind Anfang und Ende der Fastenzeit und der Freitag als Wochentag herausgehoben: Ein wöchentlich und ein jährlich wiederkehrender Zeitraum. Alles andere überlässt die nachkonziliare Fastenordnung der Eigenverantwortung der Glaubenden.

Gegenwärtig werden von säkularen Umwelt- und Tierschutzbewegungen, ausgehend von Nord- und Westeuropa, feste fleischfreie Wochentage propagiert. Das mag der »meat-free Monday«, der »Doenderdag Veggiedag« oder der »Fleischfreitag« sein. Mir scheint das eine absolut richtige und hilfreiche Entwicklung zu sein. Damit der Fleisch essende Mensch sich bewusst bleibt, dass Fleisch eine besondere Speise ist und keine Selbstverständlichkeit darstellt, ist ein regelmäßiges Innehalten und Verzichten höchst klug und einprägsam. Wenn Menschen einer Stadt oder eines Dorfes das gemeinsam tun, geht es leichter und funktioniert verlässlicher. Der fleischfreie Tag wird dann zum Symbol einer freiwilligen Selbstbegrenzung des Fleischgenusses.

Die Kirche musste in der Zeit des II. Vatikanischen Konzils lernen, dass man einen solchen Wochentag nicht mehr von oben verordnen kann. Vielmehr muss er von der Basis her wachsen. Jedoch sollten sich kirchliche Pfarreien und Einrichtungen unbedingt beteiligen, wenn sich vor Ort eine Bewegung für den fleischfreien Tag rührt. Dass sie dann gerne ihren alten Veggie-Day, den Freitag, ins Rennen führen, sollte kein Hindernis für eine Zusammenarbeit jenseits aller Grenzen von Religion und Weltanschauung sein. Und vielleicht findet dann ja mancheR Lust, einmal die gesamten vierzig Tage der Fastenzeit auf Fleisch zu verzichten.

Die Eucharistie – eine vegetarische Speise

Drei Impulse kann die christliche Tradition zu einer Mäßigung des Fleischkonsums beitragen: Die Wertschätzung jener Menschen, die aus ethischen und religiösen Gründen ganz auf Fleisch verzichten und konsequent vegetarisch leben; die Aufforderung an alle, sich zu festgelegten Zeiten des Jahres und der Woche des Fleischgenusses zu enthalten; und die Gestaltung der Eucharistie als fleischfreier, vegetarischer Speise. Das frühe Christentum hat sich als materielle Basis seiner Sakramente die mediterranen Prestigeprodukte gewählt: Brot, Wein und Öl[193]. Damit ist das Christentum in seiner Gründungsphase höchst modern und gibt sich zugleich eine ethische Wertoption zugunsten einer fleischlosen oder wenigstens fleischarmen Ernährung. Die Tradition des Vegetarismus in den frühchristlichen Mönchsgemeinschaften wäre gar nicht möglich geworden, hätte das Christentum sein sakramentales Mahl mit Fleisch gefeiert. Das kann man gut an den dort stattfindenden Debatten über den Wein erkennen – eine strikte Weinabstinenz wird mit Verweis auf die Eucharistie als schöpfungs- und leibfeindlich abgelehnt.

Bemerkenswert ist die symbolische Umcodierung der eucharistischen Spezies in den Worten Jesu über die Gaben: Das Brot wird »Fleisch«, der Wein wird »Blut«. Mochte das in der mediterranen Welt der Antike noch wenig Bedeutung haben, gewinnt es in dem Moment an Brisanz, als die Eucharistie auf eine auf Fleisch ausgerichtete Ernährungspraxis trifft wie die gallische und germanische. Hier muss die Behauptung als Provokation verstanden werden, Brot und Wein seien Fleisch und Blut. Sie bedeutet eine Umwertung aller (Ernährungs-) Werte: Was weltlich höchstes Ansehen bringt, wird sekundär, während die weltlich nachgeordneten pflanzlichen Speisen hohe Aufwertung erfahren. Die Eucharistie gewinnt den Charakter einer Gegenkultur. Sie setzt dem gängigen Machtsymbol Fleisch einen wirksamen Widerspruch entgegen[194].

TEIL 3

Spirituelle Vertiefungen:
Hoffnung für die Tiere

IN GOTTES HAND

Die Tradition der Tiersegnungen

Als die Vereinigung italienischer Tierhalter (Assiociazione Italiana Allevatori – AIA) am 17.1.2011, dem Fest des Einsiedlers und Tierpatrons Antonius, die traditionelle Tiersegnung zum vierten Mal auf dem Petersplatz in Rom abhielt, kündigte sie die Gründung eines »ethisch-technisch-wissenschaftlichen Komitees« an. VertreterInnen aus Psychologie, Veterinärmedizin, Rechtswissenschaften, Ökonomie, Theologie und anderen wissenschaftlichen Disziplinen sollen gemeinsam Impulse für das Wohl des Tieres und einen dementsprechenden Lebensstil des Menschen erarbeiten. Der Termin war nicht zufällig gewählt. Vielmehr macht gerade das vertraute Ritual der Tiersegnung deutlich, dass Tiere keine Sachen sind, sondern eigenständige, in sich wertvolle Lebewesen, mit denen es behutsam umzugehen gilt.

Religiöse Rituale geben wichtige Anstöße zum ethisch verantwortlichen Umgang mit Tieren. Ich möchte daher zunächst nach der grundsätzlichen Bedeutung von Ritualen für die Ethik fragen. Anschließend begebe ich mich auf die Spur traditioneller christlicher Tierrituale, ehe ich die Herausforderung beschreibe, die in ihrer Erneuerung und Verlebendigung liegt.

Die Bedeutung von Ritualen für die Ethik

Rituale konstituieren und prägen menschliche Kultur. Sie enthalten und transportieren verdichtetes Lebenswissen der Gemeinschaft. Da sie sich wiederholen, strukturieren sie das menschliche Erleben von Raum und Zeit, von Lebensphasen und Einzelereignissen. Im Gesamt des menschlichen Lebens und Zusammenlebens erfüllen sie nach gängiger Überzeugung – sofern sie gelingen – vor allem vier Funktionen:

▶ *Orientierung / Deutung / Identitätsstiftung:* Im Ritual werden Wertvorstellungen symbolisiert und tradiert, die dem Menschen helfen, sich in den Grundfragen des Lebens zu orientieren und auf sie eine Antwort zu finden. Rituale repräsentieren auf diese Weise individuelle und kollektive Identität. Wenn also zum Beispiel Tiere gesegnet werden, signalisiert das einerseits ihren Wert und verdeutlicht andererseits, dass die Identität der christlichen Gemeinschaft ohne Tiere gar nicht denkbar ist.

▶ *Entlastung:* Das Ritual als vorgegebene Deutung der Wirklichkeit entlastet den Einzelnen wie auch die Gemeinschaft, sich jede Sinnhaftigkeit seines Lebens selbst zu erschließen. Es lädt ein, die vorgegebene Deutung als Angebot wahrzunehmen und sich ihr anzuvertrauen.

▶ *Schutz / Förderung:* Rituale regeln und kanalisieren Konflikte und die Anwendung von Gewalt. Die sich unter Rituale stellende Gemeinschaft grenzt sich von willkürlicher Gewalt ab, erkennt aber zugleich die Anwendung geregelter Gewalt an. Sie stellt das Gemeinsame über das Trennende, ohne das Trennende zu verschweigen. Genau dies ist zum Beispiel der Sinn des Schächtrituals: Es will das Tier vor unnötigen Qualen schützen, aber ebenso den Schlachter und den Fleischesser vor Anfeindung und Ausgrenzung.

▶ *Integration / Stabilisierung:* Rituale verbinden jene, die sie begehen, und schweißen die teilnehmenden Individuen zusammen. So integrieren sie den Einzelnen in die Gemeinschaft, machen ihn »kompatibel« für die Mitmenschen. Zugleich stabilisieren sie durch ihr Vollzogen-Werden die Gemeinschaft.

Freilich können Rituale vermittels der gleichen symbolisch-kommunikativen Mechanismen ebenso das Gegenteil dessen bewirken, was hier positiv formuliert wurde. Sie können

▶ Identität und ethische Orientierung pervertieren, wie zum Beispiel das Ritual der Tierkämpfe,

▶ belastende und das Leben behindernde Wirklichkeitsdeutungen auferlegen, wie zum Beispiel manche magischen Rituale im Umgang mit Tieren (das Erschlagen der schwarzen Katze),

▶ Gewalt gegen Tiere fördern und legitimieren, wie zum Beispiel Tierkämpfe oder sakrale Tieropfer,

▶ oder eine Gemeinschaft durch die Erzeugung von Angst und Schrecken destabilisieren und desintegrieren, wie zum Beispiel Versuche der Ausrottung »böser« Tiere, die nur als Rituale wirklich umfassend verstanden werden können. Dass die (vorübergehende) Ausrottung des »bösen Wolfs« in Mitteleuropa ausgerechnet in die Zeit der sogenannten »Aufklärung« fällt, gehört zu den Paradoxien der Geschichte.

Rituale haben also eine ambivalente Potenz. Sie sind nicht schon deswegen gut, weil sie Rituale sind. Eine differenzierte Ritualanalyse muss stets mit der Möglichkeit misslingender Rituale rechnen.

Rituale können religiös begründet sein, müssen es aber nicht. Auch zwischenmenschliche Beziehungen wie Partnerschaften oder Freundschaften kennen Rituale. Jede säkulare Gruppe, jeder Verein, jede Berufsgruppe hat Rituale. Immer aber weisen Rituale über die unmittelbare Realität hinaus, haben also transzendierenden Charakter. Sie greifen aus auf das Gesamt menschlichen Lebens, dem sie Sinn und Orientierung geben wollen. Im weiteren Sinne sind sie damit »religiös«.

Rituale weisen als komplexe symbolische Muster eine wesentlich höhere Informationsdichte auf als die Sprache allein. Das macht sie – sofern nicht eine eindeutige Interpretation mitgegeben ist – vieldeutig und plurifunktional. Innerhalb einer gewissen Bandbreite lassen Rituale Raum für verschiedene Deutungen und können Menschen miteinander verbinden, die zu einer bestimmten Frage inhaltlich unterschiedliche Positionen einnehmen. Über manche Ideen und Überlegungen dieses Buchs werden Sie hoffentlich diskutieren. Über eine Tiersegnung hingegen diskutieren Sie hoffentlich nicht, sondern lassen sich von ihr beeindrucken und bewegen.

Rituale sind sinnlich und richten sich daher weniger an das Denken der Beteiligten. Anders als die Sprache wirken sie viel stärker auf Emotionen ein. Weil es aber die Gefühle sind, in denen sich die grundlegenden Werterfahrungen von Menschen speichern und abbilden, haben Rituale einen viel größeren Einfluss auf das moralische Verhalten von Menschen als abstrakte ethische Gebote oder Lehrsätze. Rituale sagen nicht nur etwas, sie tun und bewirken etwas. In ihnen werden Wertkonflikte nicht aus sicherer Distanz angesprochen, sondern in unmittelbarer Nähe ausgetragen und befriedet (oder im ungünstigen Fall verschärft). Gerade aus ethischer Perspektive ist es daher unerlässlich, das Augenmerk auf Rituale und ihre Wertgehalte zu richten.

Diese hohe Bedeutung der Rituale für die Ethik wird aber noch kaum wahrgenommen. Auf Grund des stark rationalistisch geprägten Ansatzes der Ethik, die sich noch immer vorwiegend am Denken der Aufklärung orientiert, ist der Zugang zu vorwiegend emotional funktionierenden Ritualen erheblich erschwert, wenn nicht gar blockiert. Die Rezeption der Ritualwissenschaften (ritual studies) in der Ethik hat bisher noch kaum stattgefunden.

Die Tradition christlicher Rituale im Umgang mit Tieren

Menschliche Rituale im Umgang mit Tieren folgen denselben Strukturen und derselben inneren Logik wie andere religiöse oder zwischenmenschliche Rituale. Und weil Menschen die Beziehungen zu Tieren von Anfang an als grundlegend empfinden, gehören Rituale im Umgang mit Tieren zum unverzichtbaren symbolischen Grundbestand der Menschheitsgeschichte. Beispiele solcher Tierrituale sind u. a.

▶ Rituale bei Kauf oder Geburt eines Tieres,
▶ Rituale bei Fütterung und Pflege, Melken und Arbeiten des Tieres,
▶ die Segnung von Nutztieren und Heimtieren,
▶ das festliche Schmücken und Segnen der Tiere beim Almauftrieb und -abtrieb,
▶ die Pferderitte und Reiterprozessionen an bestimmten Festtagen,
▶ die Kampfrituale bei Tierkämpfen und Tierwettkämpfen,
▶ die Schlachtrituale für Nutztiere,
▶ die Jagdrituale für die Tötung von Wildtieren einschließlich der sogenannten Hubertusmessen,
▶ Sterbe-, Begleit- und Begräbnisrituale von Pets.

Tierrituale reichen »von der Wiege bis zur Bahre«, d. h. von der Geburt oder dem Erwerb eines Tieres bis zu seinem natürlichen oder menschengemachten Tod, ja mit Tierbegräbnissen und einem ritualisierten Gedenken an das tote Tier sogar noch darüber hinaus.

Traditionell bezogen sich die Rituale im Umgang mit Tieren auf Nutztiere. Alljährlich segnete der Priester den Stall, allmonatlich besprengten die Gläubigen ihre Tiere mit dem sogenannten »Ignatiuswasser«, zweimal jährlich fand in den alpinen Dörfern anlässlich des Almauftriebs und Almabtriebs eine große Tiersegnung statt. Und dann gab es da noch das wunderbare Ritual, dass die Gläubigen ihr gesegnetes Osterbrot mit ihren Tieren teilten. Diejenigen, die miteinander das Brot teilen, sind wortwörtlich übersetzt »Kumpanen«, gleichberechtigte TischgenossInnen, die einander auf Augenhöhe begegnen. Angesichts der Osterbotschaft werden Tiere und Menschen vor Gott gleich: Als gleichermaßen geliebte Geschöpfe desselben Gottes und BewohnerInnen desselben großen Lebenshauses, als gleichermaßen zur Auferstehung gerufene und vom auferstandenen Christus erwählte Lebewesen, wie wir im folgenden Kapitel noch sehen werden. Ostern ist das Fest, an dem vom großen Frieden zwischen Mensch und Tier schon ein klein wenig erlebbar wird.

Gerade das Ritual des Miteinander-Essens des Osterbrotes von Mensch und Tier zeigt, dass manche Rituale den christlichen Glauben weit besser bewahrt haben als die offizielle Lehre der Amtsträger. Natürlich kann man auch dieses Ritual als Magie und Aberglauben abtun, und zuzeiten mag es so verstanden worden sein, dass die Tiere damit automatisch vor Gefahren beschützt sind. Aber selbst dann kann man aus dem Ritual eine Wertigkeit des Tieres ablesen: Rein ökonomisch betrachtet war ein Rind früher mehr wert als eine Frau. Der Kaufpreis des

Rindes übertraf den Brautpreis der Frau bei Weitem. Und im Todesfall war es für einen Bauern leichter, wieder eine Frau zu finden als ein neues Rind zu kaufen. – Um nicht missverstanden zu werden: Ich möchte weder zurück zu den Zeiten, da man die Ehe primär ökonomisch betrachtete noch zu den Zeiten, da die Frauen auf ihren Nutzen reduziert wurden. Doch könnten ökonomische Überlegungen damals wie heute Anstoß und Hilfe sein, auch den unverrechenbaren intrinsischen Wert einer Frau und eines Tieres zu entdecken und zu schätzen. Das Ritual des geteilten Osterbrots hat eine Dynamik, die über die Ökonomie hinausgeht – ob man will oder nicht. In ihm werden Mensch und Tier in ihrer einzigartigen Würde erfahrbar.

Aber auch die in Tierschutzkreisen viel geschmähten und kritisierten Rituale im Umfeld von Tiertötungen dienen durchaus nicht dazu, das Tier zu degradieren und zu verdinglichen, im Gegenteil. Für das Schächtritual hatten wir dies bereits im vorangehenden Kapitel gesehen. Es ist eine eindrucksvolle Mahnung, das Tier nicht bis zum letzten Blutstropfen auszukosten, sondern gerade im Moment der Tötung ehrfürchtig als eigenständiges Gegenüber mit Würde zu behandeln. Was passiert, wenn die emotionale Barriere des Rituals abgeschafft wird, sieht man in den Fließbandschlachtungen der modernen Industriegesellschaft.

Analog gilt dies auch für die Tötungsrituale der Jagd, die sich in Europa noch besser gehalten haben[195]. Natürlich kann man diese Rituale als Machtdemonstration und Standesgehabe missbrauchen. Doch gehe ich davon aus, dass in ihnen ein guter Kern steckt, und den möchte ich hier entfalten. – Nach einem tödlichen Schuss ist es Brauch, dass der Jäger nicht sofort zum erschossenen Tier eilt, sondern eine Zeit (die berühmte »Zigarettenlänge«) abwartet und das Tier in Ruhe sterben lässt.

Ganz praktisch verringert dieser Brauch den Jagddruck, weil andere Tiere den Tod ihres Genossen dann nicht mit dem Auftauchen des Jägers verbinden. Auch beruhigt eine kurze Atempause den Schützen selbst, der durch den Schuss in höchste emotionale Erregung versetzt ist. Symbolisch aber könnte der Brauch zugleich ein Zeichen der Ehrfurcht vor dem sterbenden Tier sein: Man lässt ihm Zeit, sein Leben auszuhauchen, man bemächtigt sich seiner nicht unmittelbar, sondern mit einer gewissen Verzögerung, man hält inne und gedenkt der Tatsache, dass hier ein Lebewesen gestorben ist.

Wenn darauf folgend ein Zweig in das Blut des Tieres getaucht und bei einer Gemeinschaftsjagd dem Schützen feierlich überreicht wird, damit dieser ihn als »Beutebruch« an seinen Hut steckt, dann ist das einerseits ein Zeichen der Anerkennung für den guten Schuss und ein Zeichen des Erfolges. Der grüne Zweig ist aber zugleich auch ein Symbol des Lebens: Das Tier hat sein Leben gegeben, damit wir leben können. So verstanden kann der Beutebruch auch ein Zeichen der Demut sein: Der Jäger weiß darum, dass er von anderem Leben lebt und abhängig ist, und nimmt das dankbar an.

Anschließend steckt der Schütze dem Tier einen grünen Zweig als »letzten Bissen« ins Maul. So wie man einem zum Tode verurteilten Menschen eine letzte »Henkersmahlzeit« gönnt, um ihm wenigstens auf diese Weise seine unveräußerliche Würde zu bezeugen, die er auch im Tode bewahrt, wird dem Tier (wenn auch nach dem Tode) symbolisch diese Mahlzeit gewährt. Damit zollt der Schütze dem Tier als Mitgeschöpf seinen Respekt und vollzieht mit gebührlicher Pietät ein Sterberitual. Die Vorschrift, nicht über das erlegte Tier zu steigen, verstärkt diese Ehrfurcht.

Sofern bei einer Gemeinschaftsjagd die Strecke gelegt und der Tod verblasen wird, sind auch das Rituale, die an ein menschliches Begräbnis erinnern und eine Verbindung dazu herstellen. Der Tod der Tiere wird bewusst wahrgenommen und symbolisch verarbeitet. Das Erlegen des Wildes ist eben kein beliebiger Vorgang wie das Entsorgen einer Maschine oder das Verschrotten eines Gerätes.

Gerade die traditionellen und in Europa zweifelsohne christlich geprägten Sterberituale sind – beim Menschen wie beim Tier – von großem Reichtum gekennzeichnet. Das macht deutlich, dass in diesem Moment der Bedarf an ethischer und weltanschaulicher Orientierung und Stützung besonders hoch ist. Eine Gesellschaft, die keine Sterberituale mehr pflegt, wird ihre Toten sang- und klanglos entsorgen. Ganz egal, ob es sich um tote Menschen oder tote Tiere handelt. Eine Gesellschaft, die keine Sterberituale pflegt, ist eine kulturell verarmte Gesellschaft. Die wachsende Zahl von Tierfriedhöfen für die Lieblingstiere ist angesichts dessen ein Zeichen der Hoffnung. Doch mindestens so sehr wie Sterberituale für Heimtiere brauchen wir solche für Nutztiere. Alles andere wäre Heuchelei.

Die Herausforderung einer Erneuerung christlicher Tierrituale

Das Christentum hat, wie im vorangehenden Kapitel gezeigt, um der Heidenmission willen bereits früh die vom Judentum ererbten Schlachtrituale aufgegeben. Im 20. Jh. hat es zudem unter dem Einfluss der Industrialisierung, der fortschreitenden Urbanisierung sowie der spätaufklärerischen Kritik an abergläubischen Praktiken auch die Nutztiersegnungen vernachlässigt. Außerhalb der Jagd sind (insbesondere im städtischen Raum) kaum noch christliche oder gesamtgesellschaftlich anerkannte Rituale im Umgang mit Tieren geblieben. Zugleich wurden in manchen Tierschutzkreisen die Schlachtrituale des Judentums und Islams unter teils fragwürdiger Verquickung mit antijüdischen und antiislamischen Affekten massiv angegriffen, ihr Symbolwert wurde in einer von Wissenschaft und Technik geprägten Welt nicht mehr verstanden. Damit ist der Sinn menschlicher Rituale im Umgang mit Tieren fundamental in Frage gestellt.

Diese Infragestellung steht in krassem Gegensatz zu dem gesellschaftlichen Megatrend, für alle Fragen des persönlichen Lebens Rituale zu suchen. Die Sehnsucht der Menschen nach Ritualen ist in den letzten Jahrzehnten immens im Wachsen begriffen. Der Büchermarkt zum Thema familiärer und individueller Rituale boomt. Und auch in den Kirchen stoßen die Angebote persönlicher Rituale (Segnungen etc.) im Gegensatz zum etablierten Gottesdienstangebot auf große Resonanz. Allerdings hat dieser Trend bisher nur an wenigen Stellen zu einem neuen Angebot menschlicher Rituale im Umgang mit Tieren geführt: Die erste Tiersegnung auf dem Petersplatz in Rom am Fest des heiligen Antonius fand am 17.1.2008 statt, auf dem Stephansplatz in Wien am Franziskustag, dem 4.10.2010. Auch andernorts nehmen die Tiersegnungen zu, allerdings meistens fokussiert auf die Heimtiere, kaum auf die Nutztiere, die diesen Segen ebenso gut brauchen könnten. Im angelsächsischen Bereich geschieht diesbezüglich schon weit länger weit mehr.

Angesichts dieser Beobachtungen halte ich es für eine große Herausforderung, zeitgemäße Rituale im Umgang mit Tieren zu entwickeln und ebenso zeitgemäß theologisch und ethisch zu deuten. Strategisch gesehen läge hier ein weites Feld der Kooperation von TierhalterInnen, TierschützerInnen und Kirchen – wenn diese nur mehr aufeinander zugingen. Die Kirchen könnten hier eine Brückenfunktion einnehmen und durch ihre Rituale zwischen NutztierhalterInnen und TierschützerInnen vermitteln, die nicht selten in tiefe Streitigkeiten verstrickt sind. Rituale haben, wie wir sahen, im günstigen Fall eine befriedende Funktion. Und das ist – ich betone es – keine theologische Behauptung, sondern eine empirisch nachweisbare und soziologisch vielfach nachgewiesene Feststellung. Eine Gesellschaft, die zusammenhalten will, braucht Rituale. Und eine Gesellschaft, die den Tieren einen moralischen Status zuschreibt, braucht Rituale im Umgang mit Tieren.

WOLF UND LAMM, SÄUGLING
UND SCHLANGE

Der Traum vom Frieden zwischen Mensch und Tier

»Einstmals saß Sankt Hieronymus des Abends mit den Brüdern, die Heilige Schrift zu hören; da kam ein Löwe hinkend in das Kloster. Die anderen Brüder flohen, da sie ihn sahen, Hieronymus aber ging ihm entgegen als einem Gast. Der Löwe wies ihm den wunden Fuß, da rief Hieronymus nach den Brüdern und gebot ihnen, den Fuß zu waschen und mit Fleiß nach der Wunde zu suchen. Das taten sie und fanden, dass ihn ein Dorn gestochen hatte. Sie pflegten ihn mit Fleiß, und der Löwe ward so zahm und heimlich, dass er mit ihnen lebte gleich einem Haustier. Da verstand Hieronymus, dass der Herr den Löwen nicht allein zu seines Fußes Heilung, sondern zum Nutzen des Klosters gesandt hatte, und trug ihm nach dem Rate der Brüder das Amt auf, dass er den Esel auf die Weide führen und daselbst bewachen sollte, der den Mönchen das Holz aus dem Walde trug. Das geschah, und dem Löwen ward die Hut um den Esel vertraut; also ging er wie ein fleißiger Hirt täglich mit dem Esel auf die Weide und hielt ihn in guter Hut. Und damit er selbst an sein Futter käme und der Esel an seine Arbeit, führte er ihn zu rechten Zeiten wieder heim.«[196]

Ist es nur ein schöner Traum, den die »Goldene Legende« des Jacobus von Voragine (1228 Varazze – 1298 Genua) erzählt, dass Mensch und (Raub-) Tier in Frieden zusammen leben und einander Helfer und Gefährten werden? Und selbst wenn es so wäre: Dieser Traum übt eine magische Faszination auf die Menschen aus – so sehr, dass nicht nur vom heiligen Hieronymus erzählt wird, er sei mit den Tieren gut ausgekommen. Mehrere Dutzend Heilige zählt Joseph Bernhart auf, von denen Ähnliches berichtet wird[197]. Das zeigt, dass es um eine Ursehnsucht der Menschen geht: Mit den nichtmenschlichen Geschöpfen gut auszukommen, ihnen zu helfen und sich von ihnen helfen zu lassen. Und wenn von Heiligen erzählt wird, dass ihnen das gelang, dann wird diese Sehnsucht mit Gott selbst in Beziehung gesetzt: Der Schöpfer will, dass Konflikte überwunden werden – zwischenmenschliche ebenso wie solche zwischen Mensch und Tier. So soll das letzte Kapitel sich mit dieser Grundüberzeugung beschäftigen und sie als Vision für eine christliche Tierethik fruchtbar machen.

Die biblische Vision

Die Noacherzählung, die die biblische Basis für das in diesem Buch vorgeschlagene Konzept der Tiergerechtigkeit darstellt, geht davon aus, dass es in der irdischen Wirklichkeit unaufhebbare Konflikte zwischen Mensch und Mensch, Tier und Tier sowie Mensch und Tier gibt: Die Konkurrenz um knappe Ressourcen lässt sich nicht ohne Gewalt lösen. Doch die Bibel hat auch eine Vision, wie die Erde einmal sein wird, wenn Gott sie ganz erlöst und vollendet hat. Eine solche Vision ist keineswegs pure Träumerei, sondern hat Auswirkungen auf das gegenwärtige Verhalten jener, die sich von ihr beflügeln lassen: Visionen (oder weniger theologisch: Utopien) orientieren, weil sie ein Fernziel aufzeigen; motivieren, weil dieses Ziel attraktiv erscheint; und kritisieren, weil sie ein Gegenbild zur Realität entwerfen und damit die Frage stellen, ob wirklich alles so bleiben muss, wie es immer schon war und gegenwärtig noch ist.

Drei große Visionen präsentiert die Bibel: Dass alle Menschen satt werden – ein Inbegriff zwischenmenschlicher Gerechtigkeit (Am 9,11–15; Jes 55,1–2; 25,6–8; die Erfüllung durch Jesus Mk 6,30–44 u. a.); dass Menschen aller Religionen und Kulturen zum Berg Zion pilgern – ein Inbegriff globalen Friedens (Mi 4,1–5; Jes 2,2–4; die Erfüllung durch den auferstandenen Christus Offb 21–22); dass alle Geschöpfe in einer heilen Gemeinschaft gewaltfrei zusammenleben – ein Inbegriff des Schöpfungsfriedens.

Schon die beiden Schöpfungserzählungen Gen 1–2 entwerfen »als positive Utopie für den Umgang mit der Schöpfung ein friedliches und gewaltfreies Verhältnis zwischen Mensch und Tier.«[198] Die Lebewesen leben in ihnen je zugeeigneten Lebensräumen, es ist genug Platz für alle, sie haben ausreichend Nahrung, die für alle ausschließlich pflanzlich ist. Im Paradies sind Menschen wie Tiere VegetarierInnen.

> »Dass das kostbarste Gut im Lebenshaus der Schöpfung das glückende Leben aller Lebewesen ist, entfaltet Gen 1,29 f mit einem Friedensbild, das wir gerade heute als fortschrittskritisches Paradigma meditieren und konkretisieren müssen … Der zentrale Punkt dieser Utopie ist ein Zusammenleben aller Lebewesen ohne Gewalt.«[199]

Noch deutlicher drücken es die Prophetentexte aus (Hos 2,20 f; Jes 32,15–20; 65,25; Ez 34,25–30 und vor allem Jes 11,1–9): Der Messias wird Recht und Gerechtigkeit schaffen, es wird Friede herrschen, der nicht nur dem Volk Israel gilt, sondern die Tiere und die gesamte Schöpfung mit umfasst. Wolf und Lamm, Panter und Böcklein, Kalb und Löwe, Kuh und Bärin und ihre Jungen, Schlange und Säugling wohnen beieinander, und der Löwe frisst Stroh wie das Rind. In dieser Aufzählung werden jeweils ein Lebewesen in der Obhut des Menschen und ein wildlebendes Tier zusammengebracht, außerdem jeweils ausgewachsene Tiere und Jungtiere sowie männliche und weibliche Tiere. Differenzierter könnte man nicht verdeutlichen, dass alle Lebewesen in den großen Frieden des Messias einbezogen sind.

Neutestamentlich wird dieses Motiv nur einmal ausdrücklich aufgegriffen, allerdings an höchst prominenter Stelle: In Mk 1,13 – also im programmatischen Prolog des Markusevangeliums – wird berichtet, dass die wilden Tiere Jesus während seines vierzigtägigen Aufenthalts in der Wüste Gemeinschaft leisten. In Christus, dem neuen Adam, bricht das messianische Zeitalter an, das uns den schon im Paradies angelegten Schöpfungsfrieden bringt. In ihm bricht Gottes Herrschaft und Reich an – ein Reich, das nicht nur die Menschen, sondern alle Geschöpfe einschließen will. In ihm ist der Kreislauf der Gewalt gegen die Schöpfung durchbrochen und dem Menschen die Möglichkeit eröffnet, selbst als neue Schöpfung zu leben. Wenn ein Mensch zum Ursprung zurückkehrt und nicht sündigt, werden selbst die wilden Tiere wieder zahm, so interpretiert es Theophilus von Antiochien um 180 n. Chr.[200]

Was bedeutet es für die Tierethik, wenn sie von einer solchen Vision geleitet ist? Ganz klar: Sie wird sich nicht mit dem Status Quo der Tierhaltung und Tiertötung zufrieden geben können. Sie wird vielmehr beständig fragen, ob nicht ein nächster Schritt möglich ist, die Situation der Tiere zu verbessern. Sie weiß: Die Vision ist ein unerreichbares Ziel. Aber hier und heute gilt es, auf dieses Ziel zuzugehen. Ohne an ein Ende zu kommen, doch auch ohne stehenzubleiben und die Hände selbstzufrieden in den Schoß zu legen. Damit stellt eine solche in einer »eschatologischen«, d. h. auf die Endzeit ausgerichteten Spannung befindliche Tierethik den TierschützerInnen die Frage, ob sie die nötige Geduld aufbringen, mit kleinen Fortschritten zufrieden zu sein, wenn diese kontinuierlich erfolgen.

Und sie stellt TierhalterInnen die Frage, ob sie die Konsequenz aufbringen, nach einer vollzogenen Verbesserung für die eigenen Tiere sofort nach der nächsten Verbesserungsmöglichkeit zu fragen.

Die Frage nach der Auferstehung der Tiere

Kommen Tiere in den Himmel? So werde ich nicht selten gefragt, wenn ich über Tierethik spreche. An sich ist das keine moraltheologische, sondern eine dogmatische Frage. Sie ist aber ethisch relevant, und daher möchte ich abschließend auf sie eingehen.

In der griechischen Philosophie stellt sich nicht die Frage einer Auferweckung durch Gott, sondern die Frage einer unsterblichen Seele. Für *Platon* (428 Athen – 348 v. Chr. Athen) haben alle Lebewesen eine unsterbliche Seele. Sie existiert bereits vor der Entstehung des Körpers und besteht nach dessen Zerfall fort. Solange sich die Seele im Körper befindet, herrscht sie über ihn. Der Körper ist ihr »Gefäß«, ihre »Wohnstatt«, aber negativ ausgedrückt auch ihr »Grab« oder »Gefängnis«[201]. Auch Tiere, Pflanzen und sogar Gestirne sind für Platon beseelt, weil sie alle eine eigenständige »Bewegung« (Entwicklung) haben. Nach dem Tod eines Individuums kehrt die Seele in die göttliche Sphäre zurück, um zu gegebener Zeit wieder in einen irdischen Körper zu inkarnieren – bei gutem Vorleben in einen höherwertigen Körper, im Falle schlechten Vorlebens in einen niedrigeren Körper[202].

Für *Aristoteles* (384 Stageira – 322 v. Chr. Chalkis) hat, im genauen Gegensatz zu Platon, kein Lebewesen eine unsterbliche Seele. Die Seele ist für ihn die Strebedynamik und das Organisationsprinzip des lebenden Körpers. Daher kann die Seele überhaupt nicht unabhängig von einem Körper existieren. Sie ist sein Formprinzip und daher nicht von ihm trennbar[203]. Sie hält den Organismus als Einheit zusammen und bewirkt, dass er nicht zerfällt[204]. Ihre Existenz endet für Aristoteles wie die des Körpers mit dem Tod – sowohl beim Menschen als auch beim Tier.

Wie man sofort erkennt, bietet die griechische Philosophie nur die Alternative an: Entweder sind alle Seelen unsterblich oder sie sind alle sterblich. Eine Privilegierung des Menschen gegenüber dem Tier entbehrt jeder Grundlage und kommt für sie nicht in Frage. Diesen Gedanken teilt das *Alte Testament* voll und ganz, wobei es eher der aristotelischen Position nahe steht und die Sterblichkeit der tierlichen wie der menschlichen Seele annimmt: »Der Mensch bleibt nicht in seiner Pracht; er gleicht dem Vieh, das verstummt.« (Ps 49,13) Ausdrücklich im Dialog mit der griechischen Philosophie ist ein Text der spätalttestamentlichen Weisheitsliteratur aus dem Buch Kohelet (Mitte 3. Jh. v. Chr.) entstanden. Dort heißt es: »Was die einzelnen Menschen angeht, dachte ich mir, dass Gott sie herausgegriffen hat und dass sie selbst daraus erkennen müssen, dass sie eigentlich Tiere sind. Denn jeder Mensch unterliegt dem Geschick und auch die Tiere unterliegen dem Geschick. Sie haben ein und dasselbe Geschick. Wie diese sterben, so sterben jene. Beide haben ein und denselben Atem. Einen Vorteil des Menschen gegenüber dem Tier gibt es da nicht. Beide sind Windhauch. Beide gehen an ein und denselben Ort. Beide sind aus Staub entstanden, beide kehren zum Staub zurück. Wer weiß, ob der Atem der einzelnen Menschen wirklich nach oben steigt, während der Atem der Tiere ins Erdreich hinabsinkt?« (Koh 3,18–21) Gegen die offensichtlich vorhandenen Stimmen, die schon zu dieser Zeit behaupten, der Mensch sei unsterblich, das Tier aber nicht, setzt der skeptische Kohelet seine Frage:

Wer weiß das schon? Und letztlich macht er klar: Eine »Zwei-Klassen-Schöpfung« überzeugt nicht. Denn: »Einen Vorteil des Menschen gegenüber dem Tier gibt es da nicht.«

Erstaunlicherweise entwickelt sich die christliche Theologie immer eindeutiger zu einer Position hin, für die sie weder die griechische Philosophie noch die Bibel als Zeugin anrufen kann: Die Vernunftseele des Menschen sei unsterblich, die Sinnenseele der Tiere hingegen sterblich. So schreibt *Thomas von Aquin* (1224 Aquin – 1274 Fossanova), unsterblich könne nur eine Seele sein, die das Vermögen habe, ohne Körper weiter zu existieren, und das könne nur die Vernunftseele, die nach mittelalterlicher Vorstellung bei den Engeln ohne Körper auskommt[205]. Also habe der vernunftbegabte Mensch eine unsterbliche Seele, das vernunftlose Tier aber nicht. Außerdem fänden wir bei Tieren kein Streben nach individueller Unsterblichkeit, sondern nur nach Erhaltung der Art und des eigenen Körpers. Thomas ist sich durchaus bewusst, dass er in dieser Frage sowohl von Platon als auch von seinem großen Vorbild Aristoteles abweicht. Das zeigt, wie sehr die Überzeugung einer exklusiv menschlichen unsterblichen Seele damals verbreitet und anerkannt gewesen sein muss. Sonst hätte Thomas sicher widersprochen.

Philosophisch wird die christliche Position insbesondere über *René Descartes* transportiert und prägt seitdem die abendländische Anthropozentrik. In einem Brief an den Marquis von Newcastle formuliert Descartes 1646 noch mit einer gewissen Vorsicht: »Ich habe darauf nichts zu antworten, außer dass sie, wenn sie so wie wir dächten, ebenso wie wir eine unsterbliche Seele haben würden, was nicht wahrscheinlich ist, da kein Grund vorliegt, dies nur für einige Tiere zu glauben, ohne es zugleich für alle zu glauben, und da es mehrere allzu unvollkommene Tiere gibt, um es von ihnen glauben zu können, wie etwa die Austern, Schwämme und so weiter.«[206] Deutlicher wird Descartes in seiner »Abhandlung über die Methode, die Vernunft gut zu gebrauchen«: Es sei ein Irrtum, zu meinen,

> »die Seele der Tiere sei mit der unsrigen wesensgleich, und wir hätten daher nach diesem Leben nichts zu fürchten noch zu hoffen, nicht mehr als die Fliegen und die Ameisen. Weiß man dagegen, wie sehr beide sich unterscheiden, so begreift man die Beweisgründe weit besser, wonach unsere Seele ihrem geistigen Wesen nach vollkommen unabhängig vom Körper und also der Notwendigkeit nicht unterworfen ist, mit ihm zu sterben; und da man auch sonst keine Ursache sieht, welche ihre Zerstörung bewirken könnte, so kommt man zu dem Urteil, dass die Seele unsterblich sei.«[207]

Bis vor wenigen Jahren schien die Position der Anthropozentrik in Theologie und Kirche auch in diesem Punkt unumstößlich. Doch in der Zwischenzeit hat sich der Wind gedreht. Das hat mit einem Kronzeugen zu tun, dessen Glaube an die Auferstehung der Tiere fast 2000 Jahre lang übersehen wurde. Es ist kein Geringerer als *Paulus* (um 5 n. Chr. Tarsus – 65 Rom). Im Brief an die Römer (8,18–23) schreibt er:

> »Ich bin überzeugt, dass die Leiden der gegenwärtigen Zeit nichts bedeuten im Vergleich zu der Herrlichkeit, die an uns offenbar werden soll. Denn die ganze Schöpfung wartet sehnsüchtig auf das Offenbarwerden der Söhne und Töchter Gottes. Die Schöpfung ist der Vergänglichkeit unterworfen, nicht aus eigenem Willen, sondern durch den, der sie unterworfen hat; aber zugleich gab er ihr Hoffnung: Auch die Schöpfung soll von der Sklaverei und Verlorenheit befreit werden zur Freiheit und Herrlichkeit der Kinder Gottes. Denn wir wissen, dass die gesamte Schöpfung bis zum heutigen Tag seufzt und in Geburtswehen liegt. Aber auch wir, obwohl wir als

Erstlingsgabe den Geist haben, seufzen in unserem Herzen und warten darauf, dass wir mit der Erlösung unseres Leibes als Söhne und Töchter offenbar werden.«

Wenn Paulus von der gesamten Schöpfung sagt, dass sie stöhnt und seufzt, dann stellt er jede menschliche und nichtmenschliche Kreatur unter das Kreuz Christi: Im Leiden und Sterben, aber auch in der Hoffnung auf Auferstehung und Vollendung[208]. Biblisch ist von der Genesis bis zu Paulus klar, dass die Tiere von Gott in die Erlösung einbezogen sind. Bis ins zweite vorchristliche Jahrhundert wird diese Erlösung für Mensch und Tier ausschließlich irdisch gedacht, als ein Paradies auf Erden, in dem der Schöpfungsfrieden wahr wird. Dann erst kommt der Glaube an die Auferstehung in einer neuen, anderen Welt hinzu. Gott ist treu, und daher lässt er seine Geschöpfe nicht im Stich, sondern reißt sie aus dem Tod heraus und befreit sie zu einem anderen, unvergänglichen Leben. Angesichts der grenzenlosen Liebe Gottes ist für Paulus klar, dass diese große Verheißung nicht auf die Menschheit beschränkt sein kann.

Die Bibel glaubt nicht an eine unsterbliche Seele. Wohl aber vertraut sie für alle Geschöpfe auf einen Gott, dessen Treue keine Grenzen kennt. Nicht einmal die Grenze des Todes.

In der theologischen Tradition wurde diese biblische Überzeugung von der Auferweckung aller Geschöpfe verborgen und nur selten erkannt durch die gesamte Kirchen- und Theologiegeschichte weitergeführt: Seit der frühen Kirche vertritt die Dogmatik den Grundsatz: »Alles, was von Gott angenommen ist, ist auch erlöst.« Angenommen ist von Gott aber das »Fleisch«, wie es im berühmten Prolog des Johannesevangeliums heißt: »Und das Wort ist Fleisch geworden und hat unter uns gewohnt« (Joh 1,14). »Fleisch« meint »Geschöpf« und nicht »Mensch«. Gott ist Geschöpf geworden, hat das Geschick aller

Geschöpfe von Geborenwerden und Leben, Sterben und Vergehen geteilt, das Geschöpfsein angenommen. Damit hat er alle Geschöpfe »erlöst«: Er teilt mit ihnen sein göttliches Leben. »Alles, was von Gott angenommen ist, ist auch erlöst.«

In seiner jüngst erschienenen Enzyklika »Laudato si'« ist Papst Franziskus voller Hoffnung im Blick auf die Zukunft aller Geschöpfe. Er entwickelt das Bild einer Prozession, wie menschliche und nichtmenschliche Geschöpfe gemeinsam durch diese Zeit gehen – unterwegs zur Herrlichkeit des Himmels: »Gemeinsam mit allen Geschöpfen gehen wir unseren Weg in dieser Welt.« Alle Geschöpfe »gehen mit uns und durch uns voran auf das gemeinsame Ziel zu, das Gott ist ... Denn der Mensch ... ist berufen, alle Geschöpfe zu ihrem Schöpfer zurückzuführen.« »Das ewige Leben wird ein miteinander erlebtes Staunen sein, wo jedes Geschöpf in leuchtender Verklärung seinen Platz einnehmen und etwas haben wird, um es den endgültig befreiten Armen zu bringen.«[209]

Schließlich sollten wir nicht vergessen, dass wir die erste Schöpfungserzählung (Gen 1,1–2,4a) als ersten Bibeltext der Osternachtfeier lesen. Dort wird erzählt, wie Gott die Welt erschafft und allen Lebewesen einen Platz im Lebenshaus der Schöpfung gibt. Damit sie dort leben können, brauchen sie aber vor allem eines: Licht. Deswegen ist das Erste, was Gott erschafft, das Licht (Gen 1,3). All seinen Geschöpfen soll es leuchten. – Wenn nun ausgerechnet dieser Text in der Osternacht gelesen wird, unmittelbar nach dem Entzünden und Besingen der Osterkerze, die in die dunkle Nacht hinausleuchtet, dann kann dies nur eines meinen: Dass das Licht des Ostermorgens, das Licht der Auferstehung, allen Geschöpfen erstrahlt. Für sie alle ist Christus gestorben. Ihnen allen schenkt er sein Leben.

Auch die Tiere sollen vom Osterbrot essen. Unsere Kumpanen. Unsere Geschwister.

LITERATUR

Robin Attfield 1995, Environmental Philosophy, Aldershot.

Alfons Auer 1984[2], Autonome Moral und christlicher Glaube, Düsseldorf.

Gottfried Bachl 2008, eucharistie. macht und lust des verzehrens, St. Ottilien.

Philipp Balzer/Klaus-Peter Rippe/ Peter Schaber (hg) 1998, Menschenwürde vs. Würde der Kreatur, Freiburg i.B./München.

Heike Baranzke 2004, Interkulturelle Bioethik – Beispiel: Rituelles Schlachten. Einblicke in den Zusammenhang von Leben, Töten und Essen. In: Zeitschrift für Didaktik der Philosophie und Ethik 3/2004, 241–250.

Marc Bekoff/Paul W. Sherman 2004, Reflections on animal selves, in: Trends in Ecology and Evolution 19, 176–180 (online www.l.u-tokyo.ac.jp/~yokosawa/restricted/Bekoff2004.pdf 17.9.14).

Judith Benz-Schwarzburg 2012, Verwandte im Geiste – Fremde im Recht. Sozio-kognitive Fähigkeiten bei Tieren und ihre Relevanz für Tierethik und Tierschutz, Erlangen.

Judith Benz-Schwarzburg 2015, Moralfähigkeit, in: Klaus Petrus/ Arianna Ferrari (hg), Lexikon der Mensch/Tier-Beziehungen, Bielefeld, 246–248.

Joseph Bernhart 1997[3], Heilige und Tiere, Weißenhorn.

Christophe Boesch/Josephine Heada/ Martha M. Robbins 2009, Complex tool sets for honey extraction among chimpanzees in Loango National Park, Gabon, in: Journal of Human Evolution 56, 560–569 (online www.eva.mpg.de/primat/staff/ boesch/pdf/C_Loango_tool_complex_Boesch2009.pdf 18.9.14).

Alberto Bondolfi (hg) 1994, Mensch und Tier, Fribourg.

Thomas Bugnyar/Kurt Kotrschal 2002, Observational learning and the raiding of food caches in ravens, Corvus corax: Is it »tactical deception«? in: Animal Behaviour 64, 185–195 (online http://klf.univie.ac.at/fileadmin/user_upload/p_klf/Bugnyar_and_Kotrschal2002.pdf 18.9.14).

Thomas Bugnyar/Bernd Heinrich 2005, Food-storing ravens differentiate between knowlegeable and ignorant competitors, in: Proceedings of the Royal Society of London Series Biology 272, 1641–1646 (online http://klf.univie.ac.at/fileadmin/user_upload/p_klf/Bugnyar_and_Heinrich2005.pdf 18.9.14).

Deutsche Bundesregierung 2012, Antwort der Bundesregierung vom 15.6.2012 auf eine Kleine Anfrage der Bundestagsfraktion von Bündnis 90/Die Grünen, Drucksache 17/10021, (online http://dipbt.bundestag.de/dip21/btd/17/100/1710021.pdf 26.1.15)

Gordon M. Burghardt 1999, Conceptions of play and the evolution of animal minds, in: Evolution and Cognition 5, 115–123.

Gordon M. Burghardt 2005, The Genesis of Animal Play: Testing the Limits, Cambridge, MA.

Gordon M. Burghardt 2008, Evolutionary psychology and the origins of play. The General Psychologist 43(2), 6–11.

Gordon M. Burghardt 2010, The Comparative Reach of Play and Brain. Perspective, Evidence, and Implications, in: American Journal of Play 2010, 338–356 (online: www.journalofplay.org/sites/www.journalofplay.org/files/pdf-articles/2-3-article-comparative-reach-play-and-brain.pdf 16.9.14).

Johannes Caspar/Jörg Luy (hg) 2010, Tierschutz bei der religiösen Schlachtung/Animal Welfare or Religious Slaughter, Baden-Baden.

René Descartes 1998, Abhandlung über die Methode des richtigen Vernunftgebrauchs und der wissenschaftlichen Wahrheitsforschung, Stuttgart.

FAO (Food and Agricultural Organization of the United Nations) 1995, World Livestock Production Systems. Current status, issues and trends. FAO Animal Production and Health Paper 127.

Arianna Ferrari/Vanessa Gerritsen 2015, Güterabwägung, in: Klaus Petrus/Arianna Ferrari (hg), Lexikon der Mensch/Tier-Beziehungen, Bielefeld, 138–142.

Frederick Ferré 1995, Value, Time and Nature, in: Environmental Ethics 17, 417–431.

Julia Fischer 2012, Affengesellschaft, Berlin.

Jonathan Safran Foer 2010, Tiere essen, Köln.

Michael Allen Fox 2006, Why We Should Be Vegetarians, in: International Journal of applied Philosophy 20, 295–310.

Papst Franziskus 2015, Enzyklika »Laudato si'« über die Sorge für das gemeinsame Haus, Rom u. a.

Sigmund Freud 1917, Eine Schwierigkeit der Psychoanalyse, in: Imago. Zeitschrift für Anwendung der Psychoanalyse auf die Geisteswissenschaften V, 1–7.

Erich Gräßer 1990, Das Seufzen der Kreatur (Röm 8,19–22), in: Jahrbuch für Biblische Theologie 5, 93–117.

Herwig Grimm/Carola Otterstedt (hg) 2012, Das Tier an sich? Disziplinen übergreifende Perspektiven für neue Wege im wissenschaftsbasierten Tierschutz, Göttingen.

Walter Gross 1995, Gottebenbildlichkeit. I. Altes Testament, in: Lexikon für Theologie und Kirche 4, 871–873.

Marc D. Hauser 2001, Wilde Intelligenz. Was Tiere wirklich denken, München.

Heini Hedinger 1984, Zur Frage des

Selbstbewußtseins beim Tier, in: Roger Alfred Stamm (hg), Tierpsychologie, Weinheim, 280–291.

Heinrich-Böll-Stiftung/BUND/Le Monde Diplomatique 2014, Fleischatlas 2014. Daten und Fakten über Tiere als Nahrungsmittel, Berlin.

Claudia Heinze/Ralf Bundschuh 2013, Vieh und Fleisch, in: Landesanstalt für Entwicklung der Landwirtschaft und der Ländlichen Räume (LEL)/Bayerische Landesanstalt für Landwirtschaft (LfL), Agrarmärkte 2013, Schwäbisch Gmünd/Weihenstephan, 158–168.

Bernhard Irrgang 1992, Christliche Umweltethik. Eine Einführung, München/Basel.

Bernd Janowski 1990, Tempel und Schöpfung, in: Jahrbuch für Biblische Theologie 5, 37–69.

Bernd Janowski/Ute Neumann-Gorsolke/Uwe Glessmer (hg) 1993, Gefährten und Feinde des Menschen. Das Tier in der Lebenswelt des alten Israel, Neukirchen/Vluyn.

Joachim Jeremias 1990, Schöpfung in Poesie und Prosa des Alten Testaments, in: Jahrbuch für Biblische Theologie 5, 11–36.

Karin Jürgens 2008, Emotionale Bindung, ethischer Wertbezug oder objektiver Nutzen? Die Mensch-Nutztier-Beziehung im Spiegel landwirtschaftlicher (Alltags-) Praxis, in: Zeitschrift für Agrargeschichte und Agrar-Soziologie 56, 41–56.

Sonya M. Kahlenberg/Richard W. Wrangham 2010, Sex differences in chimpanzees' use of sticks as play objects resemble those of children, in: Current Biology 20, R1067–R1068.

Stephanie L. King/Laela S. Sayigh/Randall S. Wells/Wendi Fellner/Vincent M. Janik 2013, Vocal copying of individually distinctive signature whistles in bottlenose dolphins, in: Proceedings of the Royal Society Biological Sciences 280, 1–9 (online http://rspb.royalsocietypublishing.org/content/280/1757/20130053.full.pdf + html 17.9.14).

Axel Ayyub Köhler 1996, Schächten in Deutschland, in: CIBEDO (Christlich-Islamische Begegnungs- und Dokumentationsstelle) 10, 145–146.

Kurt Kotrschal/Michael Rosenberger 2015, Persönlichkeit, in: Klaus Petrus/Arianna Ferrari (hg), Lexikon der Mensch/Tier-Beziehungen, Bielefeld, 282–284.

Peter Kunzmann/Michael Rosenberger 2012, Ethik der Jagd und Fischerei, in: Herwig Grimm/Carola Otterstedt (hg), Das Tier an sich? Disziplinen übergreifende Perspektiven für neue Wege im wissenschaftsbasierten Tierschutz, Göttingen, 297–314.

Jane van Lawick-Goodall 1970, Toolusing in primates and other vertebrates, in: Daniel S. Lehrman/Robert A. Hinde/Evelyn Shaw (hg), Advances in the study of behaviour 3, New York, 195–249.

Andrew Linzey 1976, Animal Rights. A Christian Assessment, London.

Andrew Linzey 1995, Animal Theology, Illinois.

Jörg Luy 1998, Die Tötungsfrage in der Tierschutzethik, Berlin, online www.diss.fu-berlin.de/diss/receive/FUDISS_thesis_000000000081 26.4.15.

Hans Jürgen Münk 1997, Die Würde des Menschen und die Würde der Natur, in: Stimmen der Zeit 215,17–29.

Hans Jürgen Münk 1999, ›Starke‹ oder ›schwache‹ Nachhaltigkeit? Theologisch-ethische Überlegungen zur ökologischen Grundkomponente des Sustainability-Leitbilds, in: Zeitschrift für evangelische Ethik 43, 277–293.

Thomas Nagel 1974, What is it like to be a bat? In: The Philosophical Review LXXXIII, 435–450.

Martha Nussbaum 2007, Frontiers of Justice. Disability, Nationality, Species Membership, Cambridge MA/London.

Carola Otterstedt/Michael Rosenberger (hg) 2009, Gefährten, Konkurrenten, Verwandte. Die Mensch-Tier-Beziehung im wissenschaftlichen Diskurs, Göttingen.

Sergio M. Pellis/Vivien C. Pellis/Heather C. Bell 2010, The Function of Play in the Development of the social Brain, in: American Journal of Play 2, 278–296.

Klaus Petrus/Markus Wild (hg) 2013, Animal minds & animal ethics. Connecting two separate fields, Bielefeld.

John Rawls 1975, Eine Theorie der Gerechtigkeit, Frankfurt/Main.

Tom Regan 20 04⁴, The Case for Animal Rights, Berkeley/Los Angeles.

Johannes Reiter 1989, Umwelt und Ethik. Bleibende Kriterien zur aktuellen Diskussion, in: Stimmen der Zeit 207,193–204.

Friedo Ricken 1987, Anthropozentrismus oder Biozentrismus? Begründungsprobleme der ökologischen Ethik, in: Theologie und Philosophie 62,1–21.

Peter Riede 2010, Tier, in: Wissenschaftliches Bibellexikon: www.bibelwissenschaft.de/stichwort/35794/ 18.3.15.

Michael Rosenberger/Georg Winkler (hg) 2014, Jedem Tier (s)einen Namen geben? Die Individualität des Tieres und ihre Relevanz für die Wissenschaften, elektronische Publikation, www.ktu-linz.ac.at/cms/media/w/liwirei-band_7.pdf 22.4.15.

Michael Rosenberger 2004, »Nicht bis zum letzten Blutstropfen …« Das Schlachten von Tieren in den monotheistischen Religionen, in: Andreas Lob-Hüdepohl (hg), Ethik im Konflikt der Überzeugungen, Freiburg i.B./Freiburg i.Ue., 154–164.

Michael Rosenberger 2008, »Waid-Gerechtigkeit«. Grundzüge einer christlichen Ethik der Jagd, in: Lehr- und Forschungsanstalt für Land- und Forstwirtschaft (hg), Jagd und Jäger im Visier – Perspektiven für die Freizeitjagd in unserer Gesellschaft, Irdning, 5–14.

Michael Rosenberger 2009, Mensch und Tier in einem Boot. Eckpunkte einer modernen theologischen Tierethik, in: Carola Otterstedt/Michael Rosenberger (hg), Gefährten, Konkurrenten, Verwandte. Die Mensch-Tier-Beziehung im wissenschaftlichen Diskurs, Göttingen, 368–389.

Michael Rosenberger 2012, Mit Noach in der Arche, mit Jesus im Paradies. Neuere Ansätze der theologischen Tierethik, in: Herwig Grimm/Carola Otterstedt (hg), Das Tier an sich? Disziplinen übergreifende Perspektiven für neue Wege im wissenschaftsbasierten Tierschutz, Göttingen, 14–36.

Michael Rosenberger 2014, Im Brot der Erde den Himmel schmecken. Ethik und Spiritualität der Ernährung, München.

Michael Rosenberger 2014, Der Mensch und seine Tiere, in: AMOSinternational. Internationale Zeitschrift für christliche Sozialethik 8/3, 3–5.

Mark Rowlands 2002, Animals Like Us, London.

Mark Rowlands 20 09², Animal Rights. Moral Theory and Practice, New York.

Friederike Schmitz 2015, Vertragstheorie, in: Klaus Petrus/Arianna Ferrari (hg), Lexikon der Mensch/Tier-Beziehungen, Bielefeld, 413–415.

Eberhard Schockenhoff 1993, Ethik des Lebens. Ein theologischer Grundriß, Mainz.

Michael Schramm 1994, Aisthetische Mystik der Natur. Schöpfungsethische Perspektiven, in: Michael Schramm/Udo Zelinka (hg), Um des Menschen willen. Moral und Spiritualität, Würzburg.

Ernst Schubert 2006, Essen und Trinken im Mittelalter, Darmstadt.

Hans-Peter Schütt (hg) 1990, Die Vernunft der Tiere, Frankfurt/Main.

Karl Ludwig Schweisfurth 2014, Symbiosen. Zum Nutzen unserer Nutztiere … Das Experiment Symbiotische Landwirtschaft, Herrmannsdorf/München.

Paul Shepard 1996, The others. How animals made us human, Washington DC.

Peter Singer 1975, Animal Liberation. A New Ethics for Our Treatment of Animals, New York.

Peter Singer 1994², Praktische Ethik, Stuttgart.

Jakob Tanner 1996, Der Mensch ist, was er isst. Ernährungsmythen und Wandel der Esskultur, in: Historische Anthropologie. Kultur, Gesellschaft, Alltag 4, 399–419.

Jakob Tanner 2003, Modern Times: Industrialisierung und Ernährung in Europa und den USA im 19. und 20. Jahrhundert, in: Felix Escher/Claus Buddeberg (hg) 2003, Essen und Trinken zwischen Ernährung, Kult und Kultur, Zürich, 27–52.

Paul W. Taylor 1981, The Ethics of Respect for Nature, in: Environmental Ethics 3, 197–218.

Gotthard M. Teutsch 1985, Lexikon der

Umweltethik, Göttingen/Düsseldorf.

Gotthard M. Teutsch 1987, Mensch und Tier. Lexikon der Tierschutzethik, Göttingen.

Michael Tomasello/Josep Call/Brian Hare 2003, Chimpanzees understand psychological states – the question is which ones and to what extent, in: Trends in Cognitive Sciences 7, 153–156

Jacobus de Voragine 1963, Legenda aurea, übersetzt von Richard Benz, Heidelberg.

Frans de Waal 2000, Der gute Affe. Der Ursprung von Recht und Unrecht bei Menschen und anderen Tieren, München.

Frans de Waal 2006, Der Affe in uns. Warum wir sind, wie wir sind, München.

Frans de Waal 2008, Putting the Altruism Back into Altruism. The Evolution of Empathy, in: Annual Review of Psychology 59, 279–300 (online www.life.umd.edu/faculty/wilkinson/BIOL608W/deWaalAnnRevPsych2008.pdf 18.9.14).

Frans de Waal 2008, Primaten und Philosophen. Wie die Evolution Moral hervorbrachte, München.

Markus Wild 2008, Tierphilosophie zur Einführung, Hamburg.

Edward O. Wilson 1984, Biophilia, Cambridge.

Heinz Wimmer/Josef Perner 1983, Beliefs about beliefs. Representation and constraining function of wrong beliefs in young children's understanding of deception, in: Cognition 13, 103–128 (online www.sscnet.ucla.edu/polisci/faculty/chwe/austen/wimmerperner.pdf 18.9.14).

Wissenschaftlicher Beirat Agrarpolitik beim Bundesministerium für Ernährung und Landwirtschaft 2015, Wege zu einer gesellschaftlich akzeptierten Nutztierhaltung. Gutachten, Berlin.

Ursula Wolf 1990, Das Tier in der Moral, Frankfurt am Main.

Ursula Wolf 2012, Ethik der Mensch-Tier-Beziehung, Frankfurt am Main.

Erich Zenger 1983, Gottes Bogen in den Wolken, Stuttgart.

ANMERKUNGEN

1. Eugen Drewermann 2012, Der tödliche Fortschritt und Wir brauchen eine neue Ethik, in: Radio Vorarlberg, »Focus«-Sendung am 29.9.12, siehe http://vorarlberg.orf.at/radio/stories/2552238/ (15.9.14). Wörtlich gleichlautend auch am 19.9.12 beim 16. Philosophicum in Lech.

2. Papst Franziskus 2015, Enzyklika »Laudato si'« Nr. 92.

3. René Descartes 1998,54 f.

4. Heini Hedinger 1984,280–291.

5. Stephanie L. King/Laela S. Sayigh/ Randall S. Wells/Wendi Fellner/ Vincent M. Janik 2013.

6. Marc Bekoff/Paul W. Sherman 2004.

7. Marc Bekoff/Paul W. Sherman 2004,179.

8. Frans B.M. de Waal 2008,282 f.

9. Frans B.M. de Waal 2008,282.

10. Frans B.M. de Waal 2008,291.

11. Frans de Waal 2000,56–113; Marc D. Hauser 2001,267–286.

12. Frans de Waal 2000,73.

13. Frans de Waal 2000,74.

14. Gordon M. Burghardt 2005,382.

15. Sonya M. Kahlenberg/Richard W. Wrangham 2010.

16. Jane van Lawick-Goodall 1970,195; übers. MR.

17. Christophe Boesch/Josephine Heada/Martha M. Robbins 2009.

18. Eine breite Darstellung in Judith Benz-Schwarzburg 2012,35–94.

19. Julia Fischer 2012,194–219.

20. Julia Fischer 2012,219–226; Judith Benz-Schwarzburg 2012,106–109.

21. Judith Benz-Schwarzburg 2012, 109–114.

22. Dies. 2012, 114–122.

23. Thomas Bugnyar/Kurt Kotrschal 2002.

24. Thomas Bugnyar/Bernd Heinrich 2005.

25. Michael Tomasello/Josep Call/ Brian Hare 2003; Judith Benz-Schwarzburg 2012,153–186.

26. Hierzu besonders Judith Benz-Schwarzburg 2015.

27. Frans de Waal 2006,9.

28. Frans de Waal 2000,31.

29. Frans de Waal 2000,37.

30. Frans de Waal 2000,47.

31. Frans de Waal 2000,118.

32. Frans de Waal 2006,119–120.

33. Frans de Waal 2000,164.

34. Frans de Waal 2006,117.

35. Frans de Waal 2006,177–231.

36. Frans de Waal 2000,83.

37. So auch die Kernthese von Markus Wild 2008.

38. Hans-Johann Glock, in: Klaus Petrus/Markus Wild (hg) 2013,114.

39. Vgl. Kurt Kotrschal, in: Michael Rosenberger/Georg Winkler (hg) 2014,14–31; besonders 17–20.

40. Kurt Kotrschal, in: Michael Rosenberger / Georg Winkler (hg) 2014,18.
41. Kurt Kotrschal, in: Michael Rosenberger/Georg Winkler (hg) 2014,20.
42. Kurt Kotrschal/Michael Rosenberger 2015.
43. Vgl. Michael Rosenberger/Georg Winkler (hg) 2014,1–8.
44. Homer, Odyssee XVII, 290–327.
45. Stephanie L. King/Laela S. Sayigh/ Randall S. Wells/Wendi Fellner/ Vincent M. Janik 2013.
46. Edward O. Wilson 1984,1; übers. MR.
47. Erhard Olbrich, in: Carola Otterstedt/Michael Rosenberger (hg) 2009,113.
48. Vgl. zum Folgenden Kurt Kotrschal, in: Carola Otterstedt/ Michael Rosenberger (hg) 2009,55–69.
49. Andrea M. Beetz, in: Carola Otterstedt/Michael Rosenberger (hg) 2009,143 f.
50. Josef H. Reichholf, in: Carola Otterstedt/Michael Rosenberger (hg) 2009,18.
51. Josef H. Reichholf, in: Carola Otterstedt/Michael Rosenberger (hg) 2009,20.
52. Josef H. Reichholf, in: Carola Otterstedt/Michael Rosenberger (hg.) 2009,11.
53. Paul Howe Shepard 1996,13.
54. Immanuel Kant, Metaphysik der Sitten Tugendlehre, AA VI 443 f.
55. Vgl. Michael Rosenberger 2014a.
56. Michael Rosenberger 2014,301–304.
57. EU-Verordnung 889/2008 Artikel 11.
58. EU-Richtlinie 2008/120/EG Artikel 3 (3).
59. EU-Richtlinie 2008/120/EG Artikel 3 (1).
60. EU-Verordnung 889/2008 Anhang III.
61. EU-Richtlinie 2007/43/EG Artikel 3 (2).
62. EU-Verordnung 889/2008 Artikel 18 (1).
63. Pressemitteilung des Bundesministeriums für Ernährung und Landwirtschaft 2014, www.bmel.de/SharedDocs/ Pressemitteilungen/2014/160-SC-AMG.html.
64. Food and Agriculture Organization (FAO) 1995.
65. EU-Verordnung 889/2008 Anhang IV.
66. EU-Verordnung 889/2008 Artikel 18 (1).
67. Vgl. zum Folgenden Michael Rosenberger 2014,311–313.
68. Ernst Schubert 2006,96–119.
69. Jakob Tanner 2003,37–40.
70. Heinrich-Böll-Stiftung et al. 2014,18–21.
71. Claudia Heinze/Ralf Bundschuh 2013,158–168.
72. Heike Baranzke 2004,242–243.
73. Deutsche Tierschutz-Schlachtverordnung § 13.
74. Deutsche Bundesregierung 2012,5–6.

75. Deutsche Bundesregierung 2012,6.
76. Deutsche Bundesregierung 2012,12.
77. EU-Verordnung 1099/2009 Artikel 14 (3).
78. Thomas von Aquin, Summa contra gentiles II, 47–48.
79. Thomas von Aquin, Summa contra gentiles II, 112.
80. Thomas von Aquin, Summa theologiae I-II q 102 a 6 ad 8.
81. René Descartes 1998,54 f.
82. Immanuel Kant, Grundlegung zur Metaphysik der Sitten AA IV 435.
83. Immanuel Kant, Grundlegung zur Metaphysik der Sitten AA IV 429.
84. Immanuel Kant, Grundlegung zur Metaphysik der Sitten AA IV 428.
85. Immanuel Kant, Metaphysik der Sitten, Tugendlehre, § 18, AA VI 443.
86. Immanuel Kant, Metaphysik der Sitten, Tugendlehre, § 17, AA VI 443.
87. Immanuel Kant, Metaphysik der Sitten, Tugendlehre, § 17, AA VI 443.
88. Immanuel Kant, Moralphilosophie, Collins, AA XXVII/1 459.
89. Ursula Wolf 2012,44.
90. Jeremy Bentham 1828, An Introduction to the Principles of Morals and Legislation. A new edition, corrected by the author, London, Bd. 2, 235–236. Deutsche Übersetzung nach Alberto Bondolfi (hg) 1994,78.
91. So zuerst Francis Hutcheson.
92. Tom Regan, in: Alberto Bondolfi (hg) 1994,114; englisches Original Tom Regan 2004[4],205 f.
93. Peter Singer 1994[2],28.39.81–85 198 130–134.
94. Peter Singer 1994[2],119 f.
95. Peter Singer 1994[2],134 und 166.
96. Peter Singer 1994[2],129.
97. Peter Singer 1994[2],172.
98. Tom Regan 2004[4],241.
99. Tom Regan 2004[4],235–237.
100. Tom Regan 2004[4],240 f.
101. Immanuel Kant, Grundlegung zur Metaphysik der Sitten AA IV 434f.
102. Tom Regan 2004[4],243 und 153.
103. Tom Regan 2004[4],xvi, xl und 78.
104. Immanuel Kant, Grundlegung zur Metaphysik der Sitten AA IV 429. Tom Regan 2004[4],248.
105. Tom Regan 2004[4],344–345.
106. Tom Regan 2004[4],348.
107. Tom Regan 2004[4],393.
108. Tom Regan 2004[4],348.
109. Tom Regan 2004[4],361.
110. Eugen Drewermann 2012, Der tödliche Fortschritt und Wir brauchen eine neue Ethik, in: Radio Vorarlberg, »Focus«-Sendung am 29.9.12, http://vorarlberg.orf.at/radio/stories/2552238/ (15.9.14); wörtlich gleichlautend zehn Tage zuvor am 19.9.12 beim 16. Philosophicum in Lech.
111. Alfons Auer 1984[2],212.
112. Alfons Auer 1984[2],212–215. Papst Franziskus vertritt in seiner Enzyklika »Laudato si'« genau denselben Ansatz. Vgl. dort die Nummern 3, 13–14 und 62–64.

113. II. Vatikanisches Konzil, Pastoral-konstitution Gaudium et Spes Nr. 44.

114. Papst Franziskus 2015, Enzyklika »Laudato si'« Nr. 200. Vgl. auch Nr. 67 und 68.

115. Joachim Jeremias 1990,33.

116. Marie Louise Henry, in: Bernd Janowski/Ute Neumann-Gorsolke/Uwe Glessmer (hg) 1993,26–27.

117. Erich Zenger 1983,84.

118. Albert de Pury, in: Bernd Janowski/Ute Neumann-Gorsolke/Uwe Glessmer (hg) 1993,139–140.

119. Albert de Pury, in: Bernd Janowski/Ute Neumann-Gorsolke/Uwe Glessmer (hg) 1993,139; vgl. Erich Zenger 1995,99.

120. Bernhard Irrgang 1992,130.

121. Erich Zenger 1989,142.

122. Bernd Janowski 1990,59.

123. Walter Gross 1995,871.

124. Gotthard M. Teutsch 1985,98.

125. Walter Gross 1995,871.

126. Peter Riede 2010,1.4.

127. Marie Louise Henry, in: Bernd Janowski/Ute Neumann-Gorsolke/Uwe Glessmer (hg) 1993,39.

128. Peter Riede 2010,1.9.

129. Peter Riede 2010,1.7.

130. Martin Balluch 2012, Tierethik im Christentum!?, in: www.martin-balluch.com/tierethik-im-christentum/ (Stand: 20.3.15).

131. Deborah Sengl 2012, Via dolorosa, in: www.deborahsengl.com/via-dolorosa/ (Stand: 22.4.15)

132. Reinhard Mey 1992, CD Alles geht!

133. Hans Jürgen Münk 1997,26.

134. Friedo Ricken 1987,4; Hans Jürgen Münk 1999,289.

135. Philipp Balzer/Klaus-Peter Rippe/Peter Schaber (hg) 1998,45–50; Paul W. Taylor 1981,199–201.

136. Vgl. Michael Rosenberger 2009,375–377.

137. Paul W. Taylor 1981,210; vgl. Robin Attfield 1995,173–182.

138. Friedo Ricken 1987,8; Eberhard Schockenhoff 1993,403.

139. Friedo Ricken 1987,8 in Orientierung an Hans Jonas.

140. Frederick Ferré 1995,419–425.

141. Paul W. Taylor 1981,210.

142. Michael Schramm 1994,219–222.

143. Papst Franziskus 2015, Enzyklika »Laudato si'« Nr. 33 und 69.

144. Johannes Reiter 1989,195 f; Hans Jürgen Münk 1997,26; 1999,283.

145. Papst Franziskus 2015, Enzyklika »Laudato si'« Nr. 77. Auch Nr. 86–89.

146. Andrew Linzey 1995,10.

147. Papst Franziskus 2015, Enzyklika »Laudato si'« Nr. 89 und 92.

148. John Rawls 1975,556.

149. Mark Rowlands 2002; 2009[2]; vgl. auch Friederike Schmitz 2015.

150. Experimente der Verhaltensforschung zeigen zur Genüge, dass nicht nur der Mensch diesen Gerechtigkeitssinn besitzt, sondern (mindestens teilweise) auch viele Säugetiere. Hunde und viele andere Versuchstiere sind bereit, mit dem Menschen zu trainieren und gestellte Aufgaben

zu erfüllen, auch ohne Belohnung. Doch wenn es eine Belohnung gibt und diese willkürlich und ungerecht auf die Versuchstiere aufgeteilt wird, verweigern die benachteiligten Tiere sofort jede weitere Zusammenarbeit. Vgl. Frans de Waal 2008a,64–68. Siehe oben Kapitel 2.8.

151. John Rawls 1975,148 und 159–166.
152. John Rawls 1975,166–174.
153. John Rawls 1975,81.
154. John Rawls 1975,201–210.
155. Martha Nussbaum 2007,13–15.
156. John Rawls 1975,548–549 und 556.
157. Eine scharfsinnige Analyse dieses Vorgangs findet sich in dem berühmten Artikel von Thomas Nagel 1974, in dem er fragt, wie es sei, eine Fledermaus zu sein.
158. Bernhard Irrgang 1992,69.
159. Vgl. Michael Rosenberger 2014a.
160. Ulpian, Digesten I, 1,10.
161. John Rawls 1975,38.
162. Hans-Hinrich Sambraus 1998,543–545 548.
163. Wissenschaftlicher Beirat für Agrarpolitik beim Bundesministerium für Ernährung und Landwirtschaft 2015,284.
164. Wissenschaftlicher Beirat für Agrarpolitik beim Bundesministerium für Ernährung und Landwirtschaft 2015,285–286.
165. Wissenschaftlicher Beirat für Agrarpolitik beim Bundesministerium für Ernährung und Landwirtschaft 2015, ii.
166. Wissenschaftlicher Beirat für Agrarpolitik beim Bundesministerium für Ernährung und Landwirtschaft 2015,294.
167. Wissenschaftlicher Beirat für Agrarpolitik beim Bundesministerium für Ernährung und Landwirtschaft 2015, ii.
168. Wissenschaftlicher Beirat für Agrarpolitik beim Bundesministerium für Ernährung und Landwirtschaft 2015,291.
169. Wissenschaftlicher Beirat für Agrarpolitik beim Bundesministerium für Ernährung und Landwirtschaft 2015,114–115.
170. www.tierisch-gut-leben.info/gut-leben (Stand: 22.4.15).
171. Ebd.
172. www.tierisch-gut-leben.info/bis-zum-ende (Stand: 22.4.15).
173. Karl Ludwig Schweisfurth 2014,38–42.
174. Wissenschaftlicher Beirat für Agrarpolitik beim Bundesministerium für Ernährung und Landwirtschaft 2015, iv.
175. Wissenschaftlicher Beirat für Agrarpolitik beim Bundesministerium für Ernährung und Landwirtschaft 2015,106.
176. EU-Richtlinie 98/58/EG vom 20. Juli 1998.
177. Wissenschaftlicher Beirat für Agrarpolitik beim Bundesministerium für Ernährung und Landwirtschaft 2015, iii.
178. Wissenschaftlicher Beirat für Agrarpolitik beim Bundesminis-

terium für Ernährung und Landwirtschaft 2015, iv.

179. http://initiative-tierwohl.de/
(Stand: 24.4.15).

180. Vgl. zu diesem Kapitel ausführlich
Michael Rosenberger 2014,291–
354.

181. Peter Singer 1982,177–198.

182. Michael Allen Fox 2006,295–310.

183. Gottfried Bachl 2008,35.

184. Karin Jürgens 2008,41–56.

185. Vgl. Axel Ayyub Köhler 1996,145.

186. Johannes Caspar/Jörg Luy (hg)
2010.

187. Heike Baranzke 2004,245.

188. Vgl. Johannes Cassian, Unterre-
dungen mit den Vätern 12,11.

189. Regel Benedikts 36,9.

190. Consuetudines Cartusiae 33.

191. Exordium Cistercii et Capitula 13.

192. Massimo Montanari 2012,82–83
und 88–99 und 194–210.

193. Massimo Montanari 1994,24–30.

194. Jakob Tanner 1996,403.

195. Vgl. dazu ausführlich Michael Rosenberger 2008 und Peter Kunz-
mann/Michael Rosenberger 2012.

196. Jacobus de Voragine 1963,759 f,
sprachlich leicht geglättet.

197. Joseph Bernhart 1997.

198. Bernhard Irrgang 1992,130.

199. Erich Zenger 1989,142.

200. Theophilus von Antiochien,
Apologie an Autolykus II,17.

201. Platon, Gorgias 493a, Kratylos
400c, Phaidros 250c.

202. Platon, Timaios 90e –92c.

203. Aristoteles, De anima I 5, 413a4.

204. Aristoteles, De anima I 5, 411b6–9

205. Thomas von Aquin, Summa contra gentiles II, 82.

206. Zitiert nach Hans-Peter Schütt
(hg) 1990,101.

207. René Descartes 1998,55 f.

208. Vgl. dazu besonders Erich Gräßer
1990.

209. Papst Franziskus 2015, Enzyklika
»Laudato si'« Nr. 244, 83, 243.